D1985170

Zonkos Welt, 1080 Wien
Tel. +43 664 45 20 719
zonko63@gmx.at
Alle Rechte vorbehalten
März 2015
Lektorat: Günter Hromek
Fotos: Peter Preissler, Archiv Auinger
Bildbearbeitung & Cover: www.haliklik.at
Druck und Bindung: CPI-books
ISBN 978-3-200-03002-2
www.zonko.at
www.motorradbuch.at

„Gustl, dein Schutzengel muss
ausschaun wie der Einstein."
Judith Frühwald

Für Auguste Auinger,
die immer an den Gustl geglaubt hat

Gustl Auinger

VOLLGAS

Die Karriere des fünffachen Grand-Prix-Siegers
in einer unfassbar wilden Zeit

Fritz Triendl

Zonkos Welt

Vorwort

Persönlich kennen gelernt habe ich den Gustl Auinger erst bei einer Reifenpräsentation in England 2006. Edwin Pallierer vulgo Käpt'n Avon war noch unter uns. Die mystischen Steine von Stonehenge erregten schon auch meine Aufmerksamkeit, aber die unglaublich faszinierende Geschichte des fünffachen Grand-Prix-Siegers begeisterte mich mehr.
Ich hatte die großartigen Erfolge des Gustl natürlich in den 80er Jahren in den Medien mitverfolgt und war immer voll Bewunderung bei der Sache gewesen, wenn der ORF einen Motorrad-Grand-Prix-Beitrag und ein kurzes Interview mit dem Auinger brachte, aber ich hatte keine Ahnung gehabt, wie die Welt dahinter wirklich ausschaute.
Als mich der Gustl bei unserem ersten gemeinsamen Gespräch dann in diese Welt blicken ließ, wusste ich augenblicklich, dass ich das alles unbedingt festhalten musste. Und die unglaublich offene, von jeglicher Eitelkeit befreite Art, wie er von dem Irrsinn, der unbremsbaren Leidenschaft und der höchsten Risikobereitschaft sprach, als ob das alles ganz normal wäre, machte mir klar, dass diese Geschichte niemand besser erzählen könnte als der Gustl selbst.
So entstand die Idee, das Buch über seine mit Wahnsinn gespickte und mit Erfolg gekrönte Karriere in einer aus heutiger Sicht unfassbar wilden Zeit als Interview zu schreiben.
Letztendlich habe ich mich dazu entschieden, die in professionell gedruckten Gesprächen nicht übliche „Du"-Form zu verwenden. Weil wir ja nie per Sie waren. Genauso aufrichtig, glaubwürdig und unaufgeblasen wie mir der Gustl seine mitreißende Geschichte erzählte, soll auch dieses Buch sein.

Fritz Triendl
www.zonko.at

Inhalt

Der erste Pokal

1955-1974: Ministerschädel - Sachs Wanderer gegen Lohner Sissy - Überschlag mit der KTM Komet - Kleiner Finger in Form einer Traktorkurbel - Beginn des echten Wahnsinns mit Yamaha 350 R5F - Speedlimit 1973 löst Verzweiflung aus - Maico 125 - Bergrennen Mühllacken 1974.

Gustl, rückblickend betrachtet sind wohl die fünf GP-Siege die absoluten Highlights deiner Karriere, die 1974 beim Bergrennen in Mühllacken begann, und 1989 beim Grand Prix in Brünn endete.

Ja, sicher. Die Staatsmeistertitel habe ich nicht mehr gezählt. Aber die GP-Siege haben mir viel bedeutet. Man hat sich gegen die Schnellsten der Welt durchgesetzt. Wenn man als Privatfahrer die Werksteams herbrennt, kommt schon ein sehr gutes Gefühl auf.

Nach dem Karriereende hast du beim Öamtc interessierten Motorradfahrern dann zehn Jahre lang Fahrtechnik vermittelt. War das auch ein Highlight?

Hundertprozentig. Anfangs war das gar nicht so einfach. Weil ich zwar sehr schnell und sehr gut Motorradlfahren konnte, aber nicht genau wusste warum. Ich habe über die Bewegungsabläufe nie nachgedacht. Aber als mich die Kursteilnehmer dann sehr interessiert fragten, wie ich die Maschine in unterschiedlichen Situationen behandeln würde, musste ich mir das alles bewusst machen. Dabei habe ich selbst viel gelernt. Für mich war Motorradlfahren so selbstverständlich wie Gehen. Nur wenn dich einer fragt, wie man am besten geht, ist nichts mehr selbstverständlich, da kommst dann ins Schwitzen. So habe ich mir im Nachhinein sehr genau überlegen müssen, warum manches Manöver in meiner Karriere funktioniert hat und manches nicht. Und ich begriff auch, wieviel ich mir an Versuch und Irrtum ersparen hätte können, hätte ich damals als junger Pilot einen mitteilungswilligen Fahrtechniktrainer gehabt.

Beim Red Bull Rookies Cup, in dem sehr junge Talente auf 125er KTM-GP-Maschinen fahren, hast du jetzt diese Funktion. Ich nehme an, das taugt dir sehr.

Es ist großartig. Den Red Bull Rookies Cup gibt es seit 2007, und ich bin für die Buben zuständig. Neudeutsch sagt man dazu Fahrercoach. Es ist eine Tätigkeit, die mir offensichtlich auf den Leib geschneidert ist. Ich habe das Gefühl, dass die Buben, die zwischen 13 und 16 Jahre alt sind, froh sind, dass ich da bin. Die brauchen mich und haben mich gern.

Was ist das Entscheidende aus deiner Sicht? Was willst du den Buben vermitteln?

Die Buben, die zu uns kommen, können schon recht gut motorradlfahren. Denen das zu lehren ist nicht das Thema Nummer 1. Wichtig ist - das weiß man aus seiner eigenen Vergangenheit - zu erkennen, dass es Umstände gibt, die einen langsamer oder schneller machen. Nicht jeder Tag ist ein guter. Damit muss man umgehen lernen. Dabei helfe ich ihnen. Weil ich weiß, was beim Rennfahren wichtig ist, und was nicht. Es gibt mentale Abgründe, die man überwinden muss. Das ist mir in meiner aktiven Zeit immer wieder passiert. Ich weiß, wie ich mich gefühlt habe. Und wie ich wieder heraus gekraxelt bin. Rauskraxeln muss der Bub auch heute selber, aber ich kann ihm dabei helfen und ihm das Gefühl geben, dass er nicht alleine ist, dass einer da ist, der ihn versteht.

Da fällt mir der Spruch aus dem ÖBB-Lehrlingsheim ein, von dem du mir einmal erzählt hast.

An der Klassenwand hing ein eingerahmter Zettel mit einem Satz, den ich nie vergessen werde: „Wer sich an seine eigene Kindheit nicht ganz genau erinnert, ist ein schlechter Erzieher." Dass ich ein Elefantenhirn habe, kommt mir jetzt zugute. Was ich erlebt habe, ist in der Festplatte eingebrannt.

Wann und wo bist du zur Welt gekommen?

Das ist immer die Prüfung, bei der ich ein Problem mit dem Ehrlichsein habe. Ich erinnere mich an dieses Datum gar nicht gerne. Obwohl es leicht zu merken ist: 3. Mai 1955 in Lambach, Oberösterreich. Das ist schon lange her. Sehr lange.

Konnte man gleich nach der Geburt schon absehen, dass da jetzt ein großer Motorradlrennfahrer zur Welt gekommen war?

Ich glaube nicht. Die Eltern haben sich ein Mädchen erwartet, das wie die Mama Auguste heißen hätte sollen, und waren einigermaßen perplex. Und ein enger Freund der Familie, der Kurzweil Naz aus Wien, sagte, als er mich sah - laut Erzählungen meines Vaters: „Heast, der Bua hot jo an Ministerschädl!"

Hatten die Eltern ein Naheverhältnis zu Motorrädern?

Das Naheverhältnis war damals ganz normal. Man hatte entweder ein Rossfuhrwerk oder ein Motorradl. Autos waren sehr selten. Die Mama ist sogar sehr gut Motorradlgefahren, aber überwiegend mit Beiwagenmaschinen. Sie hat mit der 600er Zündapp oft Leute von Lambach nach Wels zum Bahnhof geführt. Motorradlfahren war für sie ganz normal. Und für den Vater auch. Er war mit Leib und Seele Mechaniker, ein begeisterter Techniker. Das hat ihn unendlich interessiert. Vor allem englische Maschinen: Matchless, AJS, Norton. Das Motorrad war in meiner Kindheit immer gegenwärtig. Bei den Probefahrten, also wenn mein Vater für einen seiner Freunde und Bekannten etwas repariert hatte, durfte ich oft am Tank sitzend mitfahren.

Wann ließ er dich zum ersten Mal selber fahren?

Damit hatte mein Vater weniger zu tun, da half mir mein um vier Jahre älterer Bruder Ernst. Er fand im Stadel meines Onkels einen 98 Kubik Wanderer Sachs, der herrenlos war und den wir heimschieben durften. Als unser Vater den Sachs sah, sagte er nur: „Es seids verruckt!" Es war Anfang der 60er Jahre, alle anderen träumten von Autos, wir von Motorrädern.

Wir alt warst du, als der Sachs kam?

Ich war acht, mein Bruder zwölf. Das größte Problem für mich war, dass der Sachs so hochhaxig war. Ein auffrisierter Fahrradrahmen mit 21 Zoll Rädern, 98 Kubik Zweitaktmotor mit Nasenkolben und Schaltung am Tank. Ich konnte nur auf- und absteigen, wenn ich am Brunnenstein neben unserer Haustür stand. Aber es dauerte nicht lange, da musste ein zweites Gerät her. Ich wollte nicht am Brunnenstein warten, bis der Ernst von seiner Runde zurück kam. Wir wollten gleichzeitig unterwegs sein. Also gingen wir ins Paradies und suchten.

Ins Paradies?

Das Paradies der Auinger Buben war der Schrottplatz in Lambach. So etwas gibt es heute nicht mehr. Heute gibt es Mülltrennung. Aber damals war es einfach ein großer Haufen, wo die Häuslleute ihren Müll hingeführt haben. Man konnte da Motoren, Mopeds und Motorradln finden.

Die Häuslleute?

Damals gab es nur gestandene Bauern und Häuslleute. Wir waren Häuslleute, also Leute, die in Häusern ohne Landwirschaft lebten.

Super. Ich dachte schon...

Jedenfalls haben wir nach der Schule am Schrottplatz gestierlt und gesucht und gesucht. Und wir fanden ein Lohner Sissy Moped. Mein Bruder meinte, es wäre perfekt für mich, weil es kleine Räder hatte und ein 3-Gang Getriebe. Meine Meinung zählte nicht so viel, ich war ja das kleine Tschapperl. Also haben wir das Sissy nach Hause geschoben und soweit hergerichtet, dass es gefahren ist.

Und dann passierte es: Sachs gegen Sissy?

Natürlich. Dann sind wir Rennen gefahren. Mein Bruder auf dem Sachs, ich auf dem Sissy.

Aber der Sachs hatte 98 Kubik, das Sissy nur 50. Da hattest du doch keine Chance.

Na ja, die Streckenführung war raffiniert. Wir sind immer im Wald und in der Au gefahren. Und da war das Sissy mit dem 3-Gang Getriebe nicht so schlecht, unter anderem auch deshalb, weil ich selbst so wenig Gewicht hatte. Dem Ernst war es dann bald leid, dass er mich nicht erwischen konnte, und schlug eine neue Strecke vor: das Queren der Eisenbahnleiten. Ich wusste zunächst nicht, warum er ein Rennen quer zur Böschung fahren wollte, aber als dann das Schutzblech meines Mopeds permanent am Hang streifte und ich keine Chance hatte, ihm zu folgen, begriff ich es. Mit der hochgestellten Sachs hat er mir bei der Schrägfahrt den Scheitel gezogen. Ich sah nur einen Ausweg: ich musste das Schutzblech loswerden. Aber mein Vater weigerte sich. Sonst hat er uns oft geholfen, aber er erlaubte nicht, ein originales Schutzblech, das noch voll funktionsfähig war, zu zerstören. Er hatte Prinzipien. Wir gingen zur Schule und mussten unsere Aufgaben machen, dann hatten wir frei. Bis zum Abendessen um halb Sechs. Wo wir dazwischen waren, hat niemanden interessiert. Ernst und ich waren immer mit den Maschinen unterwegs.

Den Gendarmen war das vollkommen egal?

Wir hatten damals mit der Gendarmerie überhaupt keine Probleme. Wir fuhren ja nur auf Wald- und Wiesenwegen. Und die Besiedlungsdichte war viel geringer als heute. Auf Schotterstraßen wurde von der Gendarmerie fast alles toleriert.

Und Sprit war immer vorhanden?

Meistens. Der Vater hat uns zwar nie ausdrücklich gelobt, wenn wir besonders schnell gefahren sind, aber wenn Freunde von ihm kamen, hat er uns schon immer wieder angeschafft, unser Können zu demonstrieren. Es dürfte ihm also schon getaugt haben. Und Sprit hat er uns auch gegeben. Wobei, wenn es wirklich eng wurde, hatten wir beim Betteln bei der Mama größere Chancen.

Wie lange blieb es bei Sachs und Sissy?

Wie lange genau weiß ich nicht mehr. Es kamen dann eine 125er Doppelkolben-Puch und eine uralte 125er KTM mit Sachsmotor. Mit beiden Maschinen hatten wir enorme Zündungsprobleme. Für den Ernst war das nicht so dramatisch, weil er ja bald sein Moped bekam, und mir hat der Vater in die KTM einen 125er NSU Fox Motor eingebaut. Einen Viertakter. Vater war ja der Ansicht, dass die Zweitakter der Herrgott im Zorn erfunden hätte. Veredelt wurde die KTM-NSU mit einem verchromten hochgezogenen Auspuff ohne Schalldämpfer. Der Klang war beeindruckend, wie der einer richtigen Rennmaschine. Damit war mein Vater zufrieden.

Beim vielen Fahren werden Stürze nicht ausgeblieben sein. Kannst du dich an den ersten erinnern?

Natürlich hat es uns öfters in den Waldboden gerieben. Aber viel schneller als 30 km/h waren wir dort selten unterwegs. Da ist also nie etwas passiert. Mein erster richtiger Sturz kam dann später. Ich war zwölf und hatte schon das erste Moped von meinem Bruder unterm Hintern, eine KTM Komet mit Sachs Motor. Die ist einen guten 70er marschiert. Auf einem Feldweg durchaus eine Geschwindigkeit. Und da sah ich meinen Freund Fritz im Acker mit dem Traktor fahren. Ich wusste, dass ich auf keinen Fall vom Gas gehen durfte. Das hätte man gehört, das wäre mir peinlich gewesen. Erschwerend kam hinzu, dass ich unbedingt den Lenker auslassen und mit erhobener Hand grüßen musste. Sonst hätte er gemerkt, dass ich die Hosen voll hatte. Das größte Problem war, dass ich auf dem Feldweg in einer Traktorspur war und nicht mehr rauskam. Als ich die Hand hob, verschlug sich das Vorderrad, und ich flog über den Lenker. Es hat mich mehrmals überschlagen. Aber bis auf die verbogene Gabel und das gebrochene Scheinwerferglas ist nichts passiert.

Der Ernst war vermutlich nicht begeistert.

Ich habe es verschwiegen. Sofort nach dem Sturz - quasi noch im Fallen - bin ich wieder auf die KTM und hoffte, dass der Fritz nichts davon mitbekommen hätte. Dann bin ich nach Hause in die Garage und habe die Maschine in den nächsten Tagen unter größter Geheimhaltung wieder in Schuss gebracht. Ich wollte nicht, dass jemand vom Sturz erfährt. Vielleicht hätten sie begonnen, sich Sorgen zu machen. Das wollte ich keinesfalls. Ich wollte unbedingt fahren. Da fällt mir jetzt noch ein, wie es uns beide in Bad Wimbach geschmissen hat. Der Ernst war gerade 16 geworden und nahm mich hinten auf der Komet zur ersten, echten Ausfahrt mit.

Du bist hinten gesessen? Ist dir da nicht fürchterlich der Reis gegangen?

Nein, überhaupt nicht. Ich freute mich einfach über die neu gewonnene Freiheit. Und wollte, dass er immer schneller fährt. Bis es uns dann mitten in der Ortschaft zerbröselt hat. Während wir stürzten, lief in meinem Kopf alles wie in Zeitlupe ab, und ich konnte einen klaren Gedanken fassen: Bleib so dicht wie möglich beim Ernst! Er war korpulenter als ich, und ich wollte mir auf keinen Fall die Hose zerreißen. Das hätte zu Hause nur zu unnötigen Fragen geführt. Ich war ja der Kleine.

Aber den Ernst muss es doch selber auch schon das eine oder andere Mal aufgezwickt haben?

Den ersten schweren Sturz hatte der Ernst. Wir waren mit Nasenkolben Sachs und Sissy im Wald unterwegs gewesen und hatten es eilig, zum Abendessen nach Hause zu kommen, als uns in einem Hohlweg in einer Kurve unser Cousin Hans mit dem Moped entgegenkam. Leider auf unserer Seite. Der Ernst nahm ihn frontal, ich konnte nicht mehr bremsen und rammte die liegenden Maschinen. Der Hans ist aufgestanden und hat sich geärgert, der Ernst war sehr bleich und hat große Mühe gehabt, den Sachs aufzustellen. Ich musste ihm helfen. Das war sehr ungewöhnlich. Das gab mir zu denken. Auch der Vater zu Hause wusste gleich, dass etwas nicht stimmte, aber der Ernst hat mir aufgetragen, ja nichts zu sagen. Schließlich gestand er ihm aber doch, dass ihm der Arm so weh täte und er morgen wohl nicht arbeiten - er lernte mittlerweile Mechaniker - könne. Vaters Standpunkt war, dass das uninteressant sei. Wer Moped fahren kann, kann auch arbeiten. In seinen Augen gab es Krankenschein nur mit einem ausgestellten Totenschein. Er war aber nicht nur ein harter Brocken, sondern auch - wenn es wirklich ernst wurde - weich. Er führte ihn ins Krankenhaus, der Arm war gebrochen. Damals erkannte ich zum ersten Mal, dass man sich beim Mopedfahren weh tun kann. Und noch eines habe ich gelernt: dass ein Arm gebrochen sein kann, obwohl er noch in einem Stück ist. In meiner Naivität wollte ich zunächst nicht glauben, dass Ernsts Arm gebrochen war, schließlich hatte ein gebrochener Besenstiel zwei voneinander getrennte Teile. Warum sollte das bei einem Arm anders sein?

Interessanter Gedanke.

Für mich war das ganz klar ein Irrtum. Ernsts Arm konnte nicht gebrochen sein.

Offensichtlich bist du viele Jahre offroad unterwegs gewesen. Wolltest du nie Motocrosser werden?

Doch! Motocross, das war meine Vision. Wir waren mit dem Vater oft bei den Rennen in Schwanenstadt und Kremsmünster. Da gab es den Stuhlberger und den Leitgeb zum Beispiel. Die waren große Helden für mich. Ich wollte in die 50 Kubik Klasse einsteigen. Ich dachte, das müsste doch zu machen sein, das könnte doch nicht unerschwinglich sein. Aber mein Vater sagte klipp und klar, dass das nichts für mich sei. Ich sei viel zu schwach für diesen Sport, es würde mich aus dem Sattel wacheln. Womit er sicher nicht ganz unrecht hatte. Das zweite Ausschlaggebende war, dass sich mein Bruder in der Zwischenzeit eine BSA 650 Superrocket zugelegt hatte. Eine echte Straßenmaschine. Mit meiner Motocross hätten wir nicht mehr gemeinsam fahren können. So habe ich die Motocross-Pläne relativ rasch verworfen und wollte auch eine Straßenmaschine.

Ich nehme an: eine englische.

Mein Vater und mein Bruder waren schwer von den englischen Maschinen infiziert. Ernst hat sich nach der BSA gleich auch eine Triumph Trident mit Motorschaden gekauft, mit welcher er später sporadisch Rennen gefahren ist. Und im Motorradclub, in dem der Ernst war, hielt man Englands Fahne sehr hoch. Ich bin dem MRSC Gunskirchen bis heute unendlich dankbar, der Club hat unglaublich viel für mich getan, aber damals entschied ich mich für eine Yamaha. Einen - wie es im Club hieß - japanischen Verrathäfen. Es war 1972. Ich hatte noch keinen Führerschein, aber es war klar, dass die Maschine vor dem Schein im Hause sein musste. Ich überlegte mir auf Anraten des Clubs zunächst sehr ernsthaft eine BSA Goldstar, aber der Vater hat überhaupt nicht gezogen. Das war für mich komplett unverständlich. Er hielt doch so viel von englischen Maschinen. Nur dürfte er damals schon den Weitblick gehabt haben, dass die Engländer keine Zukunft hatten. Er hat mich gekannt, hat genau gewusst, was für ein Wahnsinniger ich war. Für mich war das schwierig. Ich brauchte den Vater, alleine hätte ich es mir nicht leisten können, ich musste ein Motorradl finden, das ihm und mir taugte. Aber was auch immer ich ihm zeigte, er stellte sich taub. Dann sind wir auf die Zweitakter gekommen. Zwar sagte er und die Clubkollegen, dass die Japaner alles von den Engländern gestohlen hätten, aber einen Zweitakter konnten sie tolerieren. Eine Viertakt-Honda wäre ein ordentlicher Verrat gewesen. Jedenfalls lachte ich mir dann eine luftgekühlte Yamaha 350 R5F an, Zweizylinder Zweitakt, violett und weiß. Nach der Probefahrt in Attnang-Puchheim war ich schwer verliebt. Der Vater hat mich aber noch lange zappeln lassen. Unter der Woche war ich im Lehrlingsheim der ÖBB und wurde ganz unrund bei dem Gedanken, dass jemand in der Zwischenzeit die Yamaha kaufen würde. Aber eines Freitags kam ich nach Hause und die Maschine stand vor der Haustür!

Am Tag des Turbans?

Genau. Den Tag vergesse ich nie. Ich war bei der Arbeit schon sehr unrund - weil ich immer an die Yamaha dachte - und hatte dadurch einen Arbeitsunfall, fiel auf den Hinterkopf und zog mir eine riesige Platzwunde zu. Ich musste ins Linzer Krankenhaus zum Nähen, und dann verpassten sie mir einen Verband wie einen Turban. Ich sah fürchterlich damit aus und genierte mich bei der Heimfahrt im Zug ungemein. Am liebsten hätte ich mich unter einer Bank versteckt, alle starrten mich an. Als ich aber dann zu Hause die Yamaha sah, war mir der Verband komplett Wurscht, er hatte keine Bedeutung mehr, ich war ja jetzt der Besitzer eines traumhaften Motorrades!

Und dann wurden gleich die Engländer paniert?

Da ich noch keinen Führerschein hatte, fertigte ich mir selber ein täuschend echtes Kennzeichen an und machte anfangs nur Probefahrten. Für das Kennzeichen hätte ich einen Fälscherpreis verdient. Im Nachhinein kann man sagen, dass der wirkliche Wahnsinn mit dieser Yamaha begonnen hat. Für die damalige Zeit ist die fest marschiert. Am ersten Wochenende nach meiner Führerscheinprüfung sind mein Bruder und ich sofort über Gmunden und Altmünster zum Attersee gefahren. Und wir haben es ordentlich rauchen lassen. Damals durfte man ja außerhalb des Ortsgebietes voll aufmachen. Ganz legales Vollgas! Es gab noch kein Tempolimit. Passiert ist es aber dann beim Langsamfahren in der Stadt. Mein Bruder hatte die Eigenart, beim langsamen Fahren immer links und rechts an der Maschine hinunter zu schauen. Ich weiß nicht, was er da gesucht hat, aber jedenfalls hat er zu lange nach unten geschaut und ist einem stehenden Auto aufgefahren. Mit dem Ergebnis, dass der kleine Finger ausgeschaut hat wie eine Traktorkurbel. Also er ist 90° weggestanden, und die letzten beiden Glieder zeigten wieder gerade nach vorne. Ernst musste ins Krankenhaus.

Nicht schlecht für die erste Ausfahrt.

Es ging so weiter. Die zweite Ausfahrt machte ich am nächsten Wochenende mit dem Club. Es gab die Regel, dass der Obmann vorne ist und nicht überholt werden darf. Als Letzter fuhr immer der Kassier. Dazwischen war frei. Keine Regeln. Der Knoll Max, der damals mit einer 250er Suzuki schon Rennen gefahren ist, wollte offensichtlich zeigen, dass er einer von den Schnellen ist, und überholte mich. Dann ist ihm aber am Split der Hinterreifen quer gekommen und er hat einen klassischen Highsider gehabt. Und wieder war einer im Krankenhaus.

Ich gehe nicht davon aus, dass man da nachdenklich wurde.

Gelernt hat man daraus nichts. Das war einfach so. Das gehörte dazu. Aber dafür hatte man echte Freiheit. Keine Geschwindigkeitsbegrenzung. Echtes Vollgas! Und was mir auch unendlich getaugt hat: Ich habe mit der Yamaha meine Clubkollegen richtig sekkieren können. Jeder, der vor mir war, war ein Gegner. Auch mein Bruder. Ich wollte alle herbrennen. Kann mich genau erinnern, wie ich den Ernst bei der Schlossmühl in der Linken bergab genommen habe, dann rechts über die Brücke und Vollgas nach Hause. Für mich war das klarerweise ein Erfolg. Aber er ist schnurstracks zur Mama gegangen und hat gesagt: „Mama, red du mit ihm, der spinnt." Ich dachte damals, dass er ein schlechter Verlierer sei, aber später begriff ich, dass er sich echte Sorgen um mich gemacht hat, weil ich am Motorradl einfach keine Furcht kannte.

Na, richtig gerne wird er aber nicht verloren haben.

Nein, das sicher nicht. Werde nie vergessen, als er vorschlug, nach Engelhartszell ins Innviertel zu fahren. Dort habe es einst ein Bergrennen gegeben, und das sei eine Superstrecke. Er kannte sie, ich nicht. Trotzdem habe ich dann oben am Berg auf ihn gewartet. Er war fix und fertig und hat mich gelöchert, wie ich das denn gemacht habe. Ich konnte es ihm nicht sagen. Ich bin einfach volles Rohr da hinauf gefahren, was das Zeug hielt. Ohne einen Gedanken des Zweifels. Er war fassungslos.

Gab es bei den Ausfahrten auch Niederlagen für dich?

Schlimm war der Tag der Clubausfahrt auf den Hochkönig. Diese zweitägige Ausfahrt war etwas Besonderes, man könnte sagen ein Jahresziel des Clubs. Ich war voller Vorfreude, aber die Yamaha sprang einfach nicht an. Der Bruder mit der BSA hoffte noch ein Weilchen mit mir, aber dann konnte er nicht mehr länger warten und fuhr zum Treffpunkt nach Gunskirchen. Ich war verzweifelt. Die Yamaha wollte einfach nicht anspringen. Also setzte ich mich ins Auto, um mich persönlich beim Obmann abzumelden. Ich erklärte ihm unter Tränen, was Sache war, und war bereit zu glauben, dass das japanische Klumpert einfach nichts wert sei. Man vermutete, dass es ein Loch in den Kolben gebrannt hätte. Ich habe geheult wie ein Schlosshund und bin wieder nach Hause. Aufgeben konnte ich einfach nicht. Ich war bei der Yamaha und überlegte und überlegte. Irgendwann kam ich auf die Idee, es mit einer neuen Zündkerze zu versuchen, und siehe da: der Motor lief! Ich bin dann gefahren wie der Teufel und habe die Kollegen noch einholen können, aber je höher es auf den Hochkönig ging, desto schlechter funktionierte die Yamaha. Das Benzin-Luft-Gemisch war zu fett. Und sofort fasste ich vom Obmann, der sich gefreut hat, dass ich nachgekommen bin, wieder eine aus: „Vergiss das japanische Klumpert!" Wenig später brach dann alles wie ein Kartenhaus zusammen.

Motorschaden?

Nein, nein. Die erste Benzinkrise ist gekommen. Von 1973 auf 1974 wurde auf einmal das Benzin viel teurer, es gab einen autofreien Tag, und es gab eine Geschwindigkeitsbegrenzung von 80 auf den Bundesstraßen und 100 auf der Autobahn. Ich war verzweifelt. Motorradlfahren hatte unter diesen Voraussetzungen keinen Sinn. Bei einem 80er abdrehen war undenkbar. Es war vorbei. Ich dachte an ein Auto. Aber mein Bruder meinte, ich solle mir doch eine Rennmaschine kaufen. Mir kam das komplett absurd vor. Sicher, ich war bei den Ausfahrten mit der Yamaha sehr schnell gewesen, doch ich räumte mir keine Chancen bei echten Rennen ein. Aber ich fing Feuer. Es war ja die einzige Möglichkeit, Vollgas fahren zu können. Und der Ernst hatte auch schon eine Maschine im Auge: Eine 125er Maico vom Zemsauer, der damals mit einer Rotax Staatsmeister geworden ist. Natürlich ein Oberösterreicher, natürlich ein Einfacher, und natürlich richtig schnell. Er hat den Bartol geschlagen. Und wie ich dann sah, wie er beim Anschieben im Sitzen schon flach mit dem Oberkörper am Tank lag, waren die Weichen endgültig gestellt. Die Maico ist zwar nicht angesprungen, aber ich musste sie haben, unbedingt. Wir einigten uns auf den Preis von 17.500,- Schilling, inklusive drei Liter Castrol R30 vom Zemsauer.

War das nicht eine Lawine?

War nicht so schlimm. Ich habe knapp 20.000,- für die Yamaha bekommen und damit noch Budget für die erste Rennsaison gehabt. Als wir mit der Maico zu Hause waren, hat mein Bruder sofort eine Lambo Kerze hergegeben. Er hatte ja zwölf davon, weil er in seiner Arbeit bei einem 12 Zylinder Lamborghini ein Service gemacht hat. Solche Kerzen, egal wie lange sie drinnen gewesen sind, hat er natürlich nicht weggeworfen. Dann haben wir die Maico angestartet. Der Klang der Rennmaschine, die zwar einen Auspuff, aber keinen Schalldämpfer hatte, war ein Wahnsinn! Ich bin dann mit schleifender Kupplung, weil der erste Gang so lang war, vor dem Haus in der Siedlung hin und her gefahren. Den ganzen Tag lang.

Gab es keine Proteste der Anrainer, keine Verwünschungen?

Keinen Menschen hat das gestört. Im Gegenteil. Alle sind zusammengelaufen um zu sehen, was da los war. Eine echte Rennmaschine! Das hat Aufsehen erregt, das hat eine Bedeutung gehabt. Für mich ganz besonders. Weil ich ja sonst beim Sport eine sehr traurige Figur gemacht habe. Laufen, Weitspringen, Fußball, Skifahren, alles zum Vergessen.

Wie war das erste Rennen?

Es war das Bergrennen in Mühllacken 1974. Beim ersten der drei Trainingsläufe ging die Maico kurz nach der Brücke fest, beim zweiten kam ich immerhin den halben Berg hinauf, ehe sie wieder steckte.

Katastrophe!

Wir mussten bis zum dritten Lauf den Motor unbedingt flottkriegen. Alle Freunde, die dabei waren, hatten irgendwann irgendeinen Teil in der Hand, und ich glaubte, dass die Maico wohl nie mehr komplett werden würde. Heute würde ich keinesfalls nach so einem Durcheinander auf die Maschine steigen. Aber sie funktionierte und hielt diesmal bis ins Ziel. Ich hatte also einen gewerteten Lauf und durfte starten.

Welcher Startplatz?

Das weiß ich nicht mehr. War auch vollkommen egal, weil ja bei den beiden Wertungsdurchgängen Einzelstart war. Und ich wurde Dritter! Dritter Platz! Pokal! Mich hat fast der Schlag getroffen. Das kann sich keiner vorstellen, wie mich das bewegt hat, als mein Name aufgerufen wurde, und ich unter vollem Applaus auf das Podium gestiegen bin. Unendliche Freude! Nichts und niemand hätte mich von diesem Sport wieder wegreißen können. Ich habe den Pokal heute noch, und ich kann ihn blind aus der Kiste herausnehmen. Den finde ich immer.

Der dürre Geist und die Morbidelli

1974-1977: Erster Sieg beim Dobratsch Bergrennen - Neue Maico verreckt und verreckt - Schwerer Sturz am Rechberg - Gustl lernt einen Katheter kennen - Erste Morbidelli um 120.000,- Schilling - Morbidelli überwintert im Schlafzimmer - Erste Ausfahrt, erster Sturz - Selbstgemachte Egli-Schwinge sackt zusammen.

Beim Bergrennen in Mühllacken 1974 hast du also in deinem ersten Rennen gleich den ersten Pokal geholt und warst überglücklich. Wie lange hat die Freude angehalten, und wann hast du dir gedacht: „Verdammt, warum bin ich nicht Erster geworden!"

Ich glaube, es ist irrsinnig schwer, jemandem verständlich zu machen, was das damals für mich bedeutet hat. Wenn du weißt, dass du eigentlich nichts kannst außer vielleicht Motorradl fahren - und das haben mir ja auch immer nur der Papa, der Bruder und Freunde gesagt -, und dann kommst du auf einmal zu einem Pokal, das ist ein unglaubliches Gefühl. Nichts auf der Welt hätte diese Freude in mir trüben können. Später kam dann aber schon durch, dass ich selber mein schärfster Kritiker war. Bei einem guten Ergebnis überlegte ich mir in ruhigen Minuten immer, wieso ich so gut abgeschnitten hatte, wie viele ausgefallen waren, was die anderen vermurkst hatten. Ich hatte nie das Gefühl, dass ich gewonnen hatte, weil ich so gut war, sondern weil die anderen etwas verschüsselt hatten. Ich bin nach Mühllacken nicht in eine Euphorie verfallen. Aber ich glaubte, dass ich mit der Maico jederzeit aufs Podium fahren kann.

Wurde dieser Glaube beim zweiten Rennen gefestigt?

Nein. Da kam die Ernüchterung. Beim Flugplatzrennen in Aspern hat die Welt komplett anders ausgeschaut als in Mühllacken. Einerseits war dort die gesamte schnelle Motorradszene am Start, also einschließlich Bartol und Konsorten, und andererseits war mein Motorradl dort überhaupt nicht konkurrenzfähig.

Warum?

Na ja, sie war ein altes Luder. Bei Bergrennen war das nicht so dramatisch, aber bei Rundkursen waren der Leistungsmangel und die Schwächen des alten Fahrwerks eklatant. Das war nicht wettzumachen. Sie hatte zum Beispiel nur einen ursprünglich luftgekühlten Zylinder, der auf Wasserkühlung umgebaut worden war.

Klingt nach einer verwegenen technischen Lösung.

Das Problem war, dass der Kopf nicht gekühlt wurde. Nur die unterste und oberste Kühlrippe am Zylinder wurden belassen, alle anderen wurden weggeschlagen. An den beiden verbliebenen wurde ein Alublech geschweißt, mit einem unteren und einem oberen Ausgang. Das nannte man Thermosiphonkühlung. Funktionierte ohne Wasserpumpe. Das erhitzte Wasser ist oben über einen Schlauch in den Kühler gelangt, das abgekühlte ist unten in den Alumantel eingeflossen. Auf den kurzen Distanzen am Berg - im Schnitt waren das vier Kilometer - hat es sehr gut funktioniert, aber auf Rundkursen - da waren zwischen 40 und 50 Kilometer zu fahren - hat die Maico ihre veraltete Technik deutlich kundgetan. Das war zwar ernüchternd, aber es hat nichts gemacht. Meine Strategie war: lernen auf der Rundstrecke, zuschlagen am Berg. Und das hat wirklich funktioniert. Aufs Alpl hinauf bin ich Dritter geworden, und den Dobratsch habe ich gewonnen.

Bei deinem dritten Bergrennen schon der erste Sieg!

Das Beste daran war, dass ich mit meinen Bergergebnissen bald jene Punkte erreicht hatte, die für die internationale Rennfahrerlizenz notwendig waren. Das eröffnete mir natürlich neue Perspektiven für die kommende Saison. Und mein Bruder Ernst, der selber auch Bergrennen gefahren ist, stellte seine Triumph Trident, eine simple Straßenmaschine, mit der nichts zu gewinnen war, zur Seite und widmete sich meiner Karriere. Erst im Nachhinein begreife ich, wie groß der Schritt für ihn war. Er war ja selber auch gerne Rennfahrer gewesen, es hat ihm einen Riesenspaß gemacht, aber nach dem Motto „Ein Wahnsinniger in der Familie ist genug" half er mir.

Vielleicht hat er aber auch gesehen, dass du das Zeug hattest, ein ganz Großer zu werden.

Möglich. Jedenfalls sah er klar, dass ich Unterstützung und Hilfe brauchte. Und er hat sich immer mit mir gefreut.

Kam dann die Karriere richtig ins Rollen?

Nein. 1974 war zwar ein extrem gutes Jahr mit tollen Erfolgen, aber 1975 war alles ganz anders. Der Umgang im Gasthaus Schöberl machte das sehr deutlich.

Der Umgang im Gasthaus Schöberl?

Es ist das Dorfwirtshaus in Edt bei Lambach. Als ich 1974 die ersten Erfolge gefeiert habe, bin ich dort ein angesehener Gast gewesen. Die Leute klopften mir auf die Schulter, wollten, dass ich von den Rennen Bericht erstatte und kauften mir ein Bier. Sie waren stolz auf mich. Ich, der ich immer schwächlich war und nichts gleichgeschaut habe, bin auf einmal der Nationalheld des Dorfes gewesen. Natürlich hat mir diese Anteilnahme getaugt.

1975 kaufte dir dann keiner mehr ein Bier?

Ich bin froh, dass ich so früh damit konfrontiert worden bin. Es war sehr lehrreich. Ende 1974 sagte mein Bruder, dass eine neue Maschine her müsste, da mit der alten auf Rundkursen nichts zu gewinnen war. Also kauften wir dem Winkler Walter, einem Salzburger Rennfahrer, der gut in der Staatsmeisterschaft dabei war, seine Maico ab.

Wieder eine Maico?

Sie war viel moderner als meine. Der Motor war komplett wassergekühlt, also auch der Kopf, und der Rahmen und das Fahrwerk waren auf der Höhe der Zeit. Außerdem hatte sie eine wunderschöne Metallic Lackierung. Ich musste diese Maico haben. Auch wenn sie 42.000,- Schilling kostete. Im Vergleich zu meiner alten Maico also ein großer Sprung. Aber ich habe ja sonst nichts ausgegeben. Mein ganzes Geld habe ich immer nur für das Motorradl verwendet. Und ein bisschen Hilfe war immer von der Mama zu erwarten.

Hatte die Mama denn keine Angst?

Nein. Wenn sie mich fragte: „Gusti, ist das gefährlich?", reichte es, wenn ich sagte: „Aber woher denn, das ist überhaupt nicht gefährlich. Das habe ich im Griff."

Und das hat sie dir tatsächlich geglaubt?

Ja. Dazu würde es viele Geschichten geben. Die Mama hat mir das immer geglaubt. Weiß noch genau, wie ich mit ihr mit dem 131er Fiat meines Bruders nach Mailand Ersatzteile kaufen gefahren bin. Nach einem Tunnel am Brenner war die Fahrbahn plötzlich nass. Ich hatte einen Zug drauf und bin von der linken Spur leicht driftend über alle Spuren bis auf den Pannenstreifen gerutscht. Es ist nichts passiert, aber es war schon auch Glück dabei. Da schaute mich die Mama mit großen Augen an, und ich fragte sie: „Mama, ist was, hast was gespürt?" Und sie sagte: „Jetzt sind wir gerutscht." Ich nickte. Und sie sagte: „Ist das nicht gefährlich?" Ich schüttelte den Kopf und versicherte ihr kurz, dass sowas überhaupt nicht gefährlich sei. Das beruhigte sie, das Thema war erledigt.

Unglaublich!

Ja, jemand anderer hätte getobt und wäre nie wieder eingestiegen, aber bei der Mama war das abgehakt. Sie vertraute mir voll.

Und sie hat sogar die neue Maico mitgesponsert.

Alleine hätte ich es nicht geschafft. Ich musste ja 1975 zum Bundesheer. Da war nichts zu verdienen. Das größte Problem aber war, dass die Maico dauernd verreckt ist. Die Maschine, die so toll ausgeschaut hat und so modern gewesen ist, hat keine Zielflagge gesehen. Egal ob Berg oder Rundstrecke. Die Zielflagge war unerreichbar.

Entschuldige, wenn ich unterbreche, aber ich denke gerade an 1974, als du am Dobratsch dein erstes Rennen gewonnen hast. War das Glücksgefühl stärker als beim dritten Platz in Mühllacken?

Nein. Das Gefühl von Mühllacken wurde erst getopt beim ersten Grand-Prix-Sieg. Nach Mühllacken wusste ich, dass ich jederzeit unter die ersten Drei fahren und auch gewinnen kann. Aber ich wusste auch, dass bei den Bergrennen nicht alle Schnellen am Start waren. Der Zemsauer fuhr nicht mit und der Bartol auch nicht zum Beispiel. Deshalb war ein Sieg nicht so viel wert.

Beeindruckend muss deine Überzeugungskraft auf die Mutter gewesen sein. Hattest du tatsächlich keine Angst? Glaubtest du selbst, dass es nicht gefährlich sei? Ich meine, bei Motorradrennen sind in dieser Zeit ja nicht so selten Menschen gestorben. Ich denke an Jarno Saarinen zum Beispiel. Bist du vollkommen unbeeindruckt geblieben, wenn so ein Großer derart abdankte?

Ich habe den Saarinen natürlich gekannt. Also nicht persönlich. Aber aus der Zeitung und aus dem Fernsehen. Wir waren ja alle schwer vom Agostini beeindruckt. Und dann kam der Finne, der ganz anders war, und hat ihm so richtig den Hintern angezündet. Das hat uns getaugt. Aber als er gestorben ist, hat keiner von uns geweint. Das war halt so. Das gehörte dazu. Und ich dachte keine Sekunde lang daran, dass mir das Gleiche passieren könnte. Ich hatte wirklich keine Angst. Und genau so bin ich auch gefahren. Spindeldürr mit schwarzer Lederkombi, volles Rohr auf den Berg.

Meine Kollegen nannten mich Geist. Sie sahen mir an, dass ich keine Angst kannte und packten es nicht, wie man mit der schiachen Maico so schnell sein konnte. Und sie warnten mich: „Wart nur, bis du das erste Mal im Spital liegst, Geist, dann fahrst nimma so deppert." Mich kostete das nur einen Lächler. Ich habe sie nicht verstanden. Ich führte es darauf zurück, dass sie schon älter waren. Für mich war Rennfahren komplett ungefährlich. Ich war überzeugt, dass ich alles im Griff hatte. Außer meine Gegner auf der Rundstrecke. Ich konnte zwar im Mittelfeld mitfahren, aber für ganz vorne war die Maico einfach zu schwach und zu alt.

Dafür kam sie im Gegensatz zur nächsten Maico ins Ziel.

Stimmt. 1975 beendete ich kein einziges Rennen. Die wunderschöne 42.000,- Schilling Maico ist immer verreckt. Und auf einmal war ich im Dorfwirtshaus niemand mehr. Niemand kaufte mir mehr ein Bier, niemand wollte, dass ich von den Rennen berichte, ich war nicht mehr der Nationalheld, der ich 1974 noch war. Das war ernüchternd, aber auch sehr lehrreich. Ich bin froh, dass ich schon am Anfang meiner Karriere damit konfrontiert worden bin. Wer hoch steigt, kann auch tief fallen. Der tiefste Punkt 1975 kam dann beim Rechberg Rennen. Ich hatte gerade abgerüstet und wollte noch einmal groß aufzeigen. Und da die Strecke ja eine öffentliche Straße war, trainierte ich dort. Aber nicht mit meiner Rennmaschine, die kein Taferl hatte, sondern mit der 500er Honda vom Almfischer Pepp.

Du hast mit einem 500er Vierzylinder 4-Takt trainiert und bist dann mit einer 125er Einzylinder 2-Takt das Rennen gefahren?

War aber keine gute Idee. Da habe ich mich wirklich verrannt. Ich bin mit der Honda ununterbrochen den Berg auf und ab gefahren. Ich habe ihn auswendig gelernt. Und in meiner Naivität glaubte ich, ich könnte die Erfahrungen einfach auf die Maico übertragen. Ich bildete mir ein, ich müsste einfach die Übersetzung ändern, und dann könnte ich die Linke, der nach einer kurzen Geraden eine Rechte folgte, im Vollgas nehmen. Unglaublich deppert! Jedenfalls wurde ich ganz knapp vor dem ersten Trainingslauf mit der Änderung der Übersetzung fertig, musste mit den öl- und fettverschmierten Händen in die Handschuhe und fuhr sofort volles Rohr. Es hätte noch zwei weitere Trainingsläufe gegeben, und ich hätte also locker schauen können, wie sich die Maico am Berg verhielt, aber ich taktierte nicht, sondern wollte sofort allen zeigen, was der Geist auf seiner Maico kann. Und ich nahm die erwähnte Linke tatsächlich Vollgas. Allerdings war ich so viel schneller dran als mit der Honda, dass es keine Gerade mehr gab. Ich musste blitzschnell in die Rechte umlegen. Was dann genau passiert ist, weiß ich auch heute noch nicht, aber ich vermute, dass die Maschine durch das extrem schnelle Umlegen kurz den Bodenkontakt verloren hat, jedenfalls sah ich vom Lenkerstummel Asphaltbröckerln wegfliegen. Und wieder nahm ich alles wie in Zeitlupe wahr. Ich wunderte mich noch über die extreme Schräglage, ahnte, dass da etwas nicht in Ordnung sei und schlitterte mit der Maico über die Straße und die Böschung und kugelte einen Abhang hinunter. Da lag ich dann und dachte, dass etwas schiefgegangen sei. Aber ich hatte überhaupt keine Schmerzen. Also stand ich auf. Und fiel um. Es war merkwürdig, aber ich dachte nur, dass mich das Abstürzen etwas durcheinander gebracht hätte. Als ich dann wieder aufstand und wieder umfiel, schaute ich mir den Fuß an und realisierte, dass da etwas echt nicht in Ordnung war. Der Fuß stand unten mehr oder weniger rechtwinkelig seitlich weg. Also die Stiefelsohle war parallel zum Bein.

Das klingt nicht gut.

War es auch nicht. Ich setzte mich nieder. Ich hatte zwar noch immer keine Schmerzen, aber ich war froh, dass die Rettung kam und die Sanitäter zur mir herunter riefen, ob ich verletzt wäre. Ich bejahte das. Worauf sie wissen wollten, wo. Na, am Fuß. Und dann rief einer von denen: „Na, kumm auffa, des schau ma si an." In meiner Naivität bin ich dann auf allen vieren den Abhang hinauf gekrochen und habe mich auf die Trage im Rettungsauto gelegt. Sie führten mich ins Krankenhaus nach Graz. Das war mir gar nicht unrecht. Denn der Fuß hat dann schon weh getan, und ich nahm an, die würden mich verbinden und wieder heimschicken. Aber dem war nicht so. In der Notaufnahme marschierten Ärzte und Schwestern in Kitteln auf und zogen mir den Stiefel aus. Zimperlich waren die nicht. Die hielten nicht viel von Motorradlfahrern. Einer sagte dann, sie würden den Fuß jetzt einrichten. Ich dachte, gut, der Fuß steht ja falsch, also kann Einrichten nicht verkehrt sein. Auch die Spritze, die sie mir geben wollten, hielt ich für gut. Allerdings fand der Arzt dann in dem zermerscherten Sprunggelenk keine geeignete Stelle.

Grauslich.

Sie mussten ohne Spritze einrichten. Zwei haben mir den Oberkörper gehalten und zwei haben beim Fuß angezogen. Das hat unvorstellbar weh getan. Aber ich habe mich nicht wehren können. Irgendwann haben die zwei am Oberkörper geschwächelt, und ich habe blitzartig eine 90 Grad Drehung gemacht und den Fuß vom Tisch geworfen. Daraufhin ist der Oberarzt ärgerlich geworden und hat wortwörtlich gesagt: „Weißt was, wenn du dich so anstellst, dann operieren wir!" Dann haben sie mich liegen gelassen. Wenig später ist ein Pfleger gekommen mit einer Harnflasche und sagte: „Da, schiff eini." Aber daran war nicht zu denken. Worauf er mir drohte: „Schiff jetzt eini, sonst kriegst an Katheter." Woher hätte ich wissen sollen, was ein Katheter ist. Ich bin dort gesessen und habe die ganze Welt nicht verstanden. Jedenfalls konnte ich dann doch mein Lackerl machen, sie gaben mir eine Spritze, ich schlief ein. Als ich nach der Operation wieder munter wurde, tat mir alles weh. Nicht nur der Fuß, sondern auch die Hüfte, und ich hatte einen furchtbaren Durst. Sie schoben mich in ein Zimmer, das so groß war wie eine Schulklasse. Und dann trat eine mürrische Krankenschwester ein und fragte: „Wo ist denn der Mopedrowdy?!" Ich wollte mich totstellen, aber sie hat mich doch gefunden. Sie stellte mir eine Lavoir aufs

Nachtkastl und gab im Befehlston die Order aus: „Waschen!" Gut, dachte ich, und zog die Hände unter der Bettdecke hervor. Sie waren vom Kettenfett noch immer rabenschwarz! Im blütenweißen Bett. Aber mit dem kalten Wasser wurden sie nicht sauber. Keine Chance. Unmöglich.

Wie lange musstest du bleiben?

Rund zwei Wochen. Aber es wurde leichter, als sie den Zemsauer einlieferten. Er hat das Training überstanden, ist dann im Rennen gestürzt. Wir bekamen ein Zweibettzimmer. Er war Staatsmeister und doch ein Begriff. Da sprach keiner mehr von Mopedrowdys. Der Zemsi war bald wieder draußen, aber mich behielten sie. Sie hatten mir aus der Hüfte Knochensplitter entnommen, die sie im Sprunggelenk brauchten. Nach dreizehn Tagen entließen sie mich und gaben mich in die Obhut des Welser Krankenhauses, das nur zehn Kilometer von mir zu Hause entfernt war.

Und, war der dürre Geist jetzt ein anderer?

Im Grazer Krankenhaus war ich mir ganz sicher, dass ich nie wieder Rennen fahren würde. Ausschlaggebend war nicht nur, dass ich mich echt verletzt hatte, sondern auch die herablassende Behandlung. Ich kam zum Schluss, dass Motorradlfahren etwas Verkehrtes sein müsste. Und ich versprach meiner Mutter, dass ich nie wieder aufsteigen würde. Ich war mir ganz sicher. Aber als ich dann nach Wels kam, war die Sache schon wieder anders. Die Ärzte und Schwestern dort interessierten sich für mich, wollten viel wissen über die Maschine und die Rennen, waren im Bilde über meine Leistungen und hielten viel von mir. Das hat mir richtig gut getan. Und obwohl sie mir den Fuß noch einmal aufschneiden und wieder etwas aus der Hüfte schaben mussten, war mir klar, dass das Motorradlfahren doch nicht so verkehrt sein könnte, wenn sich sogar Ärzte dafür interessierten. Ich blieb noch zwei Wochen in Wels und überlegte mir, wie ich aus der Nummer wieder rauskommen würde.

Das Versprechen an die Eltern?

Dem Vater hatte ich nichts versprochen. Er hätte mir sowieso kein Wort davon geglaubt. Aber die Mama schon. Also sagte ich ihr nur, dass die Maschine im derzeitigen Zustand nicht zu verkaufen wäre. Ich müsste sie herrichten, tipptopp aufbauen. Das ist über den Winter passiert. Im Frühjahr 1976 sagte ich ihr dann, dass die Maschine zwar jetzt fertig wäre, aber ich müsste zeigen, dass sie nicht nur schön, sondern auch sehr schnell sei, um einen guten Preis zu bekommen. Die beste Demonstration wäre ein Rennen. So bin ich ohne Gesichtsverlust wieder an einen Start gekommen.

Hast du etwas an der Maico, die ja immer verreckt ist, geändert?

Sehr viel. Ich habe die selbst entwickelte und aufgebaute Rotax Rennmaschine vom Niederwimmer Gerhard bewundert und die vom Zemsauer auch. Rotax war bei den 125ern eine echte Macht. Das war eine hervorragende, sehr schnelle und zuverlässige Maschine, die den Auspuffausgang nicht vorne hatte, sondern hinten. Also habe ich den Zylinder der Maico einfach umgedreht. Das hatte den Vorteil, dass der Auspuff gerade nach hinten blasen konnte und nicht verbogen werden musste. Für mich war dieses Prinzip der Schlüssel zum Erfolg.

Moment, du hast einfach den Zylinder umgedreht?

Alle, die mehr technisches Verständnis als ich gehabt haben, haben mir davon abgeraten, weil sie meinten, dass das auf der Maico nicht funktionieren könnte, aber naiv wie ich war, machte ich es trotzdem. Ich passte die Überstromkanäle an, baute das Gehäuse um und schweißte mir selber einen Auspuff. Es hat unendlich gut ausgeschaut, und es hat tatsächlich funktioniert. Das Motorradl ist richtig fest marschiert, und es stellten sich wieder die Erfolge ein. Und niemand erinnerte mich mehr an mein Versprechen.

1976 bist du wieder Bergrennen und Rundkurse in Österreich gefahren?

Ja, die Maico war jetzt am Berg absolut siegfähig und hatte das Potenzial, auf der Rundstrecke unter die ersten Zehn zu kommen. Und bei den Tschechen bin ich auch schon mitgefahren. Da waren immer Massen von Zuschauern. Es war unglaublich. Die Platzierungen und die Pokale weiß ich nicht mehr genau, aber es war ein sehr gutes Jahr mit vielen Erfolgen. Doch es zeichnete sich schon ab, dass die Einzylinder gegen die aufkommenden Zweizylinder im Nachteil waren. Viele - wie der Winkler Walter zum Beispiel - setzten schon auf den Yamaha Zweizylinder. Diese Motoren waren um Welten schneller, wenn sie funktioniert haben, aber sie sind auch sehr oft verreckt.

Ich ahne eine Investition.

1976 konnte ich beweisen, dass ich auch auf der Rundstrecke vorne dabei war. Aber um ganz vorne zu sein, brauchte ich noch etwas Besseres als die Maico. Das haben mir die Leute, die gesehen haben, was ich kann, gesagt: „Gustl, du brauchst a Morbidelli.“ Und wie bei allen wichtigen Entscheidungen war mein Bruder wieder der Wegbereiter, denn ich sah keine Chance. Wir brauchten 120.000,- Schilling!

Drei Maicos für eine Morbidelli.

Die Morbidelli mit dem Zweizylinder war damals das Maß der Dinge bei den 125ern. Und wir wollten keine Gebrauchte kaufen, sondern eine neue. Aber das Geld hatte ich natürlich nicht. Ich überlegte: Maico verkaufen, Kredit aufnehmen, Bruder und Mama anbetteln und vielleicht noch jemanden finden, der mich unterstützte. Und ich fand zwar den Pröll Lois, der die Tankstelle im Ort gepachtet hatte, aber richtig viel konnte er nicht dazu beitragen. Da kam ich auf die Firma Ott, die in Lambach Holzbearbeitungsmaschinen herstellte und vertrieb. Ich wusste, dass auch Morbidelli solche Maschinen baute und hoffte auf einen Kontakt. Ich bekam tatsächlich einen Termin bei den Chefs von Ott, und wir machten aus, dass sie die Rennmaschine kaufen und nach Österreich bringen. Ich würde sie ihnen dann abkaufen. Um 120.000,- Schilling.

Gab es damals keinen Importeur für Morbidelli Motorräder?

Natürlich. Aber ich wusste, dass der auch etwas daran verdienen wollte, und ich musste den Preis so gering wie möglich halten. Es war sowieso ein Wahnsinn. Mein Vater hat es überhaupt nicht verstanden, dass man so viel Geld für ein Rennmotorradl ausgibt. Der hielt von dieser Idee rein gar nichts. Und trotzdem hat er mich letztendlich finanziell unterstützt, als er sah, dass es sich sonst einfach nicht ausgehen würde.

Du hast also deine Rennmaschine bei einem Holzverarbeitungsbetrieb geordert. Ging alles klar?

Ich saß auf Nadeln, bis endlich der Anruf von der Firma Ott kam. Die Maschine wäre da, bestens verpackt in einer Holzkiste, aber ich müsste noch warten, bis der Zoll die Formalitäten erledigt hätte. Warten?! Das war unmöglich. Ich musste die Maschine sehen. Sofort. Also fuhr ich hin. Sie konnten die Maschine zwar nicht auspacken, da es sonst ein Problem mit dem Zoll gegeben hätte, aber ein Arbeiter löste vorsichtig ein Brett einen Spalt breit. Ich konnte nichts sehen, aber ich durfte hineingreifen. Und wie meine Hand die Sitzbank berührte, wusste ich, dass die Morbidelli wirklich da war.

Das Geld hattest du zu diesem Zeitpunkt schon beisammen?

Ja. Der Vater wehrte sich zwar sehr und versuchte bis zum Schluss, mich davon zu überzeugen, dass es ein Fehler ist, ein Rennmotorradl um so viel Geld zu kaufen, aber letztendlich gab er mir seinen Teil. Der größte Teil kam von der Mama.

Wusste der Vater davon?

Natürlich. Die Mama hat sich das ja vom Wirtschaftsgeld weggespart.

Unglaublich.

Die Mama sagte: „Gusti, wenn du damit wirklich glücklich bist, dann leih ich dir die 40.000." Sie war großartig.

Beeindruckend. Klingt nach der besten Mutter der Welt. Und die Morbidelli? Wurde sie deinen Erwartungen gerecht?

Als ich sie zu Hause aus der Kiste packte, war das schon ein umwerfendes Erlebnis. Alle waren da. Sie war unendlich schön. Eine nigelnagelneue Rennmaschine mit einem richtigen Rennmotor. Selbst der Vater war schwer beeindruckt. Und natürlich habe ich sie nicht in die Garage geschoben, es stand ja der Winter vor der Tür, sondern in das Zimmer, das ich mir mit meinem Bruder teilte. Dort stand sie neben meinem Bett.

Großartig!

Es hat auch keiner als verrückt empfunden. Jeder hat gewusst, was die Morbidelli bedeutet. Es war unmöglich, sie in einer kalten Garage stehen zu lassen. Und wenn Besuch gekommen ist, habe ich die Maschine in die Stube geschoben zum Bewundern. Ging der Besuch, stand sie wieder neben meinem Bett. Das Gerät war heilig.

Und du hast sie nie angerissen?

Kein einziges Mal. Erst im Frühjahr. Die erste Fahrt sollte am Salzburgring stattfinden. Da war ein Clubtraining, bei dem ich mitfahren durfte. Und nach wenigen Runden hat es mich nach der Fahrerlagerkurve furchtbar auf den Zutz geschmissen. Warum weiß ich bis heute nicht. Die heilige, über alles geliebte Maschine war jedenfalls innerhalb weniger Minuten zu einem gebrauchten, abgeschundenen Rennmotorradl verkommen. Der Schaden war zwar nicht dramatisch, aber dieses Verliebtsein war wie weggeblasen. Wir reparierten die Maschine, dann kam das Bergrennen in Mühllacken. Der Saisonauftakt. Und für mich war klar, dass allein das Haben der Morbidelli zum sicheren Sieg führen würde. Alles andere war undenkbar. Aber ich wusste wieder nicht, wie mir geschah, und lag am Zutz. Das war im Training. Im Rennen wurde ich dann nur Vierter. Gewonnen hat eine andere Morbidelli, vor mir war eine Rotax. Da kamen dann echte Selbstzweifel auf. War ich zu deppert zum Fahren? Was war denn los? Ich fand keine Stelle, wo ich noch schneller fahren hätte können. Ich war fassungslos. Zu Hause ist mir dann aber mehr oder weniger zufällig aufgefallen, dass einer der hinteren Stoßdämpfer verbogen war. Ich wußte bis zu dem Zeitpunkt gar nicht, dass sich ein Stoßdämpfer verbiegen konnte, aber jetzt sah ich es. Ob es schon am Salzburgring oder erst beim Training in Mühllacken passiert war, konnte ich nicht entscheiden, aber nach dem Grund für meine schlechte Zeit musste ich nicht mehr weiter suchen.

Und dann kam die große Zeit des Siegens mit der Morbidelli?

Noch nicht. Ich habe mich zwar derrappelt und kam mit der Maschine besser zurecht, aber sie hat mir beim Fahren nie diese Freude bereitet, die sie mir zu Hause im Zimmer gemacht hat. Im Zimmer war ich mir sicher, dass uns niemand schlagen könnte, jetzt schaute die Welt anders aus. Und natürlich ist mir auch aufgefallen, dass andere, die eine Morbidelli gehabt haben, das eine oder andere veränderten. Zum Beispiel die Hinterradschwinge. Da gab es eine von Egli mit einem zentralen Federbein. Die sogenannten Cantilever-Fahrwerke waren damals der große Renner. Für mich war das unerschwinglich, da brauchte man richtig Kohle, aber der Zemsauer hatte nichts dagegen, dass ich mir seine Egli Schwinge genau anschaute und abzeichnete. Und dann habe ich mir das selber gemacht.

Selber gemacht?

Ich musste etwas machen. Die internationale Karriere, von der ich träumte, schien auf der Morbidelli meilenweit entfernt. Die Schwinge und ein „de Carbon"-Federbein waren die Hoffnungsträger. Die Stahlrohre bekam ich von KTM, die ihre Rahmen damit bauten, und die Verbindungsbleche habe ich einfach von der Eisenbahn mitgenommen. Also von meinem Arbeitsplatz. Rohre biegen und Hartlöten konnte ich damals schon sehr gut. Die Schwinge hat dann auch wirklich schön ausgeschaut. Wie die Egli vom Zemsi. Aber als ich damit das erste Mal am Ö-Ring war, beim Castrol Silver Cup, ließ ich es im Training richtig brennen, bis mir die Maschine in der schnellen Rechts bergauf einfach weggebrochen ist.

Weggebrochen?

Sie ist hinten auf einmal zusammengesackt. War ein echter Vollgassturz. Eines der Verbindungsbleche ist abgebrochen und der Stoßdämpfer ist durchgefahren. Beim Castrol Rennservice, bei dem immer der Schneckerl - der hat so geheißen, weil er eine Glatze gehabt hat - und der Meisenbichler mit Rat und Tat zur Stelle waren, haben sie ihren Augen nicht getraut. Der Schneckerl hätte mir am liebsten die Löffel langgezogen. Er hat mich alles geheißen und mir eine Lektion erteilt, dass man ein derart minderwertiges Blech für so eine wichtige Halterung einfach nicht verwenden darf. Und dann hat er mir eine richtige Verbindung hinein gelötet.

Das heißt, du konntest am nächsten Tag das Rennen fahren?

Ja. Die Morbidelli war weit gescheiter als ich. Mir war der Sprung von der relativ einfach zu durchschauenden Maico zu groß. Später habe ich dann schon verstanden, warum ein Motorradl schnell ist, aber wenn man einfach so mit dem Umbauen anfängt, dann ist es meistens falsch. Da habe ich bitter Lehrgeld gezahlt. Und die Kollegen haben mir auch nicht mehr so geholfen wie früher. Ich hatte ja jetzt eine Morbidelli, von der viele träumten. „Jetzt muss er halt schauen, wie er zurecht kommt, der Depperte", war die vorherrschende Stimmung. Das war ein deutlicher Unterschied zur Zeit mit der Maico. Ich hätte eigentlich nur einen einzigen Menschen gebraucht, der meinen Erfahrungsmangel ausgeglichen hätte. Aber den gab es leider nicht. Insofern war das Jahr 1977 - abgesehen von den spärlichen Erfolgen, die es auch gab - sehr ernüchternd. In meiner Heimatgemeinde war ich zwar schon wer, aber ich wusste, ich war noch gar nichts und dass ich noch irrsinnig viel zu lernen hatte. Und an meinen ursprünglichen Plan, der Mama am Jahresende ein bisschen Geld zurück zu geben, war nicht einmal zu denken. Alle paar hundert Kilometer musste ich der Morbidelli neue Kolben spendieren. Aber das war alles nicht das Schlimmste. Es tut einfach irrsinig weh, wenn man wenig gewinnt, obwohl man eine Morbidelli hat. Dagegen war der Sturz am Rechberg ein Lercherl.

Hat die Enttäuschung 1977 deine Ziele verändert?

Das nicht. Ich wollte unbedingt in der Weltmeisterschaft fahren und alle herbrennen. Aber ich wusste jetzt, dass es nicht damit getan war, eine sauteure Maschine zu kaufen. Man musste sie auch bis ins kleinste Detail verstehen und auf die eigenen Bedürfnisse ausrichten.

Du hast aber nie an deiner Fahrtechnik gezweifelt? Potenzial sahst du nur in der Maschine?

Über Fahrtechnik machte ich mir keine Gedanken. Ich hatte die Morbidelli nicht im Griff. Aber nicht, weil sie mir zu schnell gewesen wäre, sondern weil ich ihre Technik nicht durchschaut habe. So bin ich teilweise neben dem Motorradl gefahren, neben der Leistung, neben den Stärken. Das war einfach pure Unwissenheit.

Aber 1978 warst du offensichtlich viel besser im Bilde. Da gab es einen vierten Platz in deinem ersten Grand Prix.

1978 war ich voll im Kommen. Leider endete dann die Saison mit einem Gips. In Schwanenstadt beim Regentraining hat es mich fürchterlich zerrissen, und ich habe mir wieder dasselbe Sprunggelenk gebrochen. Diesmal wurden aber nicht 16 Schrauben eingebaut, sondern man fand mit 13 das Auslangen.

Im Zigeunerdorf der Weltmeisterschaft

1978-1979: Drosselbart-Tuning für die Morbidelli - Bartols Zylinder beim ersten WM-Einsatz - Sensationeller vierter Platz beim GP in Spa - MAN-Diesel Odyssee - Sponsorvertrag von Jim Beam - Boykott in Spa - Kündigung von ÖBB - Gustl wird professioneller Rennfahrer.

Wie hast du die Morbidelli in den Griff gekriegt?

Nach den Enttäuschungen 1977 haben der Ernst und ich natürlich überlegt, wie wir die Morbidelli noch besser machen könnten. Wir wollten ja nicht nur in der Staatsmeisterschaft und bei von der Wertigkeit her ähnlichen Rennen im benachbarten Ausland angreifen, sondern wir wollten zu den Grand Prix'. Und die entscheidende Frage war: Wie kommen wir zu mehr Leistung.

Ich nehme an, die Antwort waren die legendären Bartol-Zylinder.

Natürlich wussten wir, dass der Bartol am Zylindersektor weit voraus war und technisch wirklich viel drauf hatte. Aber zwischen mir und dem Harald lag eine Welt. Er hatte einen wunderschönen Renntransporter, perfekt aufgebaute Maschinen und ein von Memphis gesponsertes Zelt. Ich dagegen war der hagere Geist, der halt schnell war, aber finanziell immer am Limit oder unter Wasser. Erschwerend kam hinzu, dass die Leute im Motorradklub meinten, der Bartol würde mir nie und nimmer die besten Zylinder verkaufen, selbst wenn ich sie bezahlen könnte, weil er ja auf der Strecke in direkter Konkurrenz mit mir stand. In mir war eine riesengroße Hemmschwelle, zum Harald zu gehen und zu fragen, ob er mir helfen könne. Ich war einfach zu klein. Im Vergleich zum Bartol fühlte ich mich wie ein Wurm. Irgendwann habe ich mich aber doch aufgerafft und schüchtern angefragt, was denn ein Zylinderpaar kosten würde. 14.000,- Schilling. Der Preis hat mich ziemlich erdrückt. Aber das Entscheidende, warum ich die Bartol-Zylinder wieder aus meinen Überlegungen strich, war die Art des Gesprächs. Der Harald war zwar nicht abweisend, aber sehr kühl und sachlich, heute würde man das wahrscheinlich professionell nennen. Ich habe mich nicht wohl gefühlt. Ich spürte überhaupt keine Herzlichkeit, keine Verbindung.

Aber die Morbidelli brauchte dringend Leistung.

Ich sah einen Ausweg. Der Mühlfried Minnich, der am Salzburgring mit seiner 250er Yamaha richtig schnell war, hatte den Motor vom Wiesmüller Otto machen lassen. Dort ließ ich dann die Zylinder meiner Morbidelli tunen. Es kostete kein Vermögen. Werde nie vergessen, wie ich dem Otto den Motor brachte, er die Zylinder in die Hand nahm und begutachtete. Dabei pfiff er belanglos fröhlich vor sich hin und fand immer wieder fünf PS. Das stärkte meine Hoffnung und meine Überzeugung, das Richtige zu tun. Schließlich ist die Yamaha vom Mühlfried marschiert wie die Feuerwehr.

Und, hat es sich ausgezahlt?

Ich möchte dem Wiesmüller Otto, der sicher sehr gute Motoren gemacht hat, nichts Schlechtes nachsagen, aber bei meiner Morbidelli war es ein Drosselbart-Tuning.

Drosselbart-Tuning?

Das haben wir so genannt. Wenn ein Motor nach einem Eingriff, der die Leistung steigern sollte, nicht besser als vorher marschierte oder vielleicht sogar noch schlechter, hieß das Drosselbart-Tuning. Als ob man eine Drossel eingebaut hätte. Die Morbidelli hatte jetzt zwar einen unglaublich einprägsamen Klang, aber sie hat nicht die Wurst vom Brot gezogen. Der Otto hat mir prophezeit, dass sie auf der Geraden schmal und hoch werden und wie die Sau marschieren würde, aber in Langenlebarn haben mich die anderen gnadenlos abmontiert. Im ersten Moment dachte ich noch, dass ich halt schlecht gefahren wäre - weil die Maschine war ja eine Rakete -, aber nachdem es auch in den nächsten Rennen einfach nicht besser geworden ist, musste ich erkennen, dass der Eingriff in den Motor nicht die Offenbarung war.

Offensichtlich führte kein Weg an den Bartol-Zylindern vorbei.

Als wir wieder beim Harald antanzten, wusste er längst Bescheid. Schon am Klang unseres Motors hatte er erkannt, dass etwas nicht stimmte. Er war ein bisschen angerührt, weil wir nicht gleich seine Zylinder gekauft hatten, aber er ließ uns nicht lange zappeln.

Und dann konntest du alle herbrennen?

Beim ersten Rennen mit den Bartol-Zylindern bin ich Vierter geworden. Es war mein erster Grand Prix. In Spa Francorchamps. Ein Klassiker. Ein irres Rennen. Mit Regen. Man ist zwischen den Ortschaften gefahren, und die sogenannte Eau Rouge war damals noch um Ecken aggressiver als heute. Sie ist heute immer noch eine Mutprobe, aber damals war sie noch wilder.

Wie schnell war man da mit der 125er?

Am Einlenkpunkt circa 180 km/h.

180? Wie schnell sind denn die 125er damals auf der Geraden marschiert?

Über 220. Mein Motor hatte zwar nur knapp über 40 PS - die Werksmotoren hatten knapp über 45 -, aber das Gewichtslimit waren 75 kg. Wir konnten also enorme Kurvengeschwindigkeiten fahren und nahmen viel Schwung auf die Gerade mit.

Der Gedanke an 180 km/h am Einlenkpunkt in der nassen Eau Rouge macht mich irgendwie unrund.

Es war eine feste Mutprobe. Für mich war Spa besonders wichtig. Im Motorradlklub von Gunskirchen war ja ein echter Motorradlrennfahrer nur einer, der im Regen schnell war und auf Straßenkursen. Spa war schon etwas. Zwar nicht wie die Nordschleife und die Insel Man, aber ein sehr schneller und schwieriger Straßenkurs.

Du durftest einfach so bei einem Grand-Prix starten?

Das war damals viel einfacher als heute. Man brauchte die Punkte für die internationale Lizenz - die hatte ich durch zwei Siege und zwei dritte Plätze bei den Bergrennen längst erreicht -, und dann schrieb man den Veranstalter an. Schrieb er zurück, dass ein Startplatz frei wäre, war man dabei. Sonst musste man noch einmal hinschreiben und hoffen, dass ein anderer zurückgetreten wäre. Ich bin aber auch zu Rennen gefahren, in dem mir der Veranstalter klipp und klar mitgeteilt hatte, dass es keinen Startplatz gäbe. Schriftliche Absagen waren leicht, aber wenn ich erst einmal vor dem Veranstalter stand und um einen Startplatz bettelte, standen die Chancen nicht ganz schlecht, dass er sagte: „Na dann fahr halt, du Wahnsinniger."

Hat das etwas gekostet?

Nein. Das Hinfahren hat etwas gekostet. Aber in dem Moment, in dem du dich qualifiziert hast und am Start gestanden bist, hat dir der Veranstalter zumindest 400 Schweizer Franken geben müssen. Wenn du die Qualifikation nicht geschafft hast, bist du wieder nach Hause gefahren. Für Spa habe ich mich schriftlich beworben, sie gaben mir einen Startplatz, und ich bin hingefahren. Es war das erste Rennen und sogar die erste Fahrt mit den Bartol-Zylindern. Ich wusste nicht, wie sich die Morbidelli anfühlen würde, aber das war mir relativ wurscht. Ich hatte einen Startplatz in Spa und wollte einfach so schnell wie möglich fahren. Im Training ist es mir dann schon relativ gut gegangen, und als es am Renntag Regen gab, wusste ich, was meine Freunde vom MRSC Gunskirchen von mir erwarteten. Straßenkurs und Regen - ich durfte mich nicht blamieren.

Und du bist gleich Vierter geworden!

Es war ein großartiges Gefühl. Auch das Rennen selbst war wirklich beeindruckend. Auf den elendslangen Geraden - diese Länge kann man sich heute nicht mehr vorstellen - hat die Morbidelli geschrieen, und die Eau Rouge war ein Wahnsinn. Am tiefsten Punkt dieser Kurve war eine Kreuzung, und dann ging es wirklich steil über die Böschung hinauf. Und anschließend ewig geradeaus. Bis zum höchsten Punkt. Es folgte ein Abschnitt, in dem es bestimmt volle zwei Kilometer nur bergab ging. Die Morbidelli hat bis zur Schmerzgrenze ausgedreht.

Gab es einen Drehzahlbegrenzer?

Nein. Beim Zweitakter nicht notwendig. Der hat das ausgehalten. Wenn ein Zweitakter verreckt ist, dann beim ersten Abdrehen. In dem Moment, in dem du das Gas zumachst, kriegt der Motor kein Benzin mehr und kann durch die fehlende Schmierung stecken. Aber beim Vollgasfahren verreckt er nicht. Hat der Motor das erste Abdrehen überlebt, kann man beruhigt weiterfahren. Kein Problem.

Der Motor hat also gehalten, und du bist mit ausgedrehtem sechsten Gang mit 220 km/h plus über einen Straßenkurs mit Ortschaften und Kreuzungen geflogen. Im Regen. Das pack ich nicht.

Es war großartig. Und als mir der Ernst eine Runde vor Schluss anzeigte, dass ich zwar Vierter wäre, aber den Fünften direkt im Genick hatte, drehte ich noch einmal richtig auf. Ich wollte keinesfalls die tolle Platzierung aufgeben. Außerdem hatte der Regen nachgelassen, und ich glaubte zu erkennen, dass es in der Mitte der leicht bombierten Straße schon trocken war. Also pfiff ich auf die Ideallinie und fuhr in der trockenen Mitte, was das Zeug hielt. Im Ziel hatte ich fünf Sekunden Vorsprung auf den Fünften. Das war eine Wahnsinnsfreude! Ich hatte es geschafft. Meine ersten WM-Punkte!

Hat es wirklich so schnell aufgetrocknet?

Für mich war es trocken. Doch als der Journalist Günther Wiesinger nach dem Rennen auf mich zukam und mich ganz aufgeregt einen Volltrottel schimpfte, weil ich angeblich als Einziger bei strömendem Regen die Zielkurve anbremste, dass das Hinterrad in der Luft war, begann ich zu ahnen, dass es wohl nicht wirklich trocken gewesen war.

Die Eau Rouge im Regen mit dem Messer zwischen den Zähnen. Wie darf man sich das vorstellen?

Den Linksknick bergab nahm ich ganz an der Boxenmauer. Dann orientierte ich mich im Kreuzungsbereich an der Haltelinie für den Querverkehr. Dort gab ich einen kurzen, aber prägnanten Lenkimpuls und ließ die Maschine aus. Ich gab sie also frei, damit sie ihre volle Kraft über den Berg hinauf entfalten konnte. Die Eau Rouge habe ich sehr gut verstanden. Und in der Eau Rouge abdrehen war sowieso undenkbar. Das hätte jeder gehört. Also bergab mit Vollgas, unten in der Kompression bei Vollgas einen Gang runterdrücken, und mit Vollgas den Berg hinauf.

Bei Vollgas einen Gang runterdrücken? Ohne Kupplung? Hattest du damals schon einen Schaltautomaten?

Nein. Man legte vor dem Gangwechsel schon den Fuß mit passendem Druck auf den Schalthebel, und lupfte im richtigen Moment blitzschnell eine Nuance das Gas. Kuppeln hätte viel zu viel Zeit ohne Vortrieb bedeutet.

Aber du hast in der Kompression ja auch blitzschnell umlegen müssen.

Das funktionierte tadellos. Umlegen mit den Händen, schalten mit dem Fuß. Durch den enormen Anpressdruck in der Kompression hatte man eine sehr gute Haftung.

Wer hat das Rennen gewonnen?

Das weiß ich nicht mehr. Ich glaube der Nieto. Nein, der Nieto nicht, es hat ja geregnet. Es wird der Bianchi gewesen sein.

Waren andere Österreicher in Spa unter den ersten Zehn?

Nein. Der Bartol hat ja den Regen nie wollen, das war nie seins.

Hat er dir gratuliert?

Hat er. In seiner Art: „Hat gepasst, war gut." Ausuferndes Feiern - also wenn einer nach dem Rennen auf den Schultern getragen worden ist - hat ihm widerstrebt.

Seine Zylinder waren offenbar aber auch gut, die haben auch gepasst.

Keine Frage. Das Moped ist richtig gut gegangen. Diese elendslangen Vollgasetappen hat der Motor locker derpackt. Mir hat natürlich auch der Regen geholfen und der Irrglaube in der letzten Runde, dass es trocken sei.

War das die schnellste Rennrunde?

Nein, war es nicht. Aber ich habe bis heute den offiziellen Streckenrekord für 125er in Spa. Aufgestellt 1987. Der Rekord hat gehalten, weil ja bald keine Motorradrennen in Spa mehr gefahren wurden. Mir hat die Strecke immer getaugt.

1978 hattest du vermutlich keinen mächtigen Laster für die Reise nach Spa. Womit warst du unterwegs?
Ich habe von einem Schwammerlzüchter in Lambach einen heruntergekommenen Bedford gekauft. Mit dem Bus ist einer gefahren, der oft einen Durst gehabt hat. Dellen überall. Das habe ich alles ausgetengelt, auch einen neuen Motor habe ich eingebaut, und dann fesch lackiert. Hat gut ausgeschaut, war aber für die

Langstrecke alles andere als zuverlässig. Ein schwieriges Auto. Widerwillig erinnere ich mich an das Abvibrieren der Getriebeglocke zum Beispiel. Aber bis Spa sind wir gekommen. Und retour auch.

Ich kenne die unglaublich tolle Innenausstattung der Sattelauflieger heutiger GP-Teams. Wie darf man sich den Bedford innen vorstellen?

Wir hatten im Laderaum ein Stockbett und daneben das Motorradl, die Ersatzteile und das Werkzeug.

Wer hatte das Einserbett, wer durfte oben liegen?

Mein Bruder durfte oben liegen. Unser Problem waren meine Träume. Immer wenn ich im Bus geschlafen habe, hatte ich den gleichen Traum: Ich fuhr in eine Kurve, hatte einen Vorderradlrutscher und verlor die Front. Dieses Umschmeißen war auch im Traum so unangenehm, dass ich aufgesprungen bin. Und da habe ich mir dann die Birn' ang'haut am Stockbett meines Bruders. Ich hatte ja nur vierzig Zentimeter Spielraum nach oben. Der Ernst ist dann immer munter geworden und hat mich angehalten, nicht so einen Bödsinn zu träumen und ihn doch in Ruhe schlafen zu lassen. Es ist relativ rustikal zugegangen im Bus. Für die nationalen Einsätze war der Bedford okay, aber weiter wegfahren war ein Risiko. Spa war das Limit.

Speck und Brot zum Jausnen waren sicher auch im Bus, oder?

Ja! Proviant hatten wir immer mit. Das war wichtig. Vor allem für den Ernst. Immer wenn wir im Fahrerlager angekommen sind, sagte er als Erstes: „Kumm, iatz tama a bissl jausnen!" Das hat er unendlich gern gehabt. Wir saßen dann am Klapptischerl und schnitten Speck, Wurst und Brot ein. Man brauchte ja Kraft. Die Ernährungsweisheiten von heute waren unbekannt. Ich wusste allerdings von meinen Kollegen, dass man vor einem Rennen nicht frühstückt. Denn wenn es einen schmeißt und man im Krankenhaus operiert werden muss, ist es besser, wenn man nüchtern ist. Das habe ich immer so beibehalten. Erst nach dem Rennen hat es eine Jause gegeben. Vorher nicht.

Unglaubliche Verhaltensmaßnahme. Hat eigentlich der vierte Platz in Spa auch finanziell etwas gebracht?

Für einen Sieg bekam man 34.000,- Schilling, für den vierten Platz 15.000. Das war schon ein Knaller. Damit waren die Zylinder bezahlt. Aber noch wertvoller war das Echo, das dieser Grand-Prix hatte. Da haben sich dann auch die Tageszeitungen bei mir gemeldet. Und für den Ernst und mich war klar, dass wir weitere Grand-Prix' anfahren werden. Mit einem vierten Platz in Spa hatten wir gute Karten bei den Veranstaltern. Wir planten Schweden, Finnland und England. Diese Rennen waren jeweils um eine Woche versetzt, also ideal für eine Tour.

Und du hast für alle drei Rennen eine Startzusage bekommen?

Nein, nur für den Grand Prix in Schweden. Aber ich ging davon aus, dass die Finnen und die Engländer nicht zumachen würden.

War dieser Trip das grausame Ende des Bedfords?

Mit dem Bedford haben wir uns diese Fahrt nicht zugetraut. Aber eine Firma, die mich ein bissl unterstützt hat, Alaska Sportdress, hat uns einen alten Bus zur Verfügung gestellt. Einen Saviem. Das war ein Lizenzbau von MAN. Ein französisches Fahrzeug, aber die Komponenten alle von MAN. Diesen 3,5 Tonner haben sie uns geborgt. Es war ein geräumiger Kleidertransporter. Da hatten wir Platz. Aber halt nicht geordnet oder eingerichtet. Wir haben einfach Matratzen hinein gelegt. Das Problem war, dass der Transporter auch ein Kurzstrecken-Auto war und uns einige Rätsel aufgab. Zuerst hat es uns auf dem Weg nach Schweden einen Reifen zerrissen, nach der Fähre nach Malmö hat es uns eine Dieselleitung abvibriert, so dass wir nur mehr mit drei Zylindern ins Fahrlager gehoppelt sind.

Anderstorp?

Nein, der Grand Prix fand nicht auf der klassischen Rennstrecke von Anderstorp statt, sondern in Karlskoga. Mir war das Wurscht, aber heute könnte man dort nie und nimmer ein Rennen fahren. Eine sehr kleine, relativ schmale Rennstrecke mit einem rauen, holprigen Asphalt und einer extremen Steilkurve. Das Fahrerlager war auf einer Art Fußballplatz. Für mich spielte das alles keine Rolle. Ja, es war rustikal und anders, aber die Strecke war dazu da, ein Rennen zu fahren. Die Stars mit den Werksrennmaschinen, also Pier Paolo Bianchi, Eugenio Lazarini und Angel Nieto zum Beispiel, waren aber verständlicherweise nicht glücklich, weil sie auf einer derart holprigen Strecke ihre Vorteile nicht ausspielen konnten. Die Minarellis - damals hießen die Garellis so - hatten ja ein richtig straffes Fahrwerk. So hörte man im Fahrerlager viel Geraune, dass das keine WM-würdige Strecke sei. Mich hat das nicht berührt, es war für mich kein Thema. Mir ist es im Training schon relativ gut gegangen und im Rennen bin ich Fünfter geworden.

Hat es wieder geregnet?

Es war trocken. Nämlich wirklich trocken. Mir hat dieser fünfte Platz Berge gegeben. Nach Spa habe ich ja wieder nach Erklärungen gesucht, was die anderen verbockt hätten, aber mit dem fünften Platz in Schweden konnte ich das Ergebnis bestätigen. Ich war vorne dabei.

Der Bartol ist auch am Start gewesen?

Ja. Ich weiß nicht mehr, ob er ausgefallen ist oder nicht, jedenfalls war er nicht vor mir. Ich war wieder bester Österreicher. Eine Affenfreude. Aber ich hatte noch eine Hürde zu knacken: die fehlende Starterlaubnis in Finnland. Ein Offizieller von den Finnen war in Schweden, ich nannte ihn Nikolaus, weil er sehr langsam und sehr tief sprach, und er riet mir dringend davon ab, nach Finnland zu fahren. Ich solle mir das Geld und die Zeit sparen, es wäre garantiert kein Startplatz frei. Er bat mich, doch vernünftig zu sein.

Einsertipp: Du bist trotzdem hingefahren.

Logisch. Wir haben im Fahrerlager noch die Dieselleitung vom Transporter repariert und sind nach Finnland gefahren. Nach Imatra. Sehr beeindruckend. Die Rennstrecke führte an einem Stausee vorbei, rundherum war ein echtes Volksfest. Es schien, dass ganz Finnland auf den Beinen war. Damals war ja der Alkohol limitiert, aber hier haben sie ihn ausgeschenkt. Keine Frage, da war was los. Aber bei jedem Standl stand auch ein Wachorgan, das beobachtete, dass keiner mehr etwas bekam, der nicht gerade stehen konnte. So beobachteten wir immer wieder Finnen, die sich an einen Laternenmast festhielten und sich so lange konzentrierten, bis sie aufrecht zum Standl kamen und nachfassen durften. Mich interessierte aber vor allem das Rennbüro. Sobald es aufgesperrte, stand ich schon in der Tür und bat um die Starterlaubnis. Da sah mich der Nikolaus und fragte mich eindringlich, ob ich noch bei Verstand wäre. Er hätte mir doch klipp und klar gesagt, dass das Rennen schon mehr als voll besetzt sei. Er könnte es mir nicht deutlicher sagen, als er es eh schon in Schweden getan hätte. Kein Platz. Überhaupt keine Chance. Ich gab aber die Hoffnung nicht auf, dass einer ausfallen könnte, und stand täglich zweimal in der Tür. Und am Donnerstag am Abend gab mir der Nikolaus dann die Starterlaubnis.

Die Beharrlichkeit hat sich offensichtlich ausgezahlt.

Anders wäre ich nicht zum Zug gekommen. Ich war richtig lästig, ich wollte halt unbedingt starten. Dann kam aber die Ernüchterung. Nach dem vierten und dem fünften Platz habe ich natürlich erwartet, dass ich sofort wieder am Spitz mitfahren werde. Doch schon im Qualifying lief nicht alles nach Plan. In einer Rechts-Linkskombination fuhr ich rechts noch schnell und gut, in der Linken aber fühlte es sich an, als ob ich auf eine Tellermine gefahren wäre. Plötzlich war das Motorradl unter mir nicht mehr da. Wie weggesprengt. Und mich hat es highsidend aus einer relativen Höhe mit beiden Knien voraus in den Asphalt gehämmert.

Widerlich.

Das hat richtig weh getan. Zuerst konnte ich gar nicht aufstehen. Dabei war die Ursache für den Sturz echt lapidar. Der Schlauch von der mechanischen Wasserpumpe hatte sich gelöst und den Hinterreifen versaut. So ging die Haftung ohne Ansatz blitzartig verloren. Ich bin dann am nächsten Tag das Rennen schon noch gefahren, aber in die Punkte bin ich nicht gekommen. War eine Niederlage. Aber mit den lädierten Knien und dem ramponierten Motorradl war einfach nicht mehr drinnen. Wir hakten das ab und machten uns auf den Weg nach Silverstone.

Ein breiter Weg.

Wir saßen vorne zu dritt und...

Wer war der Dritte?

Ein guter Freund von mir, der Niederwimmer Gerhard. Selber auch ein schneller Fahrer und ein toller Techniker. Wir fuhren zu dritt dahin, und auf einmal machte es einen richtigen Schlag, gefolgt von einem furchtbaren Rasseln. Wir wussten sofort, dass das irgend etwas Dramatisches war. Mein Bruder blieb augenblicklich stehen und sagte: „Jatz issa hin."

Die geheime Voodoo-Rache des beleidigten Bedfords zu Hause.

Vielleicht. Gut war, dass der Motor kein Loch hatte, schlecht war, dass eine Stösselstange zur Ventilsteuerung einfach in der Mitte abgebrochen war. Für meinen Bruder war klar, dass wir die Reise nicht mehr fortsetzen konnten. Aus und vorbei. Aber das war etwas, das ich nicht akzeptieren konnte. Aus und vorbei gab es nicht. Wir riefen den finnischen Öamtc an. Und er kam auch, konnte uns aber nicht gleich helfen. Wir müssten die Stösselstange bestellen, und Mitte der nächsten Woche könnten wir wieder fahren. Nächste Woche? Nein, nein, sagte ich ihm, wir müssen auf die Fähre und in Silverstone ein Rennen fahren. Mit diesem seltenen MAN-Diesel nicht mehr, sagte der Finne.

Gibt's ja nicht. Da lasst ihr den Bedford zu Hause und dann verreckt euch der Supertransporter katastrophal.

Ich konnte nicht aufgeben. Ich überlegte: Man müsste doch nur den betroffenen Zylinder abhängen und die gebrochene Stösselstange des Einlassventils mit der des Auslassventils tauschen. Dann würde der Einlass geschlossen bleiben, der Zylinder könnte aber ausatmen. Der Ernst hielt davon gar nichts und glaubte nie und nimmer, dass das funktionieren würde. Aber es musste sein. Wir mussten es versuchen. Und siehe da: Der Motor ist tadellos angesprungen. Der Lauf auf drei Zylindern war zwar etwas holprig, aber wir konnten weiterfahren. Allerdings war der Blick in den Rückspiegel ein Inferno. Wir zogen eine unglaublich dichte, tiefschwarze Rauchwolke hinter uns her. Klar, denn der unverbrauchte Diesel des vierten Zylinders ist einfach in den Auspuff geronnen. So konnten wir nicht weiterfahren, sie hätten uns eingesperrt.

Der Nikolaus hätte dich in der finnischen „Zeit im Bild" sicher erkannt und hätte sich gefreut zu sehen, dass du auch auf der Autobahn spektakulär unterwegs bist.

War wirklich ein Wahnsinn. So konnten wir beim besten Willen nicht weiterfahren. Also klemmten wir die Dieselzufuhr des vierten Zylinders ab, verlängerten den Schlauch und legten ihn ins

Führerhaus, wo wir einen Kanister zwischen uns aufstellten. War der Kanister voll, blieben wir stehen und leerten ihn in den Tank.

Das muss aber irrsinnig arg gerochen haben im Auto.

Ja furchtbar, aber es hat funktioniert. Wir kamen bis zur Fähre. Und dort hat es, wie bei diesen Fähren üblich, eine Werkstatt gegeben. Sie schweißten uns die Stösselstange wieder zusammen, wir polierten sie, schlichen uns verbotenerweise in den Frachtraum und bauten sie ein. So konnten wir auf vier Zylindern von der Fähre rollen. Silverstone mit inzwischen erfolgter Startzusage wartete. Und, ganz toll: Regenwetter. Genau meine Bedingungen.

Aber die Engländer kennen doch den Regen wie niemand anderer. Da muss es doch reihenweise mörderisch gute Regenfahrer gegeben haben?

Das war auch die Idee meines Bruders. Er riet mir, mich bei einem schnellen Engländer anzuhängen, dann könnte nichts schiefgehen. Im Training war ich knapp unter den ersten Zehn, im Rennen ist mir dann einer richtig vorgezischt. Ich dachte: „Aha, ein schneller Engländer" und hängte mich an. Irgendwann würde ich ihn dann aus dem Windschatten überholen. Beim Nachnageln hatte ich schon das Gefühl, dass er eine Spur mehr drauf hatte als ich. Er war wirklich schnell unterwegs. Aber ich dachte: „Der weiß schon, was er tut. Ist ja ein Engländer, ist seine Strecke, er ist ja kein Trottel." So fuhren wir in Formation an Start/Ziel vorbei. Und in der ersten Rechten hat es uns im Duett richtig fest in die Strohballen geschmissen! Synchron. Patsch, patsch. Fast ohne Zeitverzögerung. Es dauerte dann ein bisschen, bis wir unser Zeug auseinanderdividiert und aufgesammelt hatten, und dann kam ich drauf, dass er gar kein Engländer war, sondern ein Franzose.

Verdammt!

Ja. Das war bitter. Wir haben die 400 Schweizer Franken genommen und sind wieder nach Hause gefahren.

Die Maschine aufstellen und weiterfahren war nicht mehr möglich?

Der große Nachteil an der Morbidelli war, dass die Vergaser links und rechts vom Kurbelgehäuse saßen. Und bei einem Sturz war der Vergaser immer das Erste, das weggeflogen ist. Hatte man Glück, ist er nur aus der Gummimanschette gerutscht und lag noch irgendwo in der Verkleidung. Aber an ein Weiterfahren nach einem echten Sturz war nicht zu denken. Später bei den Einzylindern mit nur einem hintenliegenden Vergaser war das möglich. Bei der Morbidelli nicht.

Muss eine aufregende Tour gewesen sein. Fünfter in Schweden, in Finnland der Doppelhammer auf die Knie, in England das synchrone Strohballengemenge und dann noch der vollkommen erledigte MAN-Diesel. War die Heimfahrt störungsfrei?

Es hat wieder einen Schlag gegeben. Gefahren ist dann schon der Gerhard, weil der Nerven hatte wie eine Starkstromleitung. Der konnte 1000 Kilometer mit 40 km/h fahren. Für mich unmöglich. Aufsteigen aufs Motorradl oder Einsteigen ins Auto war bei mir immer ein Rennen. Wer ist als Erster bei der Fähre, wer ist als Erster im Fahrerlager, immer ein Rennen. Irgendwo Richtung Deutschland gab es dann den Schlag und ein Zischen. Es hatte vom Ventilator einen aufgenieteten Blechflügel abvibriert, der ein großes Loch in den Kühler schlug.

Na super.

Wir haben auch das hingekriegt. Kühler ausgebaut, Loch notdürftig mit Polyester verstopft und den gegenüberliegenden Flügel abgeschnitten. Durch die Unwucht wäre sonst die Wasserpumpe ex gegangen. Wir haben natürlich gesehen, dass die verbleibenden Flügel auch nicht gerade jung waren und bogen sie so, dass sie im

Falle des Reißens nicht in den Kühler fahren würden. Das war gut, denn weit sind wir nicht gekommen, bis der nächste Schlag da war. Also haben wir wieder den gegenüberliegenden Flügel entfernt und sind weitergefahren. Nicht lang. Bald hatten wir nur mehr den Metallstern, der das Zentrum des Ventilators bildete.

Top Kühlung.

Wir fuhren in einen Ort und hatten das Glück, dass es dort einen Ventilator mit Flügel gab. Zwar nicht genau den richtigen, aber wir haben ihn einbauen können. So sind wir dann nach Hause gefahren.

Was haben die von Alaska Sportdress gesagt, als du ihnen den vollkommen erledigten Bus zurückgebracht hast?

Sie haben schon ein bisschen geschaut, als sie hörten, was da alles ex gegangen ist, aber sie wussten eh selber, dass das kein Neufahrzeug mehr gewesen ist. Es ist keine schlechte Nachrede geblieben.

Bist du dann reumütig zum Bedford zurück?

Nein. Wir brauchten etwas G'scheiteres, einen langstreckentauglichen Bus. Und da in dieser Zeit ein großer Traum in Erfüllung gegangen ist - Jim Beam unterstützte mich -, war auch ein bisserl ein Geld dafür da.

Jim Beam ist eingestiegen?

Entscheidend waren wohl die Platzierungen in Spa und Schweden. Sie gaben mir 40.000,- Schilling Budget, Pickerln und Wäsche. Ich war im Jim Beam Team! Das war etwas, nicht nur finanziell. Ich hätte meine Maschine auch ohne Geld mit dem Jim Beam Schriftzug und den entsprechenden Farben lackiert. Ich glaube, ich hätte sogar etwas dafür bezahlt.

Muss ein großartiges Gefühl gewesen sein, so einen Sponsor zu bekommen.

Ich hatte damit etwas aus meiner Sicht extrem Erstrebenswertes geschafft. Ich hatte einen richtigen Sponsor. Der Bartol fuhr für Memphis, ich für Jim Beam. Jetzt brauchte ich dringend einen ordentlichen Lastwagen. Und zu der Zeit kam eigentlich nur ein Mercedes 508 in Frage. Zwar sündteuer, aber perfekt.

Du hast gleich in einen Mercedes investiert?

Natürlich nicht in einen neuen. Ich musste einen billigen finden. Und den fand ich auch. Er steckte bis zu den Achsen im Dreck einer Saudrahtn.

Einer Saudrahtn?

So heißt in Oberösterreich der eingezäunte Bereich, in dem sich die Schweine wälzen. Dort stand der 508er. Und ich dachte, dass der nicht mehr die Welt kosten könnte. Ich bekam ihn dann tatsächlich um einen Spott: 5.000,- Schilling. Allerdings haben die Türen nicht mehr geschlossen, am Armaturenbrettl, das war noch aus Metall, wuchs grünes Moos und der Holzboden im Laderaum war morsch und löchrig. Aber er ist sofort angesprungen. Zu Hause habe ich den Mercedes dann tipptopp hergerichtet, Jim Beam hat ihn mir lackiert.

Klingt nach echtem Fortschritt.

Ja, es hat sich viel verändert. Aber nicht nur beim Transporter, sondern auch in meinem Umfeld. Ich war ja damals immer noch bei der Eisenbahn. Und es gab dort viele Kollegen, denen ich nach den Rennen immer genau berichten musste, wie es sich abgespielt hatte. Nach dem Jim Beam Deal änderte sich das. Sie sahen meinen teuer wirkenden Transporter und auch den dunkelblauen 1600er Alfa, den ich am Schrottplatz gefunden und hergerichtet hatte, und sie sahen meine Jim Beam Wäsche, die ich auch in der Arbeit immer trug. Sie wollten nicht mehr viel von mir wissen.

Oje, der Neid.

Es muss wohl so gewesen sein. Sportlich war 1979, also mein erstes Jim Beam Jahr, sehr erfolgreich. Viele Grand Prix-Starts, sehr gute Ergebnisse. Imola zum Beispiel war ein wirklich heißes Pflaster, eine Hochburg der Italiener, da bin ich als Achter unter die ersten Zehn, also in die Punkte gefahren. In Rijeka wurde ich Vierter. Das war immer meine Lieblingsstrecke, obwohl es mich nirgends öfter geschmissen hat als dort.

Was war 1979 in Spa, wieder Regen?

Spa 1979 war eine Katastrophe. Sie hatten die Strecke umgebaut, und der Asphalt hatte einfach keinen Grip. Es war sehr schwierig zu fahren. Das Schwierigste für mich aber war, dass ich durch die guten Platzierungen 1978 und teilweise schon auch 1979 in gewissen Kreisen wahrgenommen worden bin. Ich war unter den Fahrern kein Niemand mehr. Im Fahrerlager kam dann der Harald zu mir und sagte, dass der Asphalt eine echte Trottelei sei und dass wir Fahrer uns das nicht bieten lassen dürften. Noch im vierten Gang auf der Geraden würde das Hinterrad durchdrehen. Ein Rennen wäre unter diesen Voraussetzungen hier nicht zu fahren. Alle guten Piloten würden wieder abreisen. Eine derartige Strecke dürften wir uns nicht gefallen lassen. Ich war irgendwie fassungslos. Der Harald kam dann immer wieder zu mir und unterrichtete mich vom Stand des Boykotts, bis er schließlich sagte, jetzt wäre es Zeit zum Heimfahren. Die Top Ten in der Weltmeisterschaft reisten ab. Und er hat mir das so erklärt, dass es nicht gut wäre, wenn ich da bliebe und die Abwesenheit der Stars für einen Erfolg nützen würde. Schließlich ginge es hier um mehr. Um die Rechte der Fahrer. Lange Rede, kurzer Sinn: wir packten zusammen und fuhren nach Hause.

Das kann dir nicht leicht gefallen sein.

Es war unendlich schwer. Man fährt ja auch Rennen im Regen. Ich wollte aber nicht unsolidarisch sein. Doch im Auto haben mich schwerste Zweifel gequält. Es ging ja immer darum, wer als erster Österreicher nach dem Bert Schneider wieder einen Grand-Prix gewinnt. Es war ein Wettrennen. Der Harald hat gelechzt nach einem Grand-Prix-Sieg, für mich war das auch nicht mehr so weit aus der Welt, aber wir beide waren fort, während der Fagerer Ernst aus dem Jim Beam Team in Spa geblieben ist. Die Vorstellung, dass er gewinnen könnte, machte mich richtig unrund. Gewonnen hat dann eh ein Engländer, und somit war alles in Ordnung.

Hast du die Entscheidung, nicht zu starten, bereut?

Nein. Natürlich haben mir viele gesagt, ich sei ein Trottel, so eine Chance auszulassen, wo ich doch mein ganzes Geld in die Rennfahrerei stecken würde und von den Werksteams sowieso nichts hätte. Aber ich wollte die positive Stimmung und die Anerkennung meiner Leistungen nicht gefährden, indem ich die Situation ausnutzte und den Rahm abschöpfte. Im Nachhinein denke ich, dass es auf lange Sicht schon etwas gebracht hat. Nicht nur im Sinne der Rechte der Fahrer, sondern auch für mich persönlich. Die Stars wussten, dass ich in Ordnung war.

Und dann kam wieder Schweden.

Ein guter Boden für mich. Da bin ich Vierter geworden, in Finnland Zehnter und in Silverstone Achter.

Wie haben die Fahrerlager damals ausgesehen?

Sehr einfach. Wie ein Zigeunerdorf. Da waren die Frauen und die Kinder mit, die Wäsche wurde gewaschen und aufgehängt. Es wurde eingekauft und gegrillt. Die meisten Rennfahrer sind selber mit dem Transporter gefahren, nur die ganz Großen von den 500ern wie der Barry Sheene zum Beispiel nicht. Die Wohnmobil-Generation ist erst mit Kenny Roberts gekommen. Als er das erste Mal nach Europa kam, sind wir dann alle vor dem Auto gekniet. Aber bis dahin waren das einfach Transporter.

Und die Fahrer haben alle in den Transportern geschlafen?

95 Prozent. Manchmal auch im Wohnwagen oder im Zelt.

Wieviele Zuschauer kamen zu den Grand Prix'?

Unmengen. Wirklich Unmengen. Salzburgring - ein Wahnsinn. Davon kann man heute nur träumen. Die Leute waren richtig hungrig nach Motorradlrennen. Assen war das Mekka mit weit über 100.000 Zuschauern.

Sind die auch ins Fahrerlager gekommen?

Dafür hat man schon eine eigene Karte gebraucht. Aber viele haben sich die einfach gefälscht. Fotokopiert. War keine Hexerei. Der Zugang war limitiert, aber viel, viel lockerer als heute.

Wie war der Auftritt der Werksteams?

Die hatten natürlich sehr schöne Transporter. Aber Sattelauflieger waren äußerst rar. MV zum Beispiel ist mit einem Iveco mit Alukofferaufbau gekommen.

Apropos Werksteam. War das für dich nie ein Thema?

Natürlich habe ich wie alle anderen auch davon geträumt, in ein Werksteam zu kommen. Keine Frage. Aber für mich war es besonders schwer. Zum Einen wegen der österreichischen Staatsbürgerschaft. Der heimische Markt war für die in der 125er Klasse dominierenden italienischen Werke uninteressant. Auch wegen des damals sehr hohen Schutzzolles für Motorräder bis 250 Kubik. Außerdem gab es genug sauschnelle Italiener. Und zum Zweiten, weil mir der Harald mit den Zylindern geholfen hatte, und ich aufgrund meiner Erziehung viel von Loyalität halte. Wir wollten den Werksteams den Hintern anzünden. Das hat sich perfekt ergeben. Die Werke waren nicht auf der Suche, und wir waren bereit, sie auf der Strecke zu hauen.

Hast du da noch immer bei der ÖBB gearbeitet?

Aber nicht mehr lange. Ich wusste, dass ich verdammt viel Urlaub brauchen würde, um mit der Rennerei klar zu kommen, und überlegte, wie ich das regeln könnte. Unbezahlter Urlaub oder Zeitausgleich. Bei Skifahrern war das möglich. Ich machte mir also einen Termin beim Chef aus. Das Klima in der ÖBB hatte sich verändert. Seit ich den Jim Beam Vertrag, den Transporter und den Alfa hatte und immer öfter etwas von mir in der Zeitung stand, wurde ich von den Kollegen zunehmend gemieden. Fast niemand fragte mich mehr, wie es bei den Rennen gelaufen wäre. Für die war ich jetzt auf einmal ein reicher Hund. Nun saß ich da dem Direktor gegenüber und erklärte ihm, dass ich mehr Zeit zum Rennfahren brauchen würde und fragte, ob ihm dazu etwas einfallen würde. Von meinen Vorschlägen hielt er gar nichts. Es kam immer nur ein kaltes, einsilbiges Nein. Und als ich dann sagte: „Muss ich denn kündigen, wenn ich meinen Sport machen will?", nahm er den Telefonhörer, ließ sich mit der Generaldirektion in Wien verbinden und sagte: „Bei mir sitzt der Herr Auinger, er möchte kündigen." Damit hatte ich nicht gerechnet. Aber mein Stolz ließ keine weitere Klärung zu. Das war's.

Arge G'schicht.

Ich hatte zwar nicht viel verdient, aber das Geld kam jedes Monat. Jetzt nicht mehr. Das war ein eigenartiges Gefühl. Ich arbeitete dann als Taxifahrer, Schulbuschauffeur, T-Shirt Vertreter und sonst alles mögliche, um zu Geld zu kommen. Und ich versuchte, Sponsorverträge aufzustellen. Da bin ich dann in Büros gekommen, die früher für mich unerreichbar schienen. Aber die Hemmschwellen sanken nach und nach. Vor allem, weil ich das Geld dringend brauchte. Und Jim Beam hat mich nicht fallen gelassen, sondern den Vertrag 1980 sogar aufgebessert.

Das Suchen von Sponsoren wird nicht immer einfach gewesen sein.

Die Krönung war ein Gespräch in Wien bei Tixo. Oder Tesa. Das weiß ich nicht mehr so genau. Jedenfalls dachte ich, dass sich die vier Buchstaben super auf der Verkleidung machen würden und schrieb die Firma an. Ich bekam einen Termin und fuhr nach Wien. In einem Hochhaus im letzten Stock saß ich dann gekampelt und geschäuzt in einem traumhaften Büro einem Marketing-Direktor gegenüber, der sich sehr für den Motorrad-Rennsport zu interessieren schien und vieles wissen wollte. Als dann alles besprochen war, sagte er unumwunden: „Herr Auinger, das war sehr interessant, ich danke Ihnen. Leider machen wir überhaupt kein Sponsoring im Motorsport. Das ist nichts für uns. Aber ich war sehr neugierig, wie so ein Motorradlrennfahrer ausschaut."

Unglaublich!

Ja, und dann bin ich wieder heimgefahren.

Eine echte Frechheit! Was für ein präpotenter Narr! Andererseits: Der hätte dich wahrscheinlich eh nur unrund gemacht, wenn er mit von der Partie gewesen wäre. So einen hast dann im Fahrerlager hängen, na habedehre. Hat sich eigentlich auf der Maschine etwas geändert, weil du jetzt nicht mehr nur für das Rennfahren, sondern auch vom Rennfahren gelebt hast?

Nein. Im Alltag war zwar die Sicherheit einer fixen Arbeit weg, aber auf der Maschine hat sich nichts geändert. Ich wollte einfach nur schneller sein als alle anderen - und einen Grand-Prix gewinnen.

Sterne en masse

1980: Transporter mit Feststellgas in die Leitplanken gejagt - Erstmals Tintenfische - Vollgassturz in das leise Grau - Fataler Plug-Job - Doktor Costa und das Schlüsselbein - Sheene fackelt die Toiletten in Imatra ab.

1980 bist du zum zweiten Mal in Folge Staatsmeister in der 125er Klasse geworden. War das neben den Grand-Prix' noch etwas wert?

Mein Hauptziel war sicher, einen Grand-Prix zu gewinnen, aber der Staatsmeistertitel war schon auch ein großer Erfolg. Zumal ich ja den Harald Bartol, der damals das Maß der Dinge war, schlagen konnte.

War das seine letzte Saison?

1980 stand schon ziemlich klar im Raum, dass der Harald das Rennfahren am Ende der Saison aufgeben würde. Und wir spitzten alle auf sein Motorradl, das eine echte Rakete war. Insofern war der Druck, den ich mir auferlegte, 1980 sehr, sehr groß. Nicht nur, weil ich unbedingt dem Bartol zeigen wollte, dass ich der beste Mann für seine Maschine wäre, sondern auch weil ich mich meinem Sponsor, also dem Konzern Scharlachberg mit der Marke Jim Beam, sehr verpflichtet fühlte. Ich wollte sie keinesfalls enttäuschen. Damit hatte ich den Kopf mit Sachen voll, die der Rennerei nicht förderlich waren.

Finanziell warst du - trotz Sponsorings - wohl auch nicht im komfortablen Bereich.

Nach meinem Abgang bei der ÖBB hatte ich kein geregeltes Einkommen mehr. Meine Vorstellung, dass ich mich jetzt mehr ums Motorradl und ums Motorradlfahren kümmern könnte, entpuppte sich aber als falsch. Nun war es so, dass ich untertags am Motorradl werkte, in der Nacht Taxi fuhr und in der Früh den Schulbus chauffierte.

Klingt nach wenig Schlaf.

War aber kein großes Problem, außer bei der Anreise zu den Rennen. Da war ich dann oft schon hundsmüde, bevor wir endlich losfahren konnten. Das Bemerkenswerteste in diesem Zusammenhang ist sicher die Fahrt nach Misano. Mein Bruder und ich hatten den 508er Mercedes und den Wohnwagen eingeräumt und fuhren abends erst los. Und der Ernstl, der nicht nur gerne jausnete, sondern im Auto auch gerne schlief, machte es sich gemütlich, ich fuhr. Hier muss ich noch einfügen, dass das Gaspedal des Transporters viel Fußdruck brauchte. Das heißt, immer wenn ich schläfrig wurde, fiel die Geschwindigkeit von den möglichen 90 km/h bei Vollgas auf 60 km/h. Das schockierte mich. Also habe ich die Motorstaubremse von einem alten Autobus ausgebaut und derart adaptiert, dass ich mit einem Handhebel das Gaspedal des 508ers festklemmen konnte. Selbstverständlich bei Vollgas. So fuhren wir nach Misano. Das war sehr entspannend. Ich konnte mit verschränkten Beinen sitzen, der Ernstl schnarchelte vor sich hin, alles war in bester Ordnung. Auf der Höhe von Imola war ich aber dann schon richtig müde und kämpfte fest mit dem Schlaf.

Mit noch immer festgeklemmtem Vollgas?

Selbstverständlich. Es war ja nicht mehr weit. Allerdings dürfte dann auf der Höhe von Rimini ein Sekundenschlaf etwas länger gedauert haben, denn plötzlich machte es einen fürchterlichen Kracher. Schlagartig war ich hellwach und sah - das werde ich nie vergessen - meinen Bruder mit weit aufgerissenen Augen aufrecht in der Kabine stehen. Wie sich das ausgegangen ist, weiß ich nicht genau, aber er stand. Und ich versuchte, den leicht schlingernden Bus mit dem Wohnwagen wieder auf Kurs zu bringen.

Mit noch immer festgeklemmtem Vollgas.

Wenn es den Wohnwagen hinten reißt, darf man sowieso nicht vom Gas gehen.

Und was war?

Nichts Dramatisches. Unser Glück war, dass der Transporter gerade in dem Moment von der Autobahn abkommen wollte, in dem wir auf einer Bahnüberführung waren. Und die war mit massiven Leitplanken gesichert. Sonst waren damals in Italien Leitplanken eher selten. So aber ist nicht viel passiert. Es hat uns einen Kotflügel und ein paar Radbolzen weggerissen, und eine Seite des 508ers und des Wohnwagens war halt ramponiert. Die paar Kilometer nach Misano waren kein Problem. Die Ersatzteile bestellten wir gleich am nächsten Morgen bei den Freunden zu Hause, die sowieso zum Rennen kommen wollten. Wir brauchten den Bus ja für die Weiterfahrt nach Jarama bei Madrid, wo am nächsten Wochenende ein Grand-Prix stattfinden sollte.

Sofort ins Leder und erstes Training?

Nein, wir kamen meistens am Donnerstag an. So konnten wir alles herrichten und am Freitag dann angreifen. Aber hier in Misano 1980 ging es nicht nur ums Herbrennen der mächtigen Lokalmatadore - das Überholen eines Italieners war immer wie ein Sieg -, sondern auch darum, dass mich mein Sponsor Jim Beam weltoffener oder weltgewandter machen wollte. Das heißt, dass ich nach dem Rennen nach Linz zu einer Pressekonferenz musste und dann mit dem Flieger nach Madrid geschickt wurde. Und Fischessen in einem Restaurant.

Der Ernst musste alleine mit dem Transporter nach Spanien blasen?

Es begleitete ihn ein Freund, aber ich war nicht dabei.

Das Fischessen im Restaurant kann dir nicht leicht gefallen sein, oder?

Zuerst schon. Fisch war ja was Gutes. Der Almfischer Pepp hat mir immer wieder eine Forelle gebracht. Die habe ich für mein Leben gern gegessen. Aber wie ich dann mit dem Pozdnik, dem

Pressebetreuer meines Sponsors, und seinem Freund, dem Edlinger Karl, seineszeichens der dickste Rennfahrer Österreichs, im Restaurant …

Der dickste Rennfahrer Österreichs?

Der hatte bestimmt 120 kg und war nicht sehr groß. Eine Kugel. Er war mit seiner Bimota nicht besonders erfolgreich, aber als dickster Rennfahrer Österreichs kam er doch immer wieder in die Zeitung. Ein lieber Kerl, stellenweise aber auch ein fester Schlawiner. Jedenfalls saßen wir zu dritt an einem Tisch in Rimini in einem Fischlokal. Komisch kam mir vor, dass der Ober nur fragte, ob wir Rot- oder Weißwein bestellen wollen. Ich konnte mir keinen Fisch auf der Speisekarte aussuchen. Das Menü stand offensichtlich fest, sobald man die Wahl des Weines getroffen hatte. Und als der Ober dann die erste Vorspeise auftrug, kannte ich mich nicht mehr aus. Das, was da im Schüsserl vor mir stand, schaute überhaupt nicht aus wie ein Fisch. Da waren Schneckenhäusln mit Zahnstocher und Spinnen.

Spinnen?

Für mich waren es damals Spinnen. Dünne Greifhaxen und ein dicker Hintern. Fürchterlich! Unmöglich zu essen. Das andere Zeug habe ich probiert - ich stand ja unter Beobachtung - und sogar genossen, aber bis zu diesem Zeitpunkt hatte ich keine Ahnung, was Meeresfrüchte sind. So habe ich einfach wie die anderen mit dem Zahnstocher das Zeug aus den Muscheln herausgehakelt. Und wie gesagt, es hat mir geschmeckt. Aber dem Edlinger Karl noch besser. Sein Kinn hat richtig gespiegelt von der öligen Marinade. Der hat die Vorspeisen - es waren sicher drei bis vier Gänge - im wahrsten Sinne des Wortes verschlungen. Und als dann der Ober mit der Hauptspeise kommen wollte, hat der Karl ganz entsetzt „Stopp! Stopp!“ gerufen und verlangt, dass vor der Hauptspeise alle Vorspeisen noch einmal aufgetischt werden sollten.

Der dickste Rennfahrer Österreichs war offensichtlich sehr hungrig.

Dem hat das so irrsinnig gut geschmeckt. Der Pozdnik und ich haben sowieso immer nach dem Kosten unsere Portion dem Karl hingeschoben. Der hat sicher die fünffache Menge von uns gehabt. Ich selber freute mich auf die Hauptspeise, endlich ein Fisch. Glaubte ich. Aber was da am Teller war, war alles Mögliche, nur kein Fisch, wie ich ihn kannte. So habe ich an diesem Abend meinen Horizont erweitert, bin weltoffener geworden. Zumindest hat das der Pozdnik so gesehen.

Hast du dich im Restaurant unwohl gefühlt?

Nein, unwohl habe ich mich nicht gefühlt. Wir drei verstanden uns ja sehr gut. Und der Pozdnik wollte mir halt Verschiedenes zeigen. Er wollte aus mir einen professionellen Rennfahrer machen mit allem Drumherum. So lernte ich Verschiedenes kennen. Hat mir sicher nicht geschadet.

Wie war das Rennen in Misano?

Ich habe keine konkrete Erinnerung mehr daran. Dürfte nicht besonders aufregend gewesen sein - weder im positiven noch im negativen Sinn. Aber an Jarama erinnere ich mich genau. Das war ein Wahnsinn. Wir fuhren ja damals noch mit Profilreifen. Und als Privatfahrer musste man schon ein großes Glück haben, um einen neuen Reifen von Dunlop kaufen zu können. Meistens waren die Reifen, die Dunlop mithatte, alle vergeben. Ich bin dann immer hinter den Dunlop-Bus marschiert und suchte mir im Haufen der angefahrenen und ausgemusterten Reifen einen aus. Mit Kreide stand da auf der Flanke zum Beispiel „Nieto 7 Runden“ oder „Bartol 5 Runden“.

Ein Skandal! Du musstest mit den Reifen antreten, die die anderen aussortiert hatten?

Ja, aber das war mir relativ egal. Erstens wusste ich noch gar nicht, welch großen Unterschiede es bei den Reifen gab, und zweitens lagen da auf dem Haufen immer welche mit genug Profil, um ein Rennen zu fahren. In Jarama kam aber einer von Dunlop und gab mir einen nagelneuen Vorderreifen.

Wow! Ein Samariter, ein Gönner?

Zahlen musste ich ihn natürlich schon, aber ich bekam einen. Das war viel wert. Ich hatte eine große Freude und war voller Zuversicht. Mit diesem Reifen wollte ich allen zeigen, was in mir und meiner Morbidelli steckte. Im Training fuhr ich dann den Dunlop einige Runden lang warm, ehe ich in der Spitzkehre zum ersten Mal etwas Druck machte und prompt vorne die Haftung verlor. Ich dachte mir, dass ich den Reifen wahrscheinlich zu wenig lang aufgewärmt hätte und machte mir entsprechende Vorwürfe, aber da der Sturz bei relativ geringem Tempo passierte und die Maschine nirgends angeschlagen war, konnte ich weiterfahren. Ich hatte noch genügend Zeit für eine schnelle Runde, die mich in der Startaufstellung ganz nach vorne bringen sollte. Aber es kam dann ganz anders. Das läuft in mir heute noch wie ein Film ab: Ich fahre die Start/Ziel-Gerade hinunter, nehme die Doppelrechts in einer schönen Linie in einem Radius und komme mit viel Schwung und Geschwindigkeit auf die Gegengerade hinaus, die einen Rechtsknick hat, den ich mit Vollgas nehme. Und plötzlich schmeißt es mich. Komplett unvermutet. Wie wenn ich auf eine Tellermine gefahren wäre. Blitzartig. Keine Ahnung warum. Das Wilde war, dass es dort keinen Sturzraum gegeben hat. Die Strecke war von einem runden, relativ hohen Kerb eingefasst, dahinter zwei Meter Asphalt und dann die Dreifachleitschiene, die mit Strohballen abgedeckt war.

Oh, oh, wie schnell?

Um die 170 km/h. Ich spürte schon einen grauslichen Druck am

Brustbein, als ich über den hohen Kerb rutschte, aber das war nichts gegen den Aufprall bei den Strohballen. Die wurden ja jahrelang verwendet, die waren richtig hart. Der Knaller auf den Brustkorb war so massiv, dass ich ihn heute noch spüren kann, wenn ich daran denke. Und dann war es aus. Alles war so dermaßen ruhig und so dermaßen grau, dass ich der festen Überzeugung war, dass ich soeben gestorben sei. „Jetzt bist tot", dachte ich. Zuerst der Schmerz, dann die graue, unheimlich leblose Stille, das war's. Aus und vorbei. In Jarama beim Zeittraining gestorben. Aber es war gar nicht aus. Ich kam irgendwie wieder auf die Beine und hatte Hoffnung, doch nicht tot zu sein. Allerdings verunsicherte mich, dass ich das Motorradl nirgends finden konnte. Das war sehr komisch. Wenn ich nicht tot wäre, müsste doch das Motorradl irgendwo sein, dachte ich. Und schließlich fand ich es hinter der Dreifachleitplanke. Vollkommen zerstört. Es muss beim Kerb aufgestiegen sein und sich dann mehrmals überschlagen haben. Es war fetzenhin. Die Frage, ob ich tot sei oder nicht, stellte sich somit nicht mehr, aber eine andere, sehr unangenehme Frage drängte sich auf: „Wie erkläre ich das meinem Bruder?"

Luftholen funktionierte normal?

Nach der anfänglichen Irritation wurde alles rasch ganz normal. Ich bekam Luft, es war nichts an mir gebrochen. Das Motorradl wurde vom Abschleppdienst geholt, mich nahmen sie auch gleich mit. Und als sie uns bei unserem Transporter abluden, standen in den Augen meines Bruders zwei Worte: „Du Volltrottel!" Ich musste gar nichts erklären. Der Ernst hatte keine Idee, wie er die kläglichen Überreste der Morbidelli bis zum Rennen am nächsten Tag wieder zum Fahren bringen könnte.

Du hättest fahren können?

Sicher. Es war ja nichts gebrochen. Und ich bin ja dann auch gefahren und Siebenter geworden.

Ohne zu wissen, warum es dich im Training im Rechtsknick so mörderisch zerlegt hat?

Den Grund für den Sturz teilte mir Dunlop relativ rasch mit. Nachdem sie den Vorderreifen des Wracks untersucht hatten, kamen sie zu mir und entschuldigten sich voller Betroffenheit. Der Reifen hatte nämlich - warum auch immer - einen falschen Stempel an der Flanke. Laut Stempel war es eine Trockenmischung, aber de facto war es eine Regenmischung mit falscher Bezeichnung.

Unglaublich! Das packe ich nicht!

Insofern war das lange Warmfahren natürlich der komplette Blödsinn.

Aber beim Fahren hast du nicht gespürt, dass der Reifen anders war?

Ich wäre nie auf die Idee gekommen, den Reifen dafür verantwortlich zu machen. Erstens versuchte ich immer, mit dem vorhandenen Material so schnell wie möglich zu fahren, und zweitens hatte ich blindes Vertrauen zu Dunlop. Wenn die mir schon einen nagelneuen Rennreifen gaben, konnte ich doch nicht sagen, dass er nichts wert wäre. Da suchte ich die Schuld viel eher bei mir. Die Stars wie der Nieto zum Beispiel hätten den Reifen wohl schon nach der ersten Runde runterreißen lassen.

Aber der Ernst bekam die Maschine tatsächlich wieder flott?

Es war irrsinnig viel Arbeit. Und alleine hätten wir überhaupt keine Chance gehabt. Das Motorradl war ein Schrotthaufen. Das Motorgehäuse war gebrochen, die Gabel verbogen, der Tank hin. Diese Teile hatten wir natürlich nicht mit. Das Schöne an dieser Zeit aber war, dass man sich im Fahrerlager gegenseitig ausgeholfen hat. Es gab einige Private, die auf Morbidelli fuhren. Und jene, die sich nicht qualifiziert hatten, borgten mir die benötigten

Teile für das Rennen. So konnte ich nach einer harten Nacht starten und in die Top Ten fahren. Ich kam zwar nicht wie erhofft unter die ersten Fünf, aber der siebente Platz war unter den Umständen doch ein Erfolg.

Wie wurde damals eigentlich gefahren? Wurde mit Händen und Füßen gekämpft? Gab es Attacken am Rande der Fairness?

Berührungen gab es schon. Aber grundsätzlich ging es fair her. Ich habe mich ja im Grunde mit den schnellen Italienern - obwohl wir uns kaum unterhalten konnten - sehr gut verstanden. Wenn ihre Maschinen funktionierten und das Setup passte, haben sie gerne einen Blödsinn gemacht. Also dass er dir beim Vorbeifahren auf den Haxen boxt zum Beispiel. Oder sein Knie auf deinen Oberschenkel drückt, damit du ja merkst, dass er da ist. Aber nicht an einer lebensgefährlichen Stelle der Strecke. Der Gresini hat sowieso gerne zu mir herüber gegriffen. Als ich in Assen versuchte, ihn aus dem Windschatten heraus zu überholen, hat er in den ausgeschnittenen Höcker meiner Sitzbank gefasst und mich gebeutelt.

Er hat dich nach hinten gezogen, im wahrsten Sinne des Wortes durchgereicht?

Nein, das nicht. Das wäre unfair gewesen. Aber er hat mich gebeutelt. So nach dem Motto „Das taugt mir gar nicht, dass du mich da überholst. An meiner Werksgarelli darfst du nicht vorbeifahren." Großartig war auch ein Duell am Salzburgring. Da bin ich in der letzten Runde zwischen dem Gresini und dem Gianola, beide auf den Werksgarellis, gelegen und wollte in der Fahrerlagerkurve, die meine Domäne war, alles klarmachen. Aber der Gianola nützte den Windschatten den Berg hinauf perfekt aus und war gerade dabei, sich ganz knapp an mir vorbeizuschieben. Das wollte ich keinesfalls. Mein Strich in der Fahrerlagerkurve war zwar sehr gut, aber zwei hätte ich dort nicht überholen können. Ich musste also unbedingt verhindern, dass sich der

Gianola an mir vorbeischob. Also stellte ich, als ich spürte, dass er da war, meinen linken Ellbogen weit aus und hängte mich beim Knie des Italieners ein. Damit hatte er offensichtlich nicht gerechnet. Keiner von den Italienern, die alle klein und zierlich waren, hatte dermaßen lange Arme wie ich. Jedenfalls dürfte der Gianola komplett perplex gewesen sein - sonst hätte er mich mit einem kurzen Schwenker nach links stehen gelassen - und versuchte, mich mit seinem Knie wegzudrücken. Was ihm aber nicht gelang. Mein Ellbogen hielt den Kontakt zu seinem Knie. Er wurde immer bitzliger und begann dann schon zu mir herüber zu treten, aber es half ihm nichts. Der Gresini war nicht mehr zu holen, aber ich fuhr vor dem Gianola in die Fahrerlagerkurve und vor ihm ins Ziel.

Gab es ein Nachspiel?

Nach der Zieldurchfahrt war immer alles vergessen. So waren die Italiener. Vielleicht grummelten sie noch ein paar Minuten, aber länger sicher nicht. Am Podium waren wir wieder wie die besten Freunde. Allerdings wurde das Manöver am Salzburgring in den Medien komplett falsch dargestellt. An der Strecke und im Fernsehen hat man ja nur gesehen, dass der Gianola mich attackierte. Mein Ellbogen hat sich nicht bewegt. Als mich ein Reporter nach dem Rennen ganz aufgebracht fragte, ob das Manöver nicht sehr unfair gewesen wäre, glaubte ich noch, er meinte meinen Ellbogen, und beschwichtigte. In Wirklichkeit aber bezichtigten sie den Gianola, dass er den Gustl vom Bock treten wollte.

Echte Unsportlichkeiten kamen auch vor?

Sehr selten. Aber einmal gab es etwas, das nicht in Ordnung war. Es gab eine Bestimmung der FIM, dass der Entlüftungsschlauch des Tanks in einen Behälter tauchen musste, damit überlaufender Sprit nicht auf die Strecke tropfen konnte. Diese Behälter wollte keiner so richtig, da die Gefahr bestand, dass er voll war, der Tank dann keine Entlüftung mehr hatte und der Motor fest ging.

Doch es war Vorschrift. In Assen fuhr ich hinter dem Nieto und dem Gresini her - der Nieto war übrigens der einzige Rennfahrer, den ich kannte, der ein Rennen dirigieren konnte, der ist nicht umsonst 13mal Weltmeister geworden - und mir fiel auf, dass die beiden Teamkollegen in der 90° Rechts eine komplett eigenartige Linie fuhren. Der Nieto bremste etwas rechts der Mitte an, der Gresini hinter ihm noch weiter rechts. Ich schaute mir das zwei Runden lang an, fand einfach keine Erklärung für diese definitiv falsche Linienwahl, und dachte mir, habts mich gern. Ich bremste links an und war bereit, mit viel Schwung zu vollstrecken. Doch plötzlich hatte ich das Visier voller Benzin und rutschte aus. Ich will den beiden keine Absicht unterstellen, obwohl die versetzte Linienwahl schon ein Indiz sein könnte, aber Fakt war jedenfalls, dass sie den Entlüftungsschlauch einfach in den linken Lenker gesteckt hatten. Da wehrte ich mich dann schon. Und der Bartol hat mir geholfen. Die Rennleitung hat in unserem Sinn reagiert.

Absichtlich den Sturz eines Kollegens in Kauf zu nehmen, konnte man das dem Nieto und dem Gresini denn zutrauen?

Der uneingeschränkte Chef im Team war der Nieto. Und dem konnte man vieles zutrauen. Ich habe mich auch mit dem Nieto gut verstanden, aber er war schon ein besonderer Stratege, der den Gresini einspannte. Nach den Vorwürfen wegen der Entlüftung spielte er selbstverständlich die volle Unschuld. Wie ich am Salzburgring nach der Ellbogenklammer.

Stürze gehörten offensichtlich zum Tagesgeschäft. Aber mir fällt es immer noch schwer zu glauben, dass dieses Umschmeißen und Herumkugeln bei hohen Geschwindigkeiten keine Wirkung in der Psyche hinterließen, dass man sofort wieder aufstieg und volles Rohr weiterfuhr. Bis zum nächsten Stern.

Stürze waren normal. Und solange ich wusste, warum es mich geschmissen hatte, gab es kein Problem. Also der Regenreifen zum Beispiel oder das Benzin aus dem Lenker. Und selbst bei tödlichen Unfällen von Kollegen wurde man nicht verunsichert, wenn die Ursache klar war. Ich erinnere mich genau an England, als in der 500er Klasse ein Plug-Job einem Rennfahrer das Leben kostete.

Ein Plug-Job?

Man fuhr im Training auf der Geraden vor der Boxeneinfahrt kurz im sechsten Gang Vollgas, dann zog man schnell die Kupplung und drehte das Gas ab, damit der Motor abstarb. Im Fahrerlager konnte man dann anhand des Kolbenbildes erkennen, wie gut die Einstellung des Vergasers und der Zündung war. Das nannte man Plug-Job. Natürlich wollte man solange wie möglich rollen, damit man das Motorrad nicht weit schieben musste. Also nahm man eine aerodynamisch günstige Haltung ein. In England wollte sich einer in den Windschatten eines Plug-Jobbers heften, erkannte viel zu spät, dass die Maschine ja nur mehr rollte, und fuhr mit dem vollen Geschäft von hinten auf und erlag seinen Verletzungen. Natürlich war das ein Schock im Fahrerlager, und wir waren alle sehr betroffen, aber sobald die Ursache klar war, wusste man, dass dieser Unfall einem selbst nicht passieren könnte. So in der Art: „Na klar, das darf man nicht machen." Damit war das abgehakt.

1980 hat es dich überdurchschnittlich häufig aus dem Sattel gerissen. Warum?

Wenn man so früh wie ich in der Weltmeisterschaft tolle Platzierungen erreicht, will man mehr. Ich war vom Erfolg zerfressen und legte mir einen enormen Druck auf. Ich wollte einfach nicht wahrhaben, dass es nicht immer nur aufwärts gehen kann. Ich fuhr zum Beispiel im Windschatten hinter einem Werkspiloten in exakt gleicher Linie und gleicher Geschwindigkeit in eine Kurve hinein, aber während er weiterfuhr, legte ich mich nieder. Ich musste erst begreifen lernen, wie groß der Einfluss der Reifenqualität war - ich fuhr die meisten Rennen mit Gebrauchtreifen -, welch wichtige Rolle das Getriebe und die Übersetzung spielten und wie unterschiedlich das Leistungsband der Motoren war. Das war mir alles nicht im notwendigen Ausmaß bewusst.

Laut Ergebnisliste bist du in Rijeka dann wieder oben geblieben und Sechster geworden.

Dieses Rennen in Rijeka war sehr lehrreich. Aber da muss ich kurz ausholen: Eine Woche vorher hatte ich mir beim Grand Prix in Paul Ricard das Schlüsselbein gebrochen. Ich lag in der letzten Runde an der fünften Stelle und wollte um alles in der Welt noch Vierter werden. Also wählte ich in der Zielkurve eine besonders schnelle Linie, überholte den Vierten innen und glaubte schon an einen schönen Erfolg, als mich ein fürchterlicher Highsider aus dem Sattel riss. Das konnte ich nicht fassen. 20 Meter von mir entfernt stand der Mann mit der Zielflagge, und ich lag da neben meinem Motorradl. Das konnte nicht sein! Ich spürte zwar Schmerzen im Schulterbereich, riss aber trotzdem die Morbidelli auf und wollte die 20 Meter bis zur Ziellinie laufen.

Waren es wirklich nur 20 Meter?

Aber woher denn. Es waren 200. Das war nur in meiner Birne so verkehrt. Jedenfalls bin ich gerannt und gerannt, weil ich unbedingt unter den ersten Zehn bleiben wollte, aber letztendlich reichte es nur noch für den 16. Platz.

Verdammt, da sind noch viele an dir vorbei gefahren!

Das war bitter. Ich bin bis zur vollkommenen Erschöpfung gerannt. Im Ziel war mir dann schlecht und die Schulter tat richtig weh. Mein Bruder schickte mich zum Doktor Costa.

Der war damals schon dabei?

Ja, ein super Arzt. Der hat damals begonnen, die Rennfahrer

medizinisch zu unterstützen. Er wusste sofort, dass mein Schlüsselbein gebrochen war, legte einen Druckverband an und fixierte meinen Arm.

Und für Rijeka am nächsten Wochenende gab er grünes Licht?

Er schloss einen Start zumindest nicht aus und machte mir leise Hoffnungen. Also packten wir zusammen und fuhren zum Grand-Prix von Jugoslawien. Am Donnerstag am Abend ging ich dann zum Costa und hoffte, den Verband loszuwerden, aber er meinte, ich solle mich erst einmal ausschlafen und in der Früh wiederkommen. Am nächsten Tag, also kurz bevor das Training begann, nahm er mir den Druckverband ab, legte eine Kompresse auf das gebrochene Schlüsselbein und klebte ein extrem straff geführtes Band von meinem Bauch über die Schulter den Rücken hinunter. Und dann sagte er: „Jetzt kannst fahren." In meiner Naivität glaubte ich, meine Rennfahrer-Kollegen würden draußen auf der Strecke ein wenig Rücksicht nehmen, damit ich mich vernünftig einfahren und vernünftig trainieren kann. Aber das war natürlich überhaupt nicht der Fall. An diesem Wochenende lernte ich, dass sie, wenn du eine Schnittwunde hast, sicher irgendwo ein Steckerl finden, mit dem sie dich kratzen können. Trotzdem fuhr ich ein gutes Rennen und wurde Sechster.

Fantastisch, Gustl! Da fällt mir ein: die Toiletten in Finnland, war das auch 1980?

Ja. Vom Rennen selber weiß ich nicht mehr viel, aber die Aktion vom Barry Sheene ist mir in bester Erinnerung. Er war der absolute Superstar, vergleichbar vom Typ mit dem Rossi heute. Er kam mit seinem Rolls Royce, war aber überhaupt nicht überheblich, sondern interessierte sich auch sehr für die 125er. Uns alle haben in Imatra die menschenunwürdigen Toiletten im Fahrerlager gestört. Ich hatte keine hohen Ansprüche, aber das war wirklich grauslich. Die Fahrer hatten sich schon die Jahre zuvor ausdrücklich beschwert, aber das war den Finnen offensichtlich

Wurscht. Dem Sheene aber nicht, 1980 hat es ihm gereicht. Nach dem Rennen marschierte er mit einem großen Benzinkanister einfach zu den Häusln, steckte sie in Brand und fuhr heim.

Trockener Typ.

Wir waren alle Sheene-Fans. Er hat sich von der 50 Kubik Klasse über die 125er, die 250er und 350er zu den 500ern hinauf gekämpft, hatte lange Haare und fuhr - obwohl er als Weltmeister die Nummer 1 haben hätte sollen - immer mit der 7.

Er hatte angeblich vorne im Helm ein Loch, damit er noch in der Startaufstellung rauchen konnte.

Das stimmt. Sein Vater hat ihm vor dem Start immer noch einen Tschick durch den Helm gehalten. Er war ein starker Raucher.

Wie war er im persönlichen Umgang? Habt ihr euch gut verstanden?

Ich glaube, wenn ich zu ihm hingegangen wäre und drei Worte gesagt hätte, hätte er freundlich fünf Worte retourniert, und vielleicht wären wir sogar ins Plaudern gekommen, aber ich bin nie hingegangen. Das war eine andere Welt. Dafür war ich zu klein. Zumindest empfand ich das so. Aber ich habe zu Hause noch einen Fernseh-Mitschnitt von einem englischen Grand-Prix, bei dem der Sheene die 125er Klasse co-kommentierte. Getaugt hat mir nicht nur, wieviel er über die Feinheiten des 125er Fahrens wusste, sondern auch, dass er meinen Fahrstil bewundernd hervorhob und im Detail erklärte. Das machte mich stolz. Offensichtlich ist ihm der lange Privatfahrer aus Österreich schon ein paar Mal aufgefallen.

Die Bartol-Auinger-Verbindung

1981: Harald Bartol beendet seine Karriere - Gustl lebt im Wohnwagen vor der Werkstatt - Eintauchen in die Welt des präzisen Tunings - Große Erfolge bleiben aus, Stürze nicht - Massive Probleme mit der 250er - Margret erwartet ein Kind.

Mit Ende der Saison 1980 hat Harald Bartol sein Rennleder an den Nagel gehängt. Den Kampf um die Nachfolge und das Top-Material konntest du für dich entscheiden?

Ich habe darauf gespitzt. Ich bin ja schon mit Bartol-Zylindern unterwegs gewesen. Und ich habe mir viel erwartet. Damals haben mir ja viele gesagt, dass ich - solange der Bartol selber fährt - immer nur die zweite Wahl von ihm bekommen würde. Jetzt, da er aufhörte, sollte ich Zugang zum Besten vom Besten haben. Beim letzten Rennen der Saison 1980 wurden meine diesbezüglichen Hoffnungen sehr groß. Man kann sagen, ich war zuversichtlich.

Schwanenstadt?

Genau. In Österreich hat es ja nur drei wichtige Rennen gegeben. Das war das Bergrennen in Mühllacken, dann der Grand-Prix am Salzburgring und schließlich das allerwichtigste: Schwanenstadt.

Der Grand-Prix war weniger wichtig?

Im Grunde ja. Der Grand-Prix war im Mai. Hast du dort gut abgeschnitten, haben die Leute schon viel davon geredet, aber die Saison war noch sehr, sehr lang. Kamen dann keine weiteren Erfolge dazu, ist die Begeisterung verflacht. Schwanenstadt war das letzte Rennen vor der Winterpause. Deshalb war es so wichtig, dort vorne zu sein. So behielten dich die Fans bis zum Frühjahr in Erinnerung und der Gang zu den Sponsoren fiel leichter.

Wie viele Zuschauer kamen nach Schwanenstadt?

Viele, sehr viele. Mehr als 30.000. Sie hatten ganz normal Zutritt ins Fahrerlager. Der Willy Aicher, der lustigerweise Tischler und Totengräber war, hat das immer perfekt organisiert. Er hat immer für ein Top-Starterfeld gesorgt. Da kamen der Bianchi, der Lazarini, der Fernandez und der Mang zum Beispiel. Wir Österreicher hatten also die Möglichkeit, sie auf unserer Strecke herzubrennen. Was ich 1980 auch tat. Ich holte mir den Sieg vor dem Bartol. Und als wir dann auf dem Oldtimer vom Willy saßen und die Siegerrunde fuhren, sagte der Harald zu mir: „Ich habe nicht mehr attackiert. Die Staatsmeisterschaft hätte ich sowieso nicht mehr gewinnen können, und mir ist lieber, du gewinnst sie als ein anderer." Und obwohl ich natürlich wusste, dass er sicher attackiert hätte, wenn er eine Chance auf den Sieg in Schwanenstadt gesehen hätte, machten mich seine Worte doch sehr zuversichtlich. Er konnte mich offensichtlich gut leiden.

Ich nehme an, ein Gespräch über eine mögliche Zusammenarbeit folgte. Wie darf man sich das vorstellen?

Also es war nicht so, dass wir uns einen Termin für ein Gespräch ausgemacht hätten, in dem wir klärten, wer wofür verantwortlich sei und was das alles kosten würde. Wir haben auch keinen Vertrag aufgesetzt. Ich bin einfach immer öfter nach Straßwalchen in die Werkstatt vom Harald gefahren. Der Kontakt wurde immer enger. Nach dem Staatsmeistertitel 1980 war ich sogar bei der großen Motorsport-Party in Straßwalchen dabei. Im Schnulzodrom. Da waren sie alle vom Lauda abwärts.

Schnulzodrom klingt nach einer festen Hütte.

Halligalli bis in den Morgen. Und wenn die echten Haudegen dann nach Hause gingen, waren Ziergegenstände wie Balkonblumen auf den Fensterbankerln in großer Gefahr. Ich bin jedenfalls immer öfter nach Straßwalchen gefahren. Bald schon mit dem Wohnwagen. In dem habe ich vor der Werkstatt geschlafen.

Hast du das schnelle Motorradl vom Bartol bekommen?

Das war nicht das Thema. Seine Rennmaschine hat er verkauft. Aber alles, das seine gehabt habt, haben wir auf meine adaptiert. Das Bemerkenswerte daran war, dass es nichts Verbindliches gegeben hat. Wir haben unsere Zusammenarbeit einfach wachsen lassen. Irgendwann hat er mir dann gesagt, dass ich meine Rennfahrerei bis jetzt nicht optimal gemacht hätte. Dass mein Bruder mein Mechaniker war zum Beispiel. In Haralds Augen waren da zu viele Emotionen im Spiel. Der Rennmechaniker müsste ein Profi sein, der einfach seine Arbeit macht. In der Weltmeisterschaft ginge es nicht anders. Und es war tatsächlich so, dass es sich bei meinem Bruder, der ja einen normalen Beruf hatte, durch die immer häufigeren Weltmeisterschaftseinsätze fast nicht mehr ausgegangen ist. Außerdem ist der technische Level immer höher geworden. So habe ich dann den Mechaniker vom Harald übernommen.

Ohne Vertrag?

Ohne Vertrag, aber es war klar, dass ich die monatlichen Kosten zu tragen hatte. Allister war auf der Strecke für meine Maschinen verantwortlich, in der Werkstatt arbeitete er aber auch für die anderen Kundschaften vom Harald. Ansonsten hatten wir keine Preisvereinbarung. Der Harald sagte, dass wir am Jahresende schon sehen würden, was die Zylinder, die Kurbelwellen und der Rest letztendlich kosten. Ich wusste also, dass am Ende der Saison eine Rechnung ins Haus flattern würde, aber ich wusste nicht, wie hoch. Das war in Ordnung für mich. Und ich übersiedelte mit meiner Maschine nach und nach nach Straßwalchen.

Und du lebtest im Wohnwagen?

Ja. Ich arbeitete sehr viel an meinem Motorradl, half aber auch dem Harald, wo ich helfen konnte. So gesehen war alles in bester Ordnung, aber die Weltkugel hat sich komplett gedreht. Ich hatte jetzt viel höhere Fixkosten - der Mechaniker musste ja jedes Monat bezahlt werden - und ich wusste nicht, ob ich am Ende des Jahres die Abrechnung begleichen könnte.

Was kostete der Mechaniker?

Das waren rund 10.000,- Schilling im Monat. Für damalige Verhältnisse schon ein gutes Geld. Aber meine Sponsoren Jim Beam, Raiffeisen, Castrol und Valvoline nahmen es mit Wohlwollen zur Kenntnis, dass sich der Bartol jetzt hauptsächlich um meine Maschinen kümmerte. Davon erwarteten sie sich viel. Und sie passten das Budget an. Natürlich hatte ich damit aber nicht ausgesorgt, denn wir schauten immer darauf, das Vorhandene in bestmögliche Technik umzusetzen. Wir gaben alles dafür aus. Wenn zum Beispiel der Harald über seine sehr guten Kontakte in der Rennszene erfuhr, dass es in Italien neue, leichtere Bremsscheiben gab, setzte ich mich ins Auto und holte sie.

Du holtest die Bremsscheiben?

Die Hierarchie in der Werkstatt in Straßwalchen war klar: Harald, Allister, ich. Ich war der Kleine.

Offensichtlich konntest du damit umgehen.

Der Harald war ein ganz anderer Typ als ich. Aber ich nahm ihn einfach so, wie er war. Würde er so sein wie ich, wäre er ja gleich naiv, dachte ich. Mit der Zeit konnte ich dann immer besser einschätzen, ob ihm etwas zusagte oder nicht. Die erste Erkenntnis war: Er ist ein unendlicher Morgenmuffel. Also war es alles andere als klug, um acht in der Früh an der Werkstatt-Tür zu reißen. Der Allister hatte einen Schlüssel, und sobald er da war, haben wir leise gearbeitet. Zwischen zehn und elf tauchte dann der Harald auf. Und ich wusste: Nur nicht anreden, der ist wie ein Dieselmotor noch beim Vorglühen. Dafür hat er gearbeitet bis Mitternacht. Er hatte einfach eine Zeitverschiebung.

Wie nahm es das Umfeld auf, dass der größte Konkurrent plötzlich in Straßwalchen sein Zelt aufschlug?

Anfangs waren die Leute, die dem Harald immer die Daumen gehalten haben, nicht sonderlich erfreut, dass ich mich da jetzt einnistete. In diesen Fankreisen war ich ein kleines Feindbild. Ich war ja der, der den Harald auf der Strecke jahrelang sekkiert hat. Ich spürte eine gewisse Skepsis. Und es brauchte doch eine gewisse Zeit, bis sich die Widerstände lösten.

Der technische Level in der Werkstatt war eine Offenbarung?

Zu sehen, wie der Harald arbeitet, war extrem interessant. Was er mit den Zylindern alles anstellte, welche Kanäle er fräste, welche Ideen er hatte. Das war schon sensationell. In Gunskirchen bei Rotax nannten sie ihn den Klebekönig.

Klebekönig?

Weil er außen am Zylinder Mulden zugeklebt und neue Kanäle gefräst hat. Da war er unglaublich gut. Auch beim Zusammenbau des Motors achtete er auf Details, von denen ich keinen Schimmer hatte. Das war technisch eine ganz andere Liga. So behandelte er zum Beispiel die Simmeringe an der feinst zentrierten Kurbelwelle, damit in diesem Bereich nur mehr die geringstmögliche Reibung auftrat. Und die Werkstatt war unglaublich sauber. Voll gefliest. Das war ein Arbeiten, das ich in dieser Form noch nicht kannte. Ich lernte sehr viel. Auch beim Auspuffmachen. Da glaubte ich ja, gar nicht so schlecht zu sein. Ich hatte schon bei der Maico meinen eigenen Auspuff gebaut. Der sehr gut funktioniert hat. Aber dem Bartol-Standard hat das natürlich nicht entsprochen. Bei ihm mussten die Schweißnähte verklopft werden. Das hätte ich mich nicht getraut. Der Harald zeigte mir dann, wie man das richtig macht - das Verklopfen hatte Einfluss auf Vibrationen und Leistung - und ich hatte dafür eine geschickte Hand. Also machte ich in seiner Werkstatt sehr viele Auspuffe.

Nicht nur für deine Rennmaschine, sondern auch für Kunden?

Auch für Kunden. Immer wenn der Harald einen Zylinder machte, zeichnete er dazu drei Auspuffe, die ich produzierte. Am Prüfstand wurde dann ermittelt, wie gut sie in den unterschiedlichen Bereichen funktionierten, und am Ende machten wir aus den dreien dann das optimale Exemplar. Und diesen Prozess führte der Harald für jeden einzelnen Zylinder durch. Schön langsam begriff ich dann, was es bedeutete, einen Motor schneller bzw. stärker zu machen. Anfangs konnte ich nur dem Zeiger der Prüfstandsanzeige folgen und mich wundern, was der Harald alles erkannte. Er hatte ein unendliches Ohr für den Klang des Motors. Allein mit dem Gehör konnte er Sachverhalte feststellen, von denen ich keine Ahnung hatte. Und ich lernte, dass es nicht so sehr auf die Spitzenleistung ankam als auf ein möglichst breites Drehmoment im Sinne der Fahrbarkeit.

Du tauchtest in die großen Geheimnisse des Tunings ein.

Ich bekam sehr viel mit. Ich nahm den Harald, wie er war, und er vertraute mir. Es war noch kein blindes Verständnis, aber schon sehr nahe dran. Er hat mir nicht dauernd über die Schulter geschaut. Ich lernte auch relativ rasch zu erkennen, was der Harald von meiner Arbeit hielt. Wenn ihm etwas nicht besonders gefallen hat, hat er etwas finster geschaut, aber wenn ihm etwas richtig nicht gefallen hat, ist ihm die Unterlippe ein bisschen runtergefallen. Ich wusste also genau, wie zufrieden bzw. unzufrieden er war. Die hängende Unterlippe bedeutete mir, dass etwas daneben gegangen ist. Zum Beispiel habe ich einmal die Verkleidungsscheibe meiner Morbidelli mit Senkschrauben und Faconscheiberln fixiert. Mir hat es sehr gut gefallen, aber der Harald hat die Brauen gehoben, dann sank die Unterlippe nach unten und er sagte: „Aha, haben wir ein Küchenkastl zusammengeschraubt?“

Er hatte offensichtlich klare Vorstellungen in Bezug auf ein Rennmotorradl.

Es ging um Perfektion. Und er wusste unglaublich viel. Das Interessanteste für mich war der Prüfstand. Als ich das erste Mal sah, wie man einen Motor am Prüfstand richtig testet, hat mir das Herz unendlich weh getan. Der Motor hat ums Überleben geschrieen. Erkannt habe ich aber auch, dass der Prüfstand nur zeigte, was ist, und nicht, was man tun soll, um zu mehr Leistung zu kommen. In meiner Naivität - und damit war ich nicht allein - habe ich geglaubt, mit einem Prüfstand würde man alles gewinnen. Dass er aber nicht sagte, wie man von 40 auf 42 PS kommt, war mir und vielen anderen in keiner Weise klar.

Ging es ausschließlich um 125 Kubik Motoren?

Nein. Der Harald wollte nicht nur bei den 125ern bleiben, sondern arbeitete auch an 250er- und 350er-Triebwerken. Damals war es ja noch so, dass sehr viele Rennfahrer in verschiedenen Klassen antraten. Und die größeren Kubaturen hatten in den Medien einen höheren Stellenwert.

Und du lebtest die ganze Zeit im Wohnwagen vor der Werkstatt?

Anfangs ja. Ich pendelte zwischen Lambach und Straßwalchen oder schlief im Wohnwagen. Das änderte sich aber, als ich meine spätere Frau traf. Ich habe die Margret in Straßwalchen kennengelernt, wir sind zusammengekommen, und wir haben uns gut vertragen. Wir waren beide verliebt, und es wurde immer intensiver. So wurde ich ein Straßwalchener.

Gab es viele Frauengeschichten? Vorher?

Nein, überhaupt nicht. Das hat mich nicht interessiert. Mir war das Rennfahren viel zu wichtig.

Klingt wie ein Lied vom Kurt Ostbahn: „Glaub ma , i leb mit'n Rock'n'-Roll, glaub ma, i leb net allaan."

Die Margret konnte damit gut umgehen. Sie wusste genau, wie tief ich in der Rennfahrerei steckte.

Was veränderte sich an der Morbidelli in Straßwalchen?

Einiges. Zum Beispiel fräste ich mir auf der exzellenten Drehbank Fußraster, Fußrasterplatten, Schaltgestänge und -hebel selber. Und zwar so, dass der Harald beeindruckt war. Wir haben uns gut ergänzt. Einen Motor hatte ich von seiner Rennmaschine komplett übernommen, und meinen brachten wir auf einen nahezu identischen Stand. Dann gingen wir damit zum Wartbichler Sigi, einem Spezialisten in Eferding, der sensationell gut drauf war. Wir hatten ja damals das Problem, dass das Kurbelgehäuse des Morbidelli-Motors durch die Vibrationen einen Alterungsprozess mitmachte. Logisch, denn das Kurbelgehäuse spannt die Hauptlager zusammen. Und je fester die Spannung, desto größer die Reibung und die entsprechenden Verluste. Deshalb wollten wir ein möglichst geringes Überdeckungsmaß, um die Kurbelwelle nicht zu bremsen. Der Nachteil daran war, dass sich die Lagersitze relativ leicht erweitert haben, die Kurbelwelle dadurch Vibrationen bekommen hat und in der Folge abgebrochen ist. Wir brauchten also eine extrem präzise Bohrung der Lagersitze. Und das konnte niemand so gut wie der Sigi. Da war er ein wahrer Meister. Unglaublich gut. So standen wir 1981 mit der Morbidelli bestens gerüstet da. Mit der 250er war es schwieriger.

1981 bist du 125er und 250er gefahren?

Ja. Hauptaugenmerk lag natürlich auf der 125er Klasse, die 250er nahmen wir quasi mit. Mich hat die Viertelliter-Klasse aber schon gereizt, und den Harald noch mehr, weil er den Sprung dorthin schaffen wollte. Er wollte seine Konkurrenzfähigkeit unter Beweis stellen.

Kommt jetzt der 250er Tandem-Motor von Rotax ins Spiel?

Genau. Wir kauften von Rotax den sogenannten Tandem-Motor, der die Zylinder hintereinander angeordnet hatte und dadurch extrem schlank war. Und dann besorgten wir uns noch ein Nico Bakker Fahrwerk.

Rotax hat den Motor einfach rausgerückt?

Es gab Leute bei Rotax, die den Harald nicht wollten. Als Perfektionist konnte er sich nicht zurückhalten, wenn sie in Gunskrichen etwas auf den Markt brachten, das seinen extrem hohen Ansprüchen nicht genügte. Da hat er gern kritisiert. Und die Kritiken aus Straßwalchen sind in Gunskirchen nicht gut angekommen. Aber mir haben sie den Motor gegeben. Und so standen wir Anfang der Saison 1981 mit einer 125er Morbidelli und einer 250er Rotax am Start.

War aber keine mörderisch erfolgreiche Saison, oder?

Nein. Das erste reine Bartol-Jahr war nicht das, was ich mir erwartet habe. Bei weitem nicht. Damals verstand ich die Welt nicht mehr, aber im Nachhinein ist mir vieles klar geworden. Es hat sich in dieser Zeit einfach so viel um mich herum verändert: das Arbeiten mit dem Harald auf einem ganz neuen Niveau, der zwar professionelle, aber nüchtern-kühle Mechaniker Allister statt meines Bruders, die hohe Erwartungshaltung nicht nur meiner Fans, sondern auch des mir gegenüber sehr kritischen Umfelds vom Harald - und die Margret ist früh schwanger geworden. Da ist schon ein Paket übergeblieben, das auf meine Schultern drückte.

Trotzdem gab es auch gute Ergebnisse.

Sicher. Aber ich habe mir viel mehr erwartet. Ich hatte ein wirklich gutes Motorradl, der Bartol, der im Fahrerlager aufgrund seiner Kompetenz eine echte Erscheinung war, stand bei mir in der Startaufstellung - ich dachte, es würde einen Schnalzer machen, und ich würde ganz vorne mitfahren.

Stattdessen machte es oft einen Schnalzer und du legtest dich nieder?

Gestürzt bin ich in dieser Saison sehr oft. Ich war ja schon grundsätzlich nie risikoscheu und wollte einfach nicht wahrhaben, dass ich jetzt mit dem Bartol-Material nicht alle herbrennen kann. Das ist dann einige Male schief gegangen. Früher war ich einfach der Gustl, der Rennen fuhr, jetzt war ich der Gustl, auf den der Bartol schaute. Ich wollte allen beweisen, dass ich jetzt mit dem Topmaterial mit der Weltspitze mithalten konnte. Hätte mir damals einer gesagt, ich würde Druck auf mich ausüben, hätte ich nicht verstanden, was er meinte, aber heute ist mir klar, dass es genauso war. Damals hatte ich meinem Verständnis nach einen Druck im Reifen und im Kühler, aber sonst nirgends.

Wie ging dein Umfeld damit um?

Die Leute von meinem Fanclub hätten mich natürlich lieber siegen als liegen gesehen, aber sie verloren den Glauben an mich nicht, doch einige Journalisten fragten den Harald, warum er sich gerade um mich kümmerte, wo ich doch dauernd umschmiss.

Ich nehme an, da wird auch auf der Schwangerschaft herum gepickt worden sein - in der Art, dass ein Rennfahrer pro Kind um eine Sekunde langsamer fährt.

Die Schwangerschaft hielt ich so lange wie möglich geheim. Der Erste im Rennumfeld, dem ich es gesagt habe, war der Harald, und er ließ die Unterlippe hängen. Und dann begegneten die Margret und ich beim Spazierengehen am Almsee dem Riegler Jimmy. Er war, und ist, nicht nur ein begnadeter Streckensprecher - es gibt bis heute keinen Besseren -, sondern auch ein weitreichender Journalist. Es war, wie wenn wir unser Geheimnis mit einer Kanonenkugel in die Welt geschossen hätten.

Hat dir aber nicht geschadet, oder?

Nein. Es war letztendlich eine Erleichterung. Absurd war, dass es tatsächlich genügend Besserwisser gab, die meine fehlenden Erfolge darauf zurückführten, dass ich Vater wurde. Übrigens dieselben Leute, die dann, als es wieder besser lief, präzise analysierten, dass mich mein kleiner Sohn und das Familienglück beflügeln würden. Da musste man drüberstehn.

1981 gab es zwar kein Stockerl, aber doch einige Top Ten Platzierungen.

In Le Castellet wurde ich Achter. Den Kurs habe ich immer geliebt. Da waren richtig schnelle Kurven. Auf der über zwei Kilometer langen Mistral Geraden schrie meine Morbidelli bis zur Schmerzgrenze bei 230 km/h. Und dann kam die Mistral-Kurve. Die hieß deswegen so, weil dir dort der Wind unter die Verkleidung fahren und dich übers Vorderradl aushebeln konnte. Tag Heuer hat damals begonnen, auf der Strecke Speedmessungen durchzuführen. Mich hat das weniger interessiert, aber der Günther Wiesinger ist zu mir gekommen und hat mir gesagt, dass der Schweizer 500er Fahrer Wolfgang von Muralt - er hatte einen Production-Racer von Suzuki - einfach nicht glauben wollte, dass er in der Mistral-Kurve bei weitem langsamer war als ich mit der 125er. Ich war dort der Schnellste des Tages. Ich bin einfach die Gerade im sechsten Gang Vollgas hinaufgenagelt und habe in der Kurve bei Vollgas den Fünften hineingedrückt.

In voller Schräglage den Fünften hineingedrückt?

Schräglage bremst ja. Das hätte dann der Sechste nicht mehr derzogen, ich musste in den Fünfer zurück.

Aber volle Schräglage fahren und schalten ist doch unglaublich heikel.

Das war überhaupt kein Problem. Der Fuß machte Druck auf den

Ganghebel, und sobald die Drehzahl vom Sechser abzufallen begann, machte ich nur eine kleine Handgelenksbewegung am Gas und zog im Fünfer weiter. Ruckfrei. Ein harmonischer Übergang.

Wie tief hast du die Drehzahl im Sechser sinken lassen, ehe der Fünfer reingedrückt wurde?

Auf der Geraden drehte sie 14.700, in der Kurve ließ ich sie nicht unter 13.500 fallen.

Und welcher Speed wurde im Scheitel der Mistral-Kurve bei dir gemessen?

Genau kann ich es nicht mehr sagen, aber es war schon jenseits der 200 km/h.

Und hat dich dort der Wind einmal ausgehebelt?

Mich nie. Ich hatte aber auch einen Vorteil: meine Größe. Dadurch, dass ich so lang war, hatte ich immer guten Druck am Vorderradl. Die kleinen Buben wie der Bianchi zum Beispiel waren deutlich windempfindlicher.

Sonst war aber deine Größe ein Hemmnis.

Es war nicht so schlimm. Einerseits waren damals die Maschinen sowieso länger - Schikanen waren selten - und ich fand ausreichend Platz und Bewegungsfreiheit, und andererseits wog ich damals nie mehr als 62 Kilo.

62 Kilo bei einer Größe von 1,83. Wahnsinn. Und heute?

Seit ich mit den Grand-Prix‘ aufgehört habe, bin ich nicht mehr auf eine Waage gestiegen. Und ohne Zwang durch Waffengewalt steig ich auf keine mehr drauf. Aber als ich letztes Jahr bei einem historischen Rennen teilgenommen habe, hat mir mein Rennleder von 1986 immer noch gepasst. Der Schutzpanzer hat aber nicht mehr Platz gehabt.

Und du konntest tatsächlich auf der Morbidelli die ganzen 1,83 hinter der Verkleidung so zusammenfalten, dass kein Nachteil entstand?

Das ging. Und darauf hat der Harald auch geachtet. Logisch. Da kümmerte er sich akribisch um jedes Zehntel PS, und ich hätte das mit einem wegstehenden Ellbogen sofort vernichtet. Wäre der Ellbogen auf der Geraden draußen gewesen, und ich wäre nachher in die Box gefahren, wäre der Harald sicher nicht mehr dort gewesen. Der wäre gegangen. Da war er empfindlich.

Was war 1981 in Rijeka?

Hat gepasst. Bin Zehnter geworden und habe einen Punkt für die Weltmeisterschaft geholt. In Assen wurde ich Siebenter. Und auch in Imola war ich nicht schlecht: neunter Platz. Damals war ja Italien die absolute Hochburg des Rennfahrens in der 125er Klasse. Die Motorradln kamen alle von dort, die Stars und eine unglaubliche Anzahl von sehr guten Rennfahrern dahinter kamen von dort - sich dort durchzusetzen war eine echte Herausforderung. So war es viel mehr wert, in Italien in die Punkteränge zu fahren als in Frankreich zum Beispiel.

Wie lief es in Silverstone?

Silverstone hatte ich narrisch gern, und ich konnte mit einem siebenten Platz aufzeigen, aber richtig zufrieden war ich mit all diesen Ergebnissen nicht. Ich wollte viel mehr. Aber das ging 1981 einfach noch nicht auf.

Was war mit der 250er?

Unser Hauptaugenmerk lag eindeutig auf der 125er Klasse, aber bei den 250ern bin ich auch gestartet. Ich tanzte also auf zwei

Hochzeiten. Ob das so gescheit war, weiß ich nicht, aber eines ist sicher: die Rotax 250er hat mich ziemlich fertig gemacht. Wenn sie marschiert ist, ist sie fest marschiert, aber sie hatte halt unendlich viele Kinderkrankheiten. So waren zum Beispiel die beiden hintereinander liegenden Zylinder um 0,3 mm unterschiedlich hoch, hatten aber einen gemeinsamen Zylinderkopf. Für den Harald natürlich ein Dorn im Auge, ein echter Horror. Bei Rotax sagten sie, dass man diese Differenz einfach durch Niederziehen der Kopfdichtung behandeln könnte. Das packte der Harald nicht. Er hat ja bei der Morbidelli durch zehntelweises Anziehen das optimale Drehmoment gesucht. Und jetzt 0,3 mm Differenz einfach niederspannen! Schwierig war auch, dass die beiden Kurbelwellen der Zylinder identisch waren, obwohl die hintere die Kupplung trieb und die vordere die Zündung. Das lösten sie bei Rotax, indem sie eine zusätzliche Konushülse für den Zündungsrotor auf die Kurbelwelle schraubten. Die Idee bewährte sich in der Praxis nicht. Die Hülse wurde bei voller Beanspruchung des Motors - und wir hatten ihn ja nicht zum Spazierenfahren gekauft - immer wieder locker. So passierte es mir in Imatra, als ich nach hartem Runterschalten mit dem Einser Vollgas die Schikane nehmen wollte, dass der Motor kein Gas mehr annahm - dafür sah ich die Zündung aus der Verkleidung davonrollen. Das führte natürlich zu einem echten Gezeter. Wie kann man sowas nur bauen? Das ist doch ein Klumpert! Da blieb der Harald nicht locker. Und als wir dann beim Zerlegen des Motors eine Gussmarke sahen, die GMB lautete - das stand für Giesserei Mandl & Berger -, haben wir das in unserer Enttäuschung übersetzt als Gunskirchner-Murks-Bude.

Ist hoffentlich nicht bis nach Gunskirchen durchgedrungen.

Es war eigentlich nur ein Scherz im finnischen Fahrerlager, aber es ist doch irgendwie bis zu Rotax nach Österreich gedrungen. Draufgekommen bin ich, als mich der Herr Holzleitner, ein wirklich toller und über alle Zweifel erhabener Ingenieur von Rotax, ins Werk bestellte, um mir eine neue Motoplat Zündung zu geben, die die anfällige Zwischenhülse nicht mehr brauchte. Aber in dem Moment, in dem ich nach der Zündung in seiner Hand greifen wollte, kam der Helten Heli mit hochrotem Kopf ins Zimmer und fragte mich dringlich: „Was heißt GMB?!" Was hätte ich tun sollen? Lügen war sowieso nie meins, und außerdem wollte ich in dieser Situation keinen Rückzieher machen. Also sagte ich: Gunskirchner-Murks-Bude.

Das hast du wirklich gesagt?

Ja. Dann haben sie mir die Zündung nicht mehr gegeben. War aber nicht so tragisch, ich konnte auf einem anderen Weg eine kaufen. Im Nachhinein muss man sagen, dass diese Rotax Maschine halt nicht der große Wurf war. Wir haben uns über die Macken geärgert, und sie sich über unsere Kommentare. Klar muss aber auch sein, dass wir uns um die 250er nicht so akribisch gekümmert haben wie um die 125er.

Und von Rotax gab es keine Unterstützung vom Werk?

Die bei Rotax sagten, ich hätte eh den großartigen Bartol an meiner Seite, da wollten sie nicht hineinpfuschen. Sie nannten ihn übrigens - als Reaktion auf GMB - den Straßwalchener Autoelektriker.

Autoelektriker?

Weil der Harald gelernter Autoelektriker war. Die Rivalität zwischen Rotax und Bartol war nicht spannungsfrei. Und ich war mittendrin.

Wie war der Saisonabschluss 1981? Wie war Schwanenstadt?

Mit der 125er haben wir uns den Pflichtsieg geholt, und mit der 250er, das weiß ich nicht mehr genau, sind wir Erster oder

Zweiter geworden. Das hat schon gepasst. Aber bei den Grand-Prix‘ blieb ich 1981 weit hinter meinen Erwartungen zurück.

Endlich am Podium!

1982: Erster Übersee GP - Zweiter Platz am Salzburgring - Podium in Schweden und in Finnland - Monnet-Kapperl im ORF - Nieto im Kopf - High Chaparal auf der Fähre - Fliehkraft löst Patschen aus.

Die sehr erfolgreiche Saison 1982 begann im Februar mit der Geburt vom Bernhard.

Ja, da kam der Bernhard zur Welt, und im Nachhinein weiß ich, das ist das Beste, was ich in meinem Leben zusammengebracht habe. Am Anfang der Schwangerschaft hatte ich noch gedacht, dass jetzt alles unendlich schwierig werden würde und ein Leben als Rennfahrer kaum noch machbar, aber nach der Geburt war alles anders - im positiven Sinne! Das hat in mir irrsinnig viel bewegt. Das hat mich sehr stark gemacht.

Ist auch sonst alles in der Vorbereitung auf 1982 perfekt gelaufen?

Ich hatte eine neue Morbidelli gekauft, hatte zwei starke Motoren und war mental sehr gut drauf. Obwohl ich Jim Beam als Sponsor verloren hatte. Im Hause Scharlachberg waren dem Günther Steinwender, der den Motorsport geliebt hat, die Hände gebunden. Die Order von ganz oben lautete: Kein Jim Beam Sponsoring mehr im Motorsport.

Kam das unvermutet?

Das hat sich schon im Herbst 1981 ein bisschen abgezeichnet, aber ich habe das nicht glauben können oder wollen. Anfang 1982 war es dann definitiv.

Um welchen Betrag ging es da?

Genau weiß ich das nicht mehr, aber es waren schon Beträge über 100.000,- Schilling.

Hat Jim Beam einen Rückzieher gemacht, weil 1981 nicht so erfolgreich war?

Nein. Wir haben 1981 zwar von mehr geträumt, aber schlecht war die Saison ja nicht. Deshalb habe ich mir auch keine Sorgen gemacht um einen neuen Sponsor. Ich würde schon wieder einen finden, dachte ich.

Was kostete eine Saison alles in allem?

Gegen Ende meiner Karriere rund eine Million Schilling. Das hat sich von Jahr zu Jahr sprunghaft entwickelt. Aber 1982 kam keine Panik auf. Ich hatte ein neues Motorradl, ich hatte den Bartol, und ich hatte viele Zeitungsberichte - da sollte das Finden eines Sponsors keine unlösbare Aufgabe sein. Außerdem war ich oft im Fernsehen. Der ORF machte damals noch eigene Motorsport-Berichterstattung, und da nahmen sie mich gerne.

Aber damals war platzierte Werbung im Fernsehen doch äußerst schwierig.

Das stimmt. Aufnäher am Sakko oder ein gesponsertes Kapperl zum Beispiel waren nicht erlaubt. Das hätte mir damals vieles erleichtert. Als ich zum Beispiel einmal mein Motorradl mit ins Studio nehmen sollte für „Sport am Montag", musste ich eine spezielle Position einnehmen, damit die Sponsor-Aufkleber nicht im Bild sind. Einmal sagten sie mir, ich soll mit dem Rennleder - nicht gereinigt zwecks Authentizität - kommen, und da hat dann den Bergmann Sigi fast der Schlag getroffen, als er die vielen Aufnäher sah.

Na, hat er das nicht gewusst?

Er wird es schon gewusst haben, aber im Studio hat das einen viel stärkeren Eindruck gemacht als draußen auf der Strecke. Ich musste das Leder ausziehen und mich normal anziehen. Allerdings hatte der Sweater, den ich mit hatte, einen Monnet-Schriftzug. Das ging also auch nicht.

Da hat sich aber seit den 80er Jahren viel geändert.

Das kann man so sagen. 1987 lernte ich den Herrn Mateschitz kennen, und wir verstanden uns auf Anhieb gut. Ihm gefiel, was ich machte, und er wollte mich gerne unterstützen. Allerdings war sein Unternehmen erst im Aufsteigen begriffen, er konnte mich nicht sponsern. Doch er bot mir an, für jedes Foto in der Zeitung oder jedes Bild im Fernsehen, das mich mit einer Red Bull Dose zeigte, etwas zu geben. Als ich dann beim ORF-Interview am Salzburgring ein Red Bull zum Mund führte, senkte der Kameramann augenblicklich die Kamera und filmte den Boden. Nach dem Schluck richtete er die Kamera wieder auf mich. So waren die strengen Regeln damals im ORF. Allerdings trauten sie sich das beim Berger Gerhard nicht. Sonst hätten sie einfach kein Interview bekommen. Diesen Auftritt hatte ich als Motorradlrennfahrer halt nicht. Formel 1 war etwas anderes.

Das machte die Sache - also das Finden von Sponsoren - natürlich nicht einfacher. Sprang 1982 dann noch einer für Jim Beam ein?

Na ja, wir standen perfekt in den Startlöchern. Also wir wollten richtige Weltmeisterschaft fahren - mit den Überseerennen. Der Saisonstart war in Argentinien. Und darüber haben sie im Vorfeld im ORF berichtet. Und auch darüber, dass ich noch einen Sponsor brauchen würde. Das war die gute Seite des Fernsehens. So bekam ich unvermutet einen Anruf von einer mir unbekannten Firma aus Wien, die mich sponsern wollte: Gould-Electronics, ein amerikanischer Konzern.

Nie gehört.

Ich vorher auch nicht, aber es klang vielversprechend. Allerdings stand die Abreise nach Argentinien unmittelbar bevor, und wir hatten keine Zeit mehr für das Festmachen einer Vereinbarung. Das würden wir nachher machen. So klebte ich ihren Schriftzug prominent auf die Verkleidung der Maschine, ehe wir sie als Luftfracht verpackten. Dann brachen wir auf.

War das Rennen in Buenos Aires?

Ja. Da bin ich das erste Mal so richtig fortgekommen. Es war ein Wahnsinnserlebnis. Die Rennstrecke in Buenos Aires - wunderschön! Ich fühlte mich großartig und bin ein sehr gutes Rennen gefahren. Vierter Platz. Gewonnen hat der Angel Nieto.

Wieder der Nieto.

Der Nieto war einfach der Beste damals. Ein Zampano, der alle Register ziehen konnte. Wenn der in der letzten Runde hinter dir war, konntest du schon unterschreiben, dass er im Ziel vor dir sein würde. Das war auch eine Kopfgeschichte. Im Nachhinein weiß ich das, damals war mir das nicht bewusst.

Aber der vierte Platz beim ersten Mal Antreten in Argentinien muss doch eine Sensation gewesen sein.

Es war ein richtig gutes Rennen. Vor mir waren noch der Tormo und der Perez, aber die starken Italiener wie Bianchi und Lazarini waren alle hinter mir. Wir hatten eine Affenfreude. Der Harald hat das natürlich nicht so gezeigt, aber an seinem „Na, gut ´gangen"-Kommentar konnte man erkennen, dass auch er sehr zufrieden war. Außerdem kam er erst sehr spät in der Nacht ins Hotel. War ein klares Indiz, dass er in Feierstimmung war.

Und dem neuen Sponsor muss es auch getaugt haben.

Davon gingen wir aus. Bei unserer Rückkehr aus Argentinien wollte ich den Vertrag unter Dach und Fach bringen, aber es hat sich alles am Telefon erledigt. Der Herr hatte offensichtlich keine

Ahnung gehabt, wie groß der Aufwand im Motorsport ist, und dachte an eine großzügige Unterstützung von 5.000,- Schilling. Dann war wieder Tagwache.

Oh, oh, es ist vermutlich mörderisch eng geworden. Wie groß war der Druck?

Ein normal kalkulierender Mensch wäre wahrscheinlich sehr nervös geworden, ich aber nicht. Es gab gut dotierte Prämien für gute Ergebnisse, wir hatten uns bestmöglich vorbereitet, ich war zuversichtlich, und vor allem wollte ich unbedingt Rennfahren. Es musste sich einfach ausgehen. Ich war überzeugt, dass es irgendwie weitergehen würde.

Und so muss es dann ja auch gewesen sein.

Bis dorthin hat mich Valvoline am Leben gehalten. Also ich habe immer zwischen Castrol und Valvoline gewechselt. Nicht weil ich eine Flitschen war, sondern weil sich die beiden Verantwortlichen der Ölfirmen, bei Valvoline der Herr Eberl und bei Castrol der Herr Meisenbichler, untereinander abgesprochen haben. Wenn mir die eine Ölfirma nicht helfen konnte, sprang die andere ein. Die haben sich nie gegeneinander ausgespielt.

Aber das waren doch direkte Konkurrenten?

Das waren sie, doch die beiden Herren waren auch Freunde. Geholfen hat mir natürlich auch immer der Fanclub. Wenn es eng geworden ist, haben sie alle Register gezogen, damit es weitergeht. Die große Erleichterung 1982 kam aber, als ich auf einmal den Herrn Steinwender am Telefon hatte, und er mir sagte, er könne mir mit dem französischen Weinbrand Monnet helfen. Das hat er im Hause Scharlachberg bewerkstelligen können. Damit wusste ich, dass ich über die Runden kommen würde. Transporter und Maschinen wurden entsprechend lackiert. Am Salzburgring zeigten wir richtig auf. Es war ein fantastisches Rennen.

Podium?

Zweiter Platz. Der drehmomentstarke Motor vom Harald ist extrem gut marschiert.

Sieg für Nieto?

Natürlich. Konnte nicht anders sein. Aber der zweite Platz hinter dem Nieto wurde - auch von Haralds Seite - immer verziehen. Heute weiß ich: selber schuld. Ich habe regelrecht gewartet auf ihn. Ich wusste, er kommt in der letzten Runde und überholt mich. Keine Frage, er war ein fantastischer Fahrer, nicht umsonst ist er dreizehn Mal Weltmeister geworden, aber mein Problem mit ihm war gar nicht so sehr meine Leistung auf der Strecke, sondern meine Einstellung im Unterbewusstsein: Den Nieto kannst nicht schlagen. Ich denke, wenn damals jemand mit mir so gearbeitet hätte wie ich heute mit meinen Buben vom Red Bull Rookies Cup, wäre manches nicht passiert. Wenn du im Kopf hast, dass dich der Nieto, den du soeben überholt hast, nur aus taktischen Überlegungen vorbei gelassen hat, hast schon verspielt.

Aber die Italiener waren wieder alle hinter dir.

Das war schon etwas. Beim Heim-Grand-Prix den Weltmeister Bianchi zu schlagen und am Podium zu stehen, fühlte sich richtig gut an. Und auch der ORF hatte eine echte Freude mit mir und machte ein Interview. Allerdings traf mich dann fast der Schlag, als ich am Abend vor dem Fernseher saß.

Warum denn?

Weil ich beim Interview das Monnet-Kapperl auf hatte. Und damit das nicht im Bild ist, haben sie meinen Schädel bis zur Stirn formatfüllend ins Bild gebracht. Ich habe ausgeschaut wie ein Monster. Ich habe sowieso schon keine kleine Nase, aber bei diesem Interview hatte ich eine, die jene vom Pinocchio zum Lercherl machte. Die Kerle haben mich wirklich entstellt. Nur damit sie das Kapperl nicht bringen müssen.

War das bei den Zeitungen auch so hirnrissig?

Nein. Da war das kein Thema. Die Print-Medien waren voll von Berichten und Bildern. Die sahen das etwas entspannter.

Nach dem zweiten Platz beim Heim-Grand-Prix wird schon etwas los gewesen sein.

Das war perfekt. Nicht nur für meine Sponsoren, sondern auch innerhalb des Fahrerlagers. Nach den beiden tollen Platzierungen in Buenos Aires und am Salzburgring nahmen mich die anderen Fahrer richtig ernst. Sie registrierten mich als echten Gegner. Das zeigte sich beim nächsten Grand Prix in Nogaro. Warum die Veranstalter in Frankreich 1982 nicht in Paul Ricard, sondern in Nogaro fahren lassen wollten, weiß ich nicht, aber die Strecke war nicht WM-würdig. Ein holpriger Mickey Mouse Kurs mit einem Fahrerlager, das um drei Nummern zu klein war. Mich persönlich hat das nicht so gekümmert - es war eine Strecke, da wird um die Wette gefahren, und fertig -, aber nach dem ersten Training kam der Nieto höchstpersönlich zu mir und fragte mich, was ich von dieser Strecke hielte. Ich zuckte mit den Schultern. Mir war's Wurscht. Dem Nieto nicht. Ihm war das hier viel zu gefährlich und unwürdig. Er gab mir zu verstehen, dass wir uns sowas nicht bieten lassen dürften. Noch dazu, wo es in Frankreich ja viel geeignetere Strecken gab als Nogaro. Er wollte streiken. Der Harald und ich zeigten uns solidarisch.

Wie reagierte der Veranstalter?

Als er spitz bekam, dass sich da unter den Fahrern Widerstand formierte, ging er in die Offensive und drohte, dass jeder, der vor dem Rennen heimfuhr, ein Problem bekommen würde. Es gäbe Sanktionen. Deshalb entschlossen wir uns alle zum Start. Allerdings machten wir uns untereinander aus, dass wir nach der ersten Runde wieder in die Box fahren und aufhören. Ich hatte mit mir selber natürlich einen fürchterlichen Clinch. Weil ich mit der Strecke ja überhaupt kein Problem hatte. Mein Fahrwerk kam mit den Buckeln sehr gut zurecht. Für die Garellis mit dem Monocoque-Fahrwerk war es viel schwieriger. Die extrem kurzen Federwege waren hier ein echter Nachteil. Das wusste der Nieto, der große Stratege. Und der Bianchi, der wie ich eine Morbidelli hatte und dem Nieto also locker einen Scheitel hätte ziehen können, war innerlich noch zerrissener als ich. Obwohl es bei mir auch arg war. Ich war ja nicht alleine da. Gut, der Harald war für den Streik, aber was war mit meinen Sponsoren? Was war mit Monnet, was war mit Castrol, was war mit Raiffeisen. Sollte ich denn ein weiteres Podium, das noch dazu durch den Nachteil der Garellis zum Greifen nahe war, einfach sausen lassen? Es war schwer, wirklich schwer. Aber letztendlich fuhren wir alle nach den ersten zwei Runden in die Box. Und es hat nie wieder einen Grand Prix in Nogaro gegeben.

Was war mit den Sanktionen?

Nichts. Und zu Hause bei meinen Sponsoren und den Medien gab es vollstes Verständnis für die Entscheidung, dort nicht zu fahren. Dann kam Assen. Eine meiner Lieblingsstrecken. Der Asphalt dort war so griffig, dass du selbst im Regen mit Slicks fahren hast können. Regenreifen hat man nur gebraucht, wenn sich das Wasser in Pfützen gesammelt hat. Sonst nicht. Und zudem war es eine echte Fahrerstrecke, eine Frage des Mutes. Ich war schon im Training sehr gut dabei und kämpfte im Rennen um den zweiten Platz, ehe mir in der 90° Rechts nach dem Vollgaslinksknick das Vorderradl wegrutschte. Null Punkte. Damit war meine Serie einmal gestoppt. Aber es wartete bereits am nächsten Wochenende der Grand Prix von Belgien in Spa. Bis zur letzten Runde war ich Fünfter, hinter mir der Nieto auf Platz Sechs.

Du wurdest Sechster.

Genau. In der letzten Runde überholte mich der Nieto. Aber er war alles andere als entspannt. Er wurde zwar Fünfter, aber vier Fahrer waren schneller als er. In seinen Augen musste da etwas faul sein. Also legte er Protest ein und verlangte, dass die Maschinen gemäß dem technischen Reglement überprüft werden.

Schlechter Verlierer?

Im Nachhinein gesehen hat er das Richtige gemacht. Er war der festen Überzeugung, dass etwas faul war. Also entweder waren die Maschinen zu leicht, oder sie hatten einen siebten Gang oder sie verwendeten Nitromethan. Aber es wurde nichts gefunden, die Maschinen waren regelkonform. Und damit war das Thema erledigt. So konnten keine Gerüchte entstehen. Es war eine klare Geschichte, die bei keinem der Beteiligten einen Groll hinterließ. Hat er gut gemacht, der Nieto. Daraus hat man etwas lernen können.

Vierter in Argentinien, Zweiter am Salzburggring, aufgelöst in Assen, Sechster in Spa, und dann kam Rijeka.

Ich war sehr gut unterwegs. War bis zur letzten Runde Fünfter und hatte das Hinterrad des Vierten direkt vor mir. Also so knapp, dass dir der Mund wässrig wird. Wir stachen die Gegengerade hinunter und lenkten in die Haarnadel links ein. Und in mir stand alles im Zeichen der Herbrennung. Natürlich hätte ich mich mit dem fünften Platz zufrieden geben können, aber ich wollte den vor mir Fahrenden unbedingt noch schnupfen. In der Rechtskröpfung, ehe es noch 300 Meter gerade bis zum Ziel waren, stach ich innen durch. Und ich schwöre, dass ich dort Asphalt gesehen habe. Der in Wirklichkeit aber nicht da war. Es hat mich fürchterlich zerlegt. Als das Vorderradl nach dem kurzen Ausflug ins unbefestigte Gelände wieder auf Asphalt kam, schlug es mir den Lenker aus der Hand, und es wirbelte mich durch die Luft. Ein sagenhafter Sturz. Ich konnte zwar selber weggehen und hatte nichts gebrochen, aber ein Besuch beim Doktor Costa schien mir nicht verkehrt zu sein.

Auflösung in der letzten Kurve - bitter, sehr bitter!

Ich hätte es vielleicht im Windschatten probieren sollen, aber Geduld war etwas, das ich auf der Strecke einfach nicht kannte. Geduld existierte nicht in mir. Ich sah den Asphalt und die Möglichkeit, innen durchzustechen, und ich versuchte es im selben Moment ohne einen Hauch von Zweifel.

Dein Wollen war so stark, dass du Asphalt sahst, wo gar keiner war?

Ich schwöre, ich habe Asphalt gesehen. Aber egal, die Ganzkörperprellung klang soweit ab, dass ich in Silverstone immerhin Achter wurde. Punkte gab es für die ersten Zehn, also war das Ergebnis gar nicht schlecht, doch ich fühlte mich im Kopf schon als Top-Fünf-Fahrer und war mit einem Achten nicht mehr richtig zufrieden.

Aber früher waren doch die ersten Zehn noch viel mehr wert als heute, wo eigentlich nur mehr der Sieg zählt.

Das ist schon richtig. Punkte gab es nur für die ersten Zehn, und wenn du dich als Privatfahrer in den großen Starterfeldern so weit nach vorne kämpfen konntest, war das schon was. Aber ich wollte - und diesen sportlichen Ehrgeiz braucht man, wenn was weitergehen soll - mindestens unter die ersten Fünf. In Wirklichkeit wollte ich aufs Podium. Erster, Zweiter oder Dritter - da war nicht viel Unterschied. Heute ist es sicher viel brutaler. Der Leistungsgedanke hat sich so weit zugespitzt, dass der Zweite als erster Verlierer gesehen wird.

Nach Silverstone dann die übliche Rundfahrt? Also Schweden und Finnland?

Genau. Das war immer ein guter Trip, drei Wochen Zigeunerleben. Natürlich war die Fahrt mit dem Transporter auch ermüdend und anstrengend, aber alles in allem hat es mir immer getaugt. Und auf der Fähre haben sich alle mit weißen Leintüchern eingedeckt. Also die Rennfahrer in den Transportern warteten, bis die schmutzigen Leintücher aus den Kabinen abgelegt wurden, und dann nahm sich jeder zwei, drei mit. In den Fahrerlagern in Schweden und in Finnland standen die Maschinen alle auf Bänken mit weißen Leintüchern. Sehr gerne erinnere ich mich auch an die Western-Stadt in Schweden: High Chaparal. Da kauften wir uns Revolver mit Platzpatronen und einen g'scheiten Hut und spielten Wilder Westen.

Der Bartol auch?

Nein. Das war ihm zu kindisch. Aber wir hatten eine echte Hetz. Wir setzten uns in einen Zug, der überfallen wurde, und schossen mit unseren Revolvern. Ich bin voll in die Rolle gekippt. Das hat den Kopf richtig frei gemacht. Und dann stand ich beim Rennen in Anderstorp auf dem Podium. Mit einem großen Lorbeerkranz und einem Pokal. Dritter Platz. Ich hatte mein Podium vom Salzburgring also bestätigt. Und außerdem streifte ich rund 15.000,- Schilling Prämie ein. Die Welt war schwer in Ordnung, und ich freute mich auf Finnland. Zurecht, dort bin ich Zweiter geworden.

Unglaublicher Lauf! Das dritte Podium!

Das war schon großartig. Beim Heimfahren war das Geldtascherl nicht leer, sondern voll. Wir konnten uns ganz entspannt am Schiff das Trucker-Menü einschießen. Und zu Hause riefen mich die Journalisten an und wollten alles wissen. Sie waren wirklich interessiert. Ich wurde richtig populär. Sogar der Zöllner am Walserberg hat gewusst, wie gut ich in Schweden und in Finnland gefahren bin. Und die Lambacher hatten sogar den Marktplatz gesperrt. Es war ein großartiger Empfang. Mit Musikkapelle, Transparenten, Bürgermeister-Rede und Fahrt im Oldtimer-Cabrio.

War ein wirklich erhebendes Gefühl, eine große Freude. Man spürte, dass man nicht nur für sich allein aufs Podium fuhr, sondern dass es vielen Menschen viel bedeutete. Das war wunderschön.

Und dann kam Brünn.

Damals war das noch ein richtiger Straßenkurs, also ganz anders als heute. Vielleicht kennen es noch einige. Es war jedenfalls eine Strecke, wo man die Backen zusammenzwicken musste. Und es gab wohl keine Motorrad-Rennstrecke auf der Welt mit so vielen Zuschauern. Der Grand-Prix von Brünn war für alle Motorsport-Fans hinter dem Eisernen Vorhang die einzige Möglichkeit, die Superstars aller Klassen zu sehen. War immer eine unglaubliche Geschichte. Allein das Passieren der Grenze. Ein Aufenthalt von drei Stunden war ganz normal.

Weil die Zöllner Autogramme wollten?

Ich war zwar schon bekannt, aber die Zöllner hat das nicht interessiert. Die sind mit ihren Spiegeln unterm Auto durch und haben alles genau untersucht. War schon eigenartig. Strenge Miene, umgehängte Waffe, penible Kontrolle. Und als sie fertig waren, drehte der eine seine Puffe nach hinten und bat mich um ein paar bunte Aufkleber.

Irr.

Das hat irgendwie nicht zusammen gepasst. Aber es war so. Auf der Strecke herrschte aber ungetrübte Euphorie und große Begeisterung. Und es war ja auch ein spektakulärer Kurs. Wie ein Bergrennen hinauf und hinunter und dann durch Ortschaften, wo man Vollgas die Linie von Hausecke zu Hausecke treffen musste. Sehr schnell.

Man hört oft, dass man unter diesen Bedingungen nicht alles geben kann, also dass man mit einer Sicherheitsreserve fahren muss.

Das habe ich auch gehört. Aber ich wusste nicht, was sie meinten. Ich fuhr einfach so schnell wie möglich. Die Hausecken waren sicher härter als Strohballen, aber die waren teilweise ja auch alles andere als weich. Beim Fahren dachte ich nie ans Stürzen. Jedenfalls war die Bergabpassage in Brünn richtig schnell. Ich ließ im Training den Motor im sechsten Gang bis zur Schmerzgrenze schreien, bis ich eine Fahrwerksunruhe ausfasste. Die Maschine begann hinten zu schlingern. Ich blieb stehen und sah, dass ich fast einen Patschen hatte. Dann kam ein Streckenposten zu mir und zeigte auf das fehlende Ventilkapperl. Ich zuckte mit den Schultern. Weil ich keine Ahnung hatte, was das fehlende Kapperl mit dem schleichenden Patschen zu tun haben sollte. Der Posten aber schon. Er hatte das schon erlebt. Durch die enorme Fliehkraft bei diesen hohen, relativ lang gefahrenen Geschwindigkeiten hat es die Ventilfeder komprimiert, und die Luft ist ausgetreten.

Unpackbar. Ist das wahr?

Ja. Ich bin natürlich nie mehr ohne Ventilkapperl gefahren. Und es ist nie mehr passiert. Also wird der Streckenposten schon recht gehabt haben.

Waren das noch Schlauchreifen?

Nein, schlauchlose. Aber wir hatten damals 18 Zoll. Und da ergeben sich dann schon dramatische Umfangsgeschwindigkeiten. Im Rennen kam ich sehr gut zurecht und wurde Sechster. Zwar kein weiteres Podium, aber immerhin ein sechster Platz.

Also eine wirklich erfolgreiche Saison 1982.

Es ist zumindest das passiert, was ich mir gewünscht habe. Mehrmals aufs Podium fahren, von den Superstars wie dem Nieto akzeptiert werden, im Endklassement der Weltmeisterschaft den sechsten Platz belegen. Das hatte schon viel Bedeutung. 1983 würde ich mit einstelliger Startnummer antreten dürfen. Gustl Auinger mit Startnummer 6. Darauf war ich schon sehr stolz.

Und der Abschluss der Saison 1982 war wieder Schwanenstadt, oder bist du da nicht mehr mitgefahren?

Die Österreichische Staatsmeisterschaft verlor natürlich an Bedeutung, je mehr ich bei den Grand-Prix' unterwegs war, aber der Sieg in Schwanenstadt bedeutete mir immer viel. Das war immer der krönende Abschluss der Saison. So auch 1982. War ich nach dem dritten Platz in Mühllacken der Hero von Lambach, so kannten mich jetzt schon richtig viele Leute. Die Top-Platzierungen 1982 haben in diese Richtung sehr viel bewegt. Aber ich glaubte noch immer nicht, dass ich in der Weltmeisterschaft gewinnen könnte.

Obwohl du zweimal Zweiter und einmal Dritter geworden bist?

Für mich war das Gewinnen meilenweit weg. Aber ich habe natürlich schon davon geträumt. In meiner Vorstellung wäre ich im Falle eines Grand-Prix-Sieges alle Sorgen der Welt los. Wie sich später zeigen sollte, ein naiver Gedanke.

Für 1983 schaute aber alles richtig gut aus. Einstellige Startnummer und Podiumerfahrung.

Ausgeschaut hat es gut. Aber es kam ganz anders.

Wenn Kurbel- und Kardanwellen brechen

1983: Südafrikanische Irrfahrt der Extraklasse - Ligister Trio mit Hias als Sponsor - Dreizehn Kurbelwellen brechen - Unangenehme Spannung entsteht - Podium in Schweden - Sieg in Schwanenstadt.

1982 hast du groß aufgezeigt, ging es 1983 in dieser Tonart weiter?

Überhaupt nicht. 1983 war ein sehr schwieriges Jahr. Dabei war das Finanzielle recht gut gelöst. Durch die sehr guten Platzierungen 1982 entstand eine gewisse Euphorie, der Fanclub, der sowieso immer fleißig war und viel für mich getan hat, kam richtig in die Gänge. Gemeinsam mit dem Chef der Salzburger Streckenposten, dem Kessler Manfred, hatten wir dann die Idee, etwas mit dem Ligister Trio zu machen.

War das nicht die Volksmusiktruppe mit dem Hias?

Genau! Volksmusik mit Showeinlagen, und der Hias, der war das Urviech der Nation. Der war richtig gut. Da ist kein Auge trocken geblieben.

Mächtiger Sponsor.

Das Ligister Trio griff nicht einfach in den Sack und unterstützte mich, sondern sie waren bereit, ein Konzert für mich zu spielen. Also wir organisierten, sie spielten, wir durften kassieren. Es war ein richtiger Erfolg.

Bist du davongekommen, oder musstest du mitsingen?

Wer mich kennt weiß, dass ich vom Singen überhaupt keine Ahnung habe. Aber ich hatte meinen Auftritt. Sie zogen mich an wie den Hias, gaben mir ein Mikrophon und sagten, ich solle so tun als ob ich singen würde. Tatsächlich gesungen hat der Hias selber - hinter dem Vorhang. In den ersten Reihen gab es Leute, die skeptisch waren, aber weiter hinten zweifelte niemand daran, dass ich der Hias sei. Als dann der echte auf die Bühne kam und sich zu mir stellte, war richtig was los. Die Stimmung war insgesamt - also den ganzen Abend lang - großartig. Das Ligister Trio mit dem Hias waren damals echte Unterhaltungskanonen. Und dass sie für mich kostenlos spielten war sehr viel wert. Nicht nur ideell. Es sind über 180.000,- Schilling übrig geblieben.

Das ist aber eine Lawine!

Ja, war viel Geld, das wir sehr gut brauchen konnten. Leider war aber die Saison mit dem Original Ligister Trio Schriftzug auf der Verkleidung nicht sehr erfolgreich. Dabei habe ich mir mit dem Ewald Münzer, also dem Ligister-Chef, der heute noch mein Freund ist, ausgemacht, auf die Frage, warum ich so gut gefahren sei, zu antworten, dass ich die Musik vom Ligister Trio im Kopfhörer hatte. Hat aber 1983 nicht so geklappt, wie wir uns das alle gewünscht hätten.

Was lief falsch?

Die Saison hat schon mit unglaublichen Komplikationen begonnen. Wir wollten beim Grand-Prix in Südafrika mit einer 250er antreten. Dem Harald waren ja die größeren Kubaturen aufgrund der höheren Publicity sehr wichtig. Wir steckten also einen Bartol-Motor - einen 250er Drehschieber - in ein Nico Bakker Chassis und meldeten für Kyalami. Wir mussten um ein Visum ansuchen und bekamen vom Innenministerium ein Schreiben, in dem man uns darauf hinwies, dass es nicht gut sei, nach Südafrika zu reisen, weil man die menschenverachtende Apartheid-Politik nicht unterstützen solle. Wir wollten aber unbedingt dort das Rennen bestreiten. Also fuhren wir hin.

Ihr seid wirklich hingefahren? Durch Afrika?

Nein, nein. Wir sind schon geflogen, aber das Motorradl musste ich zum Flughafen nach Paris bringen. Ich baute um die Maschine herum eine frachttaugliche, sehr leichte Kiste, borgte mir von einem Spezi einen Anhänger aus - der war ihm heilig, er hat damit Pferdekutschen transportiert - und stieg in meinen alten Mercedes Kombi. Alles lief soweit prächtig. Bis ich in Paris Orly ins Frachtbüro kam. Dann ging es richtig los. Ich wusste ja genau, wie schwer bzw. leicht die Kiste mit der Maschine war und rechnete mit einem gewissen Betrag. Aber sie verlangten ein Vielfaches. Ich weiß nicht mehr genau wieviel, aber der Betrag war entsetzlich hoch. Es konnte sich nur um einen Irrtum handeln. Dachte ich. Aber dem war nicht so. Weil sie nicht nur das Gewicht rechneten, sondern auch das Volumen. Das hatte ich nicht gewusst. Und so hatte ich eine Kiste gebaut, in der das Motorradl viel Platz hatte. War natürlich eine Trottelei, aber nicht mehr rückgängig zu machen. Ich musste in den sauren Apfel beißen.

Hat es sich wenigstens rentiert?

Na ja, rentiert hat es sich nicht. Wir flogen nach Südafrika und durften beim Wixinger Hans, dem ausgewanderten Bruder vom Sepp, eines Obmanns vom Fanclub Schwanenstadt, in Johannisburg wohnen. Das Land war beeindruckend. Nicht nur im positiven Sinn. Denn wie man dort mit den Negern oder den Schwarzen umgegangen ist, war weit schlimmer als erwartet. Die waren nichts wert, wirklich nichts wert. Die saßen auf der Ladefläche von Pritschenautos wie Vieh. Das war richtig grauslich. Es gab auch eigene Buslinien nur für Schwarze. Ich konnte das einfach nicht verstehen, es war widerlich für mich, eine himmelschreiende Ungerechtigkeit in meinen Augen. Und es fiel mir nicht so leicht wie sonst, mich komplett auf das Rennfahren zu konzentrieren, ich lief mental nicht ganz rund. Erschwerend kam hinzu, dass Kyalami auf 2000 Meter Seehöhe lag, und es daher nicht einfach war, den Motor perfekt abzustimmen. Wir hatten verschiedene Zylinderköpfe mit und mussten erst den idealen finden. Allerdings war die Strecke nach einem Unwetter teilweise vermurt und nicht zu befahren. Wir luden die Maschine auf einen

Pick-Up und fuhren 400 Kilometer nach Welcome, das ebenfalls auf 2000 Meter lag. War wirklich schwierig, eine Abstimmung zu finden, aber letztendlich gelang es uns, und wir waren zuversichtlich für das Rennen. Die 250er funktionierte richtig gut. Wie sich bei den Trainingsläufen in Kyalami dann auch zeigte. Wir waren vorne dabei. Allerdings haben sie uns nach dem Abschlusstraining eine Zeit ausgewiesen, die viel langsamer war als die tatsächlich gefahrene Rundenzeit. Der Harald hat ja mitgestoppt. Also ging ich mit seinem Rundenprotokoll zur Rennleitung, um den Fehler auszumerzen. Sie gaben mir tatsächlich recht, ich durfte von der zweiten Startreihe aus starten.

Was war das für eine Zeitnehmung?

Transponder hat es noch keine gegeben. Die Zeitnehmung war eine Gruppe von Leuten, die alle gestoppt haben.

Unglaublich.

Wir waren mit der zweiten Startreihe sehr zufrieden und freuten uns auf das Rennen. Allerdings zeigte sich schon im Warm-Up, dass der Motor aussetzte. Also bauten wir ihn aus und einen anderen ein. Viel Zeit hatten wir dafür nicht, aber wir verstanden uns blind. Der Harald schraubte auf der rechten Seite, ich auf der linken. Wir wurden rechtzeitig bis zur Warm-Up Runde zur Startaufstellung fertig.

Großartig!

Ja, aber auch dieser Motor hatte Aussetzer. Ich vermutete sofort, dass ich beim schwierigen Einbau der kleinen Trockenbatterie die Kontakte beschädigt haben könnte, ließ den Harald in der Startaufstellung noch schnell eine neue einbauen, und dann war schon der Schiebestart. Die Maschine sprang sofort an, beschleunigte hervorragend, ich lenkte in die Rechts ein - und der Motor setzte aus. Es war zum Verzweifeln. Das Rennen war zu

Ende, noch ehe es richtig begonnen hatte. Feierabend.

Wahnsinn. Wo war der Fehler? Lag es an der Batterie?

Wir nahmen die Verkleidung ab und suchten. Und so blass habe ich den Harald vorher nie gesehen und nachher auch nie wieder. Für ihn war das schlichtweg eine Katastrophe. Da der Motor in Silentblöcken gelagert war, musste ein Massekabel zum Rahmen gelegt werden. Und dieses Anlegen hatte der Harald in der Hektik übersehen. Ich glaube, er hätte ein Vermögen gegeben, wenn das Kabel auf meiner Seite, also auf der linken, gewesen wäre. Aber für mich ist er durch dieses Vergessen ein bisschen mehr Mensch geworden. Ich habe extrem zu ihm aufgeschaut, seine Fertigkeiten und sein Verständnis für Technik bewundert, und dann ist ihm aber auch einmal ein Schnitzer passiert. Das hat schon gepasst. Und die 250er ist ansonsten ja richtig gut marschiert.

Trotzdem klingt das Projekt Südafrika 1983 bis jetzt wie ein fürchterlicher Rohrkrepierer. Ging wenigstens bei der Heimreise alles glatt?

Das kann man so nicht sagen. Im Gegenteil. Es war eine Katastrophe. Wir landeten zwar problemlos in Paris, aber im Hotel gab es den ersten Schock: sie hatten uns den Anhänger geklaut.

Den schönen vom Spezi, auf den du unbedingt aufpassen hättest sollen?

Der war weg. Die durchgezwickte Kette lag noch da, aber der Anhänger war weg. Nach reiflicher Überlegung zerriss ich die Kiste, zerlegte das Motorradl in kleinere Teile und verlud alles irgendwie hinten in den Kombi. Dem Harald hat das absolut nicht getaugt. Das Zigeuner-Dasein ohne Stil und Komfort war nicht seins. Und da er keinesfalls reden wollte, schlief er im Auto ein - oder er hat sich schlafend gestellt. Jedenfalls blendete er sich aus.

Einen dicken Hals hatten wir beide ja sowieso. Zuerst das viele Geld, das sie uns für die Fracht abgenommen hatten, dann das äußerst bescheidene Rennen, und schließlich hat man uns noch den Anhänger geklaut. Aber das war leider noch nicht alles. In der Gegend von Reims hat das Auto plötzlich sehr stark zu vibrieren begonnen und war kaum mehr in der Spur zu halten. Ich kuppelte aus. Als ich die Kühlerhaube öffnete, kam ein blitzblanker Motor zum Vorschein - unglaublich sauber, wie neu. Aber der Schein trügte. Bei näherer Betrachtung sah ich, dass die Pleuelstange ein festes Loch in das Motorgehäuse geschlagen hatte.

Ich fasse es nicht.

Der französische Öamtc schleppte uns zu einer Werkstatt, aber die konnten uns natürlich auch nicht helfen. Ein Loch im Motor ist keine Kleinigkeit. Der Harald verlor schön langsam die Nerven und wollte dringend nach Hause. Also nahmen wir uns ein Leihauto, luden alles um und fuhren heim.

Und dann ist das Leihauto explodiert?

Nein, wir kamen ohne weitere Schwierigkeiten zu Hause an. Allerdings stand mein Mercedes noch in Reims, und das Leihauto musste auch retour. Mein Plan war, einen Abschleppwagen zu besorgen, das Leihauto aufzuladen, nach Frankreich zu fahren, den Kombi aufzuladen und wieder heim. Aber so einfach war es nicht. Erstens hatte ich Mühe, jemanden zu finden, der mir spontan einen Abschleppwagen borgte, und zweitens war dann das Leihauto - es war ein kleiner Bus - für den VW LT, den ich aufstellen konnte, zu schwer. Außerdem war ich schon hundemüde. Da sprang Franz, der Bruder meiner Frau, ein. Er fuhr das Leihauto, ich den LT.

Ein wirklich gewaltiges Projekt!

Und es war noch lange nicht ausgestanden. Der LT hatte bei

einer gewissen Drehzahl deutliche Vibrationen. Das war zunächst kein großes Problem, da ich ihn einfach in anderen Bereichen bewegte, aber irgendwann - eh schon in Frankreich - machte es einen metallischen Schnalzer, und plötzlich lief der LT ganz leise. Kurz freute ich mich noch darüber, aber als ich aufs Gas stieg, heulte der Motor auf - ohne Beschleunigung. Ich dachte, dass der Gang rausgesprungen wäre und rührte im Getriebe, aber es war etwas anderes. Wir blieben stehen, und ich musste erkennen, dass es die Kardanwelle abgerissen hatte.

Das gibt's ja nicht!

Wir mussten sie gar nicht suchen. Denn der Franz, der hinter mir gefahren ist, hat gesehen, wie es plötzlich irgend etwas langes Großes unter dem LT herausgeschleudert hat. Es hat kurz fest gestaubt, und dann hat sich das Trumm über das Brückengeländer selbst in den Fluss katapultiert. Das muss man sich vorstellen! Die Kardanwelle reißt genau auf der Brücke ab und verschwindet im Wasser!

Ein Wahnsinn! Eine Odyssee.

Da ist wirklich viel zusammen gekommen. Aber verzweifelt war ich nicht. Denn eine Kardanwelle für einen LT müsste es überall geben, dachte ich. Wir schleppten also mit dem Leihwagen den LT von der Autobahn in den nächsten Ort - und wurden enttäuscht. Keine Kardanwelle. Auch im Umkreis war keine zu finden. So schleppten wir den LT nach Reims. In dieser großen Stadt musste es das Ersatzteil geben. Dafür hätte ich meine Hand ins Feuer gelegt. Aber leider irrte ich mich. Auch in Reims konnte ich keine Kardanwelle auftreiben.

So ein LT war aber doch ein gängiges Fahrzeug.

Bei uns schon. Aber in Frankreich offensichtlich nicht. Ich musste nach Deutschland. Der Franz setzte sich in den Flieger nach Hause, ich nahm mir wieder ein Leihauto und fuhr nach Deutschland. Gleich hinter der Grenze hatten sie eine Kardanwelle für einen LT, allerdings nicht für mein LT-Modell. Nach einigen Telefonaten fuhr ich 200 Kilometer weiter, kaufte das passende Trumm und zog nonstop nach Reims zurück. Dort baute ich die Welle dann ein und lud den Mercedes auf. Er war so schwer, dass die Front des LT extrem entlastet wurde und die vorderen Radkästen weit über den Reifen waren. Da fiel mir auf, dass sie nicht nur überhaupt kein Profil mehr hatten, sondern teilweise schon der Draht vom Mantel sichtbar war. Na gut, es war mir Wurscht. Ich wollte nur noch nach Hause.

Ich ahne eine weitere Komplikation.

Ich fuhr keine 50 Kilometer auf der Autobahn, als der Motor des LT erste Aussetzer hatte und nur mehr 40 km/h hergab.

Unpackbarer Lauf.

Es war wirklich ein Wahnsinn. Ich fuhr bei der nächsten Raststation ab und kümmerte mich um den Unterbrecher und den Verteiler und bekam den Motor soweit wieder flott, dass ich weiterfahren konnte. Aber langsam halt.

Was heißt langsam?

Einen 70er ist er marschiert. Die Laster haben uns hergebrannt wie nichts. Aber wir haben es geschafft. Und als ich dann zu Hause den LT retournierte, wurde ich nicht einmal gefragt, wie es mir damit ergangen ist. Der wusste genau, was für eine Leiche er mir geliehen hatte.

Was sagte der Spezi, der keinen Anhänger mehr hatte?

Da relativierte sich die Freundschaft. Er verlangte einen neuen, perfekt auf seine Bedürfnisse zugeschnittenen Superanhänger.

Also geliehen hat er mir einen alten Opel, zurückbekommen hat er einen neuen Rolls Royce. Und er hat keinen Schilling dazu gezahlt. Das hat mir schon weh getan, muss ich ehrlich sagen.

Wenn ich das alles jetzt richtig erfasse, war die halbe Runde mit der 250er beim Grand Prix von Südafrika 1983 ziemlich aufwändig.

Das kann man sagen. Unser Fokus lag aber sowieso auf der 125er Klasse. Das wollten auch meine Sponsoren so. Mit der 125er unter den ersten Fünf war ihnen wichtiger, als mit der 250er zwischen dem zehnten und dem fünfzehnten Platz. Und die Morbidelli war perfekt in Schuss. Allerdings hatten wir in diesem Jahr dreizehn Kurbelwellenbrüche.

Kurbelwellenbrüche?

Ganz etwas Hinterfotziges. Bis dahin habe ich das nicht gekannt. Das Problem bei den Zweitaktern war immer das Festgehen oder das Verreiben, das man dann mit der Einstellung und dem richtigen Spiel lösen konnte. Aber gegen das Brechen der Kurbelwelle waren wir machtlos. Man spürte, dass der Motor Leistung verlor, es traten ungewöhnliche Vibrationen auf, man fuhr in die Box - Diagnose: Kurbelwellenbruch.

Dreizehn Mal?

Dreizehn Mal! Es ging um den Durchmesser der Hubzapfen. Die deutsche Firma Höckle, die die Kurbelwellen produzierte, vertrat die Meinung, dass bei größerem Durchmesser der Hubzapfen die Lager den Belastungen bei 16.500 U/min einfach nicht standhalten könnten. Also versuchten wir intern eine Lösung zu finden. Wir schauten, dass wir Schwingungen eliminieren konnten, glichen Radien aus und gaben alles. Aber es half alles nichts. Die Kurbelwellen brachen nach vierzig bis achtzig Kilometern.

Und brachen die bei den anderen auch?

Schon, aber unsere Motoren waren am meisten betroffen, weil der Harald bei seinem Tuning nicht so sehr die Spitzenleistung gesucht hat, sondern Drehmoment. Und je mehr Drehmoment der Motor hatte, desto häufiger brach die Kurbelwelle. Wir gingen dann mit den Hubzapfen zu Rotax. Sie hatten damals die beste Härterei - weit über die Grenzen des Landes hinaus. Aber auch das brachte nichts. Ich bin also die gesamte Saison 1983 aufs Motorradl gestiegen, und habe nie gewusst, wie weit ich fahren würde. Das hat uns alle miteinander fertig gemacht. Es war deprimierend. Und ein paar Freunde vom Harald, die ihn als besten Tuner der Welt angehimmelt haben, bekamen natürlich mit, dass es da ein technisches Problem gab, das wir scheinbar nicht lösen konnten, und witterten Gefahr. Es könnte ein Schatten auf den Harald fallen. Also suchten sie einen Schuldigen. Und das waren meine Frau und der Bub.

Die Frau und der Bernhard?

Es war absurd. Ich will gar nicht darüber sprechen, was da erfunden und verbreitet wurde. Es wurden Geschichten kolportiert, die überhaupt nicht gestimmt haben. Ich selbst konnte dem Harald schon sagen, dass es eine Katastrophe ist, wenn dauernd die Kurbelwelle bricht, aber Kritik war heikel. Und von außen sowieso. Von einer Frau inakzeptabel. Leider waren der Harald und ich in einem Punkt gleich: wir konnten über zwischenmenschliche Sachen nicht reden. So baute sich im Laufe der Saison eine Spannung auf, die wirklich unangenehm war. Das war sehr schwer. Es war eine gottelendige Geschichte. Ein Teufelskreis. Erst als wir die Kurbelwellen mit den 16 mm Hubzapfen alle verbraucht hatten und endlich welche mit 17 mm bekamen, ging es wieder aufwärts. Es gab nie wieder einen Bruch. Und der nicht ausgesprochene Konflikt löste sich auf.

Die Erfolge kamen wieder?

Ja, wir hatten schon auch gute Ergebnisse 1983. Fünfter am Salzburgring, Fünfter in Silverstone, Dritter in Schweden, Vierter in Imola und Sieg in Schwanenstadt.

Und mit der 250er?

Wir hatten auch unsere Highlights, aber aus heutiger Sicht muss ich sagen, es wäre gescheiter gewesen, wir hätten uns mit dieser Maschine nicht verzettelt. Es wäre besser gewesen, die gesamte Konsequenz auf die 125er zu legen. Diese Klasse konnte man fahren mit Freunden, Idealisten und mit Enthusiasmus, bei den 250-ern war das einfach zuwenig. Da brauchte man schon ein Basisbudget, das weit über dem lag, das ich aufstellen konnte.

Dafür kam dann 1984 mit der 125er der echte Durchbruch. Die erste Pole-Position!

Sportlich gesehen war 1984 ein großartiges Jahr, aber es gab auch einen fürchterlichen Crash. Den fürchterlichsten meines ganzen Lebens.

Der erschütterndste Stern

1984: Erste Pole-Position in Assen - Rennen rund um die Shopping City - Partnerschaft mit Dunlop - Auinger versus Minnich in Schwanenstadt - Überschlag mit dem Auto.

1983 hat es trotz der dreizehn Kurbelwellenbrüche für den 10. Platz in der Weltmeisterschaft gereicht, aber so richtig zufrieden wirst du damit nicht gewesen sein.

Natürlich nicht. Es war ein wirklich schwieriges Jahr. 1984 sollte besser werden. Unsere Erwartungen waren groß.

Wieder in zwei Klassen? Also mit 125er und 250er?

Im Nachhinein betrachtet, wäre es wohl viel gescheiter gewesen, sich nur auf die 125er zu konzentrieren, aber wir versuchten es auch wieder mit einer 250er. Der Harald hat ein komplettes Motorradl gebaut. Sein Motor war ja sehr gut, beim Fahrwerk hatte er damals aber selber keine große Erfahrung. Der Grundgedanke war, dass die Yamaha vorne unschlagbar war, also Rahmen, Lenkkopf und Gabel, und hinten die Kawasaki, also Schwinge und Federbein. Der Wartbichler Sigi hat uns das alles geschweißt.

Klingt nach einem festen Abenteuer.

Das war auch eines. Spannend war zudem, dass sich der Harald 1984 erstmals einen echten Werksfahrer für die 250er geleistet hat, den Jeff Sayle. Der Australier ist 1983 auf Rotax sehr gut unterwegs gewesen und war dem Harald recht zugetan.

Und du warst der Entwicklungsfahrer?

So in etwa. Wir arbeiteten in der Werkstatt, bis eine Maschine fertig war und setzten sie dann beim Rennen in der Shopping-City ein.

Shopping-City? Da hat es 1984 ein Motorrad-Rennen gegeben?

Es war ein Lauf zur Staatsmeisterschaft. Die Streckenführung war mehr oder weniger ein Quadrat mit Schikane.

Waren da Zuschauer?

Genug! Vor den Toren Wiens. Man musste ja nur vor die Haustür gehen und konnte ein Rennen sehen. Die Idee war ein Knaller. Sensationell. Die Gehsteigkanten und die Laternenmasten waren uns egal. Und ich konnte das Rennen tatsächlich gewinnen. Das war für die 250er vom Harald sehr gut. Weil das Interesse und die Nachfrage stiegen. Da wurde mir dann bewusst, dass meine Erfolge für das Geschäft vom Harald schon wichtig waren.

War die 250er mit der Yamaha-Kawasaki-Kreuzung wirklich so gut?

Leider nicht. Beim Rennen in der Shopping-City ist das nicht aufgefallen, weil das Fahrwerk in keiner Weise beansprucht wurde. Es war ein wunderschönes Motorradl mit viel Dampf im Kessel, der Motor ist richtig gut gegangen, aber in schnellen Kurven wurden wir in der Folge mit einem derart massiven Chattering konfrontiert, dass es einen fast aus dem Sattel hob. Das ganze Motorradl wurde von Vibrationen erschüttert und stempelte wie ein Rodeopferd.

Vorne Yamaha, hinten Kawasaki war also nicht der letzte Schrei der Technik.

Dazu kam noch, dass befreundete Ingenieure bei KTM dem Harald versichert haben, dass er das Federbein mehr nach vorne neigen müsste als bei der Kawasaki.

Aber sind die KTM-ler damals nicht ausschließlich im Gelände unterwegs gewesen?

Das spielte keine Rolle. Auch eine Cross-Maschine ist ein Motorradl. Wie gesagt, im Fahrwerksbau waren wir keine Experten. Da musste auch der Harald noch lernen. Jedenfalls hatten wir mit der 250er ein echtes Problem, das wir einfach nicht in den Griff bekamen. Das Springen in der Kurve war so stark, dass es nicht zu kaschieren war. Wenn man nicht abgedreht hat, ist man runtergefallen. Soweit habe ich es dann auch in Rijeka kommen lassen. Ich wollte einfach nicht mehr kneifen, ließ das Gas offen, und wurde von der Maschine regelrecht heruntergeschlagen. Wie mit einem Prügel.

Wahnsinn.

Wir waren mit unserem Latein am Ende. Wir hatten ja alles versucht. An der Geometrie haben wir keine Sekunde gezweifelt, aber wir probierten sämtliche Federbeine, die uns zugänglich waren, aus. Öhlins, White Power, Bitubo und sogar ATZ, das reine Luftfederbein. Alles umsonst. Nach Rijeka gab ich auf. Und der Jeff ist sowieso kein einziges Rennen damit gefahren. Er hat die Maschine einmal probiert und hat dann die Saison ausgelassen. Und ich habe mich nach Rijeka ausschließlich auf die 125er konzentriert. Da ist es mir sehr gut gegangen. Obwohl es keine richtigen Knallerergebnisse gab. Aber ich hatte ein Projekt, das mich sehr beflügelte.

Ein Projekt?

Wir sind damals alle auf Michelin gefahren. Das waren die einzigen, die einen Slick hatten, mit dem man gewinnen konnte. Aber ich war misstrauisch. Wenn man immer von den Garelli-Werksteams eine drübergezogen bekommt und deren Reifen immer ein bisschen anders ausschauen als die eigenen, dann ist man überzeugt, dass man nicht mit gleichem Material kämpft. Außerdem hatte ich immer dann ausgezeichnete Reifen, wenn der Herr Berger, er war für Michelin Österreich zuständig, beim Rennen zugegen war. War ich aber alleine, waren gewisse Reifen einfach nicht erhältlich für mich. Da war ich manchmal echt verzweifelt. Wenn dir die Garellis im Training den Scheitel gezogen haben, und du findest dann beim Michelin bereifte Garelli-Felgen mit einer Nummer, die du noch nie gesehen hast, kannst du genau den Reifen anfordern, aber du wirst ihn nicht kriegen. Weil diese Reifen für die Werksmaschinen bestimmt sind.

Widerlich. Das ist wie ein geschobener Boxkampf.

Das nervte. Mein Glück war, dass ich mit Dunlop ein sehr freundschaftliches Verhältnis hatte und die jetzt auch bei den 125ern groß einsteigen wollten. Peter Ingley, der ranghöchste Renntechniker von Dunlop bei den Grand-Prix' und ein unendlich guter Kerl, sagte mir, ich solle mich nicht mehr ärgern, sie würden mir einen Reifen machen. Das war natürlich schon unfassbar großartig. Dunlop wollte mir, dem Gustl Auinger aus Österreich, einen Reifen machen. Nur mir. Das war eine Sensation. Übrigens hatte Peter damals einen jungen Renningenieur für mich abgestellt, den wir einfach Lehrbub nannten: Jeremy Ferguson. Heute ist er der ranghöchste Renntechniker von Dunlop. Aber das nur nebenbei. Das Projekt hatte auch eine Schattenseite. Da ich der Einzige war, war ich auch der Entwicklungsfahrer. Da musste ich durch. Und ich wusste, dass es nicht ohne Knaller abgehen würde. Vor allem weil Dunlop die Idee hatte, den Reifen schmäler als den Michelin zu machen, um mehr Topspeed zu erzielen.

Oh, oh, mehr Topspeed, aber weniger Auflagefläche. Es fliegt, es fliegt, Herr Auinger?

Bis zu einem gewissen Grad hat der Reifen sensationell gehalten, aber dann ist er ohne Ankündigung - also der Grenzbereich war extrem schmal - einfach explodiert.

Explodiert?

Es hat ihn nicht zerfetzt, aber die Haftung war plötzlich weg.

Komplett. Das führte natürlich zu spektakulären Stürzen. In Mugello zum Beispiel kämpfte ich in der Spitzengruppe, bis mir dann der Reifen die Haftung verweigerte und ich einen derart hohen Highsider riss, dass der Schweizer Bruno Kneubühler unter mir durchgefahren ist. Das Schwierigste an der Reifenentwicklung war, dass man sich nicht mehr auf den Vordermann verlassen konnte. Also der Schluss - wenn der vor mir so schnell fahren kann, kann ich es auch - war nicht mehr zulässig. So habe ich in dieser Saison schon öfter umgeschmissen als normal. Aber ich verletzte mich dabei nicht. Und Dunlop ließ nicht locker.

Wann wurden die Reifen getestet, wann wurde praktisch an der Entwicklung gearbeitet?

Nur beim Grand Prix. Dunlop hat Reifenmaterial mitgebracht, das haben wir während der Qualifyings ausprobiert und im Rennen eingesetzt. Sonst gab es keine Tests.

Aber es gab im ersten Jahr dieser Partnerschaft schon sehr gute Ergebnisse.

In Hockenheim wurde ich Fünfter, in Paul Ricard bin ich aufs Podium gefahren, in Assen hatte ich Pole-Position...

Oha! Die erste Pole!

Das war schon etwas. Auch für Dunlop. Das Brechen der überragenden Garelli-Phalanx unter dem dreizehnfachen Weltmeister Nieto wurde auch in den Medien entsprechend gewürdigt. Im Rennen reichte es für den sechsten Platz.

Die Pole im Regen?

Nein, es war eine trockene Partie. Auch das Rennen. Und am Start ganz links außen auf der Pole zu stehen, war schon ein Erlebnis. Für Schweden, wo ich immer gut gefahren bin, war ich bester Dinge. Im Rennen konnte ich die Garellis splitten und wurde Zweiter. Und in Imola holte ich einen vierten Platz.

Und in England?

Na, da hat es mich wieder einmal von der Maschine katapultiert. Die schnellen Kurven von Silverstone - die Strecke hat ja mit der heutigen nur mehr den Namen gemeinsam - waren ideal für Highsider. Das habe ich nicht ausgelassen mit den schmäleren Dunlops. Wie gesagt, es hat mich 1984 schon sehr oft runter gerissen, aber zwei Mal am Podium und eine Pole waren alles andere als schlecht. Mit der 125er war es ein gutes Jahr. Ich wurde Fünfter in der Weltmeisterschaft.

Die 250er hast nicht mehr angegriffen?

Doch. Beim großen Saisonfinale in Schwanenstadt wollten wir das Potenzial der 250er noch einmal demonstrieren. Und ich sagte dem Harald, dass wir die ganzen Umlenkhebel vergessen und einfach vom tiefsten Punkt der Schwinge bis zum höchsten Punkt des Rahmens ein Federbein einbauen sollten. Zunächst wollte er davon überhaupt nichts wissen, aber wir hatten gar keine andere Wahl. Schlechter als vorher konnte es nicht funktionieren. Schließlich gab er nach, wir steckten das Federbein hinein, und dann - ich glaubte, mich trifft der Schlag - ist das Motorradl gefahren wie eine Eins! Wir haben sofort beim Europameisterschaftslauf in Brünn gemeldet und hätten fast gewonnen. Letztendlich hat mich der Spanier Carlos Cadus knapp geschlagen, aber für den zweiten Platz hat es gereicht. Die Maschine war nach dem Ausbau der Umlenkhebel absolut konkurrenzfähig. Jetzt wollten wir damit in Schwanenstadt dem Minich Sigi den Hintern anzünden.

Was war mit dem Minich?

Die am Anfang sehr gute und vielversprechende Beziehung zwischen ihm und dem Harald hat nicht lange gehalten. Der Sigi war ein Megatalent und ein Sunnyboy - ich mag ihn heute noch sehr gerne -, der zudem ein Junior war, der von seinem Vater das gesamte Equipment zum Rennfahren übernehmen konnte. Aber nachdem sich die großen Erfolge nicht schnell genug einstellten, gab es Ungeduld von elterlicher Seite und Kritik am Harald, und damit war der Ofen aus. Der Sigi versuchte es dann mit einer 250er Yamaha.

Ich verstehe. Auinger auf der Bartol gegen Minich auf der Yamaha. Vor heimischer Kulisse.

Genau. Und Schwanenstadt war sowieso immer extrem wichtig. Der Kurs war eigentlich ein Rechteck mit einer relativ langen Start/Ziel-Geraden, die mit einer Schikane entschärft wurde, dann kam die sogenannte Bierzelt-Kurve, eine 90° Links, dann 400 Meter zur nächsten 90° Links, und dann eine richtig schnelle Partie mit schnellen Kurven durch die Obstgärten, gefolgt von der Einfahrt in die kleine Siedlung Kaiserett. Und die 90° Links dort hatte keine Auslaufzone, sondern frontal eine Böschung. 300 Meter weiter wartete schon die nächste 90° Links.

Klingt nach mächtigem Ankerwurf.

Der Bremse kam auf dieser Strecke große Bedeutung zu. Deshalb überlegten wir, ob wir vorne nicht zwei Scheiben verwenden sollten. Der Harald war ein großer Verfechter von einer Scheibe, weil zwei mehr Gewicht bedeuteten, ich selbst wollte diesmal eher zwei. Schließlich hatte auch der Minich zwei. Aber der Harald winkte ab. Eine wäre mehr als genug.

Und? Wer hatte recht?

Ich konnte im Training die schnellste Zeit fahren und mir die Pole sichern, aber ich hatte schon bemerkt, dass das mit der Bremse eine zache Partie war. Auf den langen Abschnitten kühlte die Bremse sehr gut ab und war beim Anbremsen der ersten Kurve richtig scharf, aber bei der zweiten - also nach der kurzen Geraden - ließ sie immer brutal nach. War ein denkwürdiges Rennen. Ein großer Fight. Der Sigi hinter mir. Aber ab der halben Distanz waren die zweiten Kurven fast nicht mehr zu derbremsen. Also ließ ich ihn überholen und wollte meine Bremse bis zur letzten Runde etwas schonen. Das war meine Strategie. Doch sie ging nicht auf. Als ich durch die Obstgärten das Loch nach vorne schloss, war ich vor der ersten Kurve bei Kaiserett tausendprozentig überzeugt, dass die Bremse voll einsatzfähig war, aber das war ein Irrtum. Ich griff auf die Bremse, und sie war nicht da. Sie war einfach nicht da! Null Wirkung.

Verdammt!

Hauseinfahrten, Garagentore, Gartenmauern, die steile Böschung, keine Bremse, und 170 km/h. Da muss man dann wirklich schnell sein in der Birne. Klar war, dass ich nirgends ungespitzt hineinkrachen durfte. Also - und das lief und läuft noch heute in mir in Zeitlupe ab - riss ich die Maschine um, ich legte sie nieder, in der vom Wunsch getragenen Annahme, dass sie sich Richtung Kurvenausgang drehen und parallel in die Böschung rutschen würde. Sie sollte als Dämpfer zwischen mir und der Böschung fungieren. Dann könnte ich weiterfahren.

Unglaubliche Idee!

Es ging weitgehend so auf, aber die Energie war halt unfassbar groß. Ich bin mit beiden Rädern voraus in die Böschung geschlittert, dann hat es mich drübergeworfen. Ich bin richtig geflogen. Bis ich oben auf der Böschung landete. Ein unvergesslicher Moment. Ich kam auf den Füßen zu stehen, und die Zuschauer, die dort sehr nahe waren, schrien aus vollem Hals. Und ich dachte mir noch, dass das ja gar nicht so gut gewesen sei und diesen Jubel gar nicht rechtfertigen würde, da schlug neben mir das Motorradl, das extrem hoch aufgestiegen war, ein. Es war fetzenhin. Komplett zerstört. Das Federbein zum Beispiel ist durch den

Reifen und die Felge gefahren wie ein Stanzwerkzeug. Die Technische Universität in Graz hat sich vom Harald dann das Wrack erbettelt, weil sie die auftretenden Kräfte untersuchen wollten. Gewonnen hat der Minich. Aber ich hatte ein Affenglück. Wenig später kam der schlimmste Unfall meines Lebens. Mit dem Auto.

Mit dem Auto?

Da habe ich etwas mitgemacht, das ich meinem ärgsten Feind nicht zumuten würde. Ich hatte damals einen gebrauchten 525er BMW und wollte von Straßwalchen zu meinen Eltern nach Lambach fahren auf einen Besuch. Mit der Margret und dem Bernhard, der hinten auf der Sitzbank gelegen ist, weil er immer spätestens nach zwei Kilometern eingeschlafen ist. Ich hatte noch die Sommerreifen drauf und fuhr gemütlich mit einem 100er - ich schwöre es bei allem, das heilig ist - Richtung Lambach auf der Bundesstraße. Und plötzlich fängt es mich in einer Spurrille, und das Auto steht schlagartig 90° quer. Ich lenkte sofort dagegen, doch es kam Gegenverkehr. Ich hätte die ganze Straße zum Korrigieren gebraucht, jetzt musste ich dringend umdisponieren. Also wählte ich die Flucht in die Wiese. War an und für sich keine schlechte Idee, aber genau dort, wo ich die Straße verließ, war ein Straßengraben mit einem Kanalrohr. Das Auto hat sich mehrmals überschlagen. Dann musste ich mich sammeln.

Am Dach oder auf den Radln gelandet?

Auf den Radln. Der Fahrgastraum war intakt, ja ironischerweise fast neuwertig, aber die Heckscheibe fehlte. Und damit war die Panik perfekt: Wo ist der Bub! Ich schaute auf die Rückbank und sah ihn nicht. Dieses Gefühl kann sich kein Mensch vorstellen. Da herrscht eine allumfassende Panik. Wir fanden den Bernhard dann mitten auf der Straße liegend. Und ein Passant hat die Margret und ihn sofort ins Krankenhaus geführt. Er hatte einen Schädelbruch.

Schädelbruch ist ernst.

Ja, aber er war ansprechbar, man konnte sich unterhalten.

Wie alt war er da?

Zwei. Selbst jetzt beim Erzählen tut es mir unglaublich schiarch. Jedenfalls warnten die Ärzte, dass es noch zu einer Hirnschwellung kommen könnte. Uns schickten sie nach Hause. Ich kann gar nicht beschreiben, wie schlecht es mir gegangen ist. Aber es wurde noch schlimmer, als wir am nächsten Tag erfuhren, dass der Bernhard das Bewusstsein verloren hatte. Unvorstellbar, was da in einem Menschen dann abläuft.

Aber nachdem der Bernhard sich heute bester Gesundheit erfreut, gab es eine positive Wendung.

Die Gehirnschwellung ging zurück, es ist nichts geblieben.

Irgendein Richter wird dann noch einen Kübel Salz in die Wunden geleert haben.

Stimmt. Es gab eine Gerichtsverhandlung, und ich verzichtete auf einen Anwalt. Weil mir ja klar war, dass ich allein dafür verantwortlich war. Das war nicht gescheit, die haben mich ordentlich hergerichtet. Die sind mit mir Schlitten gefahren, dass ich den Eindruck gewann, ich sei ein Schwerverbrecher. 25.000,- Schilling Strafe musste ich zahlen. Und in den Medien wurde ich als verantwortungsloser Raser dargestellt. Der Harald hat mir aber in dieser schweren Phase richtig den Rücken gestärkt.

Der erste Grand-Prix-Sieg

1985: Die Werksmaschinen werden paniert - Siege in Hockenheim, Silverstone und Anderstorp - Extreme Nervosität in Schweden - Dritter in der WM.

Nach zwölf Saisonen, in denen du dein gesamtes Leben auf das Rennfahren ausgerichtet hast, passierte 1985 tatsächlich etwas Unglaubliches: du hast als Privatfahrer die Werksteams paniert. Das muss großartig gewesen sein.

Seit dem Bert Schneider, der 1963 den Grand Prix von Belgien als Suzuki-Werksfahrer in der 125er Klasse gewinnen konnte, gab es keinen österreichischen Sieg mehr. Das war nicht nur für mich, sondern für uns alle ein unglaublicher Ansporn. Die Frage war, wer gewinnt als erster Österreicher wieder einen Grand Prix. Für den Harald war es zum Greifen nahe gewesen, aber mir sollte es 1985 dann gelingen. Das Eigenartige an dieser Saison war, dass wir die 125er hinten anstellten. Der Harald war felsenfest überzeugt, dass wir den richtigen Schritt in die 250er Klasse setzen mussten. Und ich habe ihn auch verstanden. Meine Statur war ja sicher kein Vorteil bei den 125ern. Außerdem hatte die 250er vom Harald großes Potenzial. Während die Morbidelli bis ins kleinste Detail ausgereift war, die war am Limit, da war die Entwicklung einfach abgeschlossen. Und an einen Grand-Prix-Sieg hat in dieser Zeit keiner mehr so richtig geglaubt. Wir legten also die Priorität voll auf die 250er Klasse, die 125er nannte ich quasi als Beiwagerl mit. Ich hatte zwei rennfertige Viertelliter-Maschinen, aber nur mehr eine 125er.

Absurd. Und genau in diesem Jahr hast du dann voll zugeschlagen.

Es hat mit der 250er nicht schlecht angefangen. Beim ersten Rennen in Jarama wurde ich Achter, hinter mir der Freddie Spencer. Das war schon etwas. Aber Wellen hat es keine geschlagen. Wenn du in einer Klasse ein Podiumskandidat bist, interessiert ein achter Platz in einer anderen Klasse niemanden mehr. Aber wir waren mit dem achten Platz nicht unzufrieden und fühlten uns bestärkt, bei den 250ern alles zu versuchen.

Bist du in Jarama gar nicht mit der 125er gefahren?

Oja. Nach dem Training war ich ein Kandidat fürs Podium, es hat mich aber geschmissen. Null Punkte.

Ein Nuller, und dann der Sieg in Hockenheim.

Für mich war Hockenheim immer schon eine besondere Strecke. Auf der langen Geraden hinauf zur Ostkurve brauchte man ein Motorradl, das richtig marschierte, und in der Ostkurve gab es einen Punkt, der die Spreu vom Weizen trennte, dort musste man einfach stehen lassen. Solche Herausforderungen habe ich gebraucht. Das waren Stellen, in denen ich das Gefühl hatte, dass mir alle zuschauten. Und ich hätte mich zu Tode geniert, wenn ich abgedreht hätte. Im Training lief alles glatt. Sowohl mit der 125er als auch mit der 250er. Die genauen Ergebnisse weiß ich nicht mehr, aber die spielten für das Rennen auch keine große Rolle. Denn es war kalt und hat richtig geregnet. Das Verblüffendste war, dass mein Siegeslauf in mir keine besonderen Emotionen weckte.

Keine besonderen Emotionen?

Ich habe mich nach dem Start als Zwölfter eingereiht und dachte mir, dass das jetzt ein Kolonnenverkehr, eine Bummelei werden würde. Überholen in Richtung Ostkurve war nicht möglich, da ich so viele Zündaussetzer hatte, weil ich in der Gischt gefahren bin. Die Morbidelli ist einfach nicht rein gelaufen. Ich wusste natürlich, dass vorne der Zug ohne mich abfahren würde, wenn ich da herumbummeln würde. Also den Gedanken, ich könnte gewinnen, hatte ich zu diesem Zeitpunkt überhaupt nicht, aber in die Spitzengruppe wollte ich unbedingt. Ich musste raus aus dem Stau. Also habe ich auf den Windschatten gepfiffen und bin mitten auf der langen Geraden einfach nach ganz links ausgeschert und machte mich so klein wie möglich. Und siehe da, die Zündaussetzer waren weg, und ich überholte einen nach dem anderen. Ich muss dazu sagen, dass die Regenreifen von Dunlop fantastisch waren. Sie verwendeten einfach einen Slick mit entsprechend weichem Gummi und schnitten das Profil händisch hinein. Da ergaben sich richtig harte Kanten, die den Wasserfilm auf der Fahrbahn schnitten wie nichts anderes. So schloss ich auf die Führungsgruppe auf. Und da ich wusste, dass sich die Garellis im Regen sowieso schwerer taten, überraschte es mich nicht besonders, dass ich die auch noch überholen konnte. Und so bin ich einfach gefahren und gefahren und gefahren, und im Ziel hatte ich dann über 13 Sekunden Vorsprung. Ich bin ihnen also wirklich auf und davon. Und ich muss ehrlich sagen, ich habe mich in dem ganzen Rennen nie am Limit gefühlt. Es gab kein Rutschen und Versetzen, ich bin einfach wie am Schnürl meine Runden gefahren. Aber als sie mir an der Boxenmauer die letzte Runde anzeigten, ging mir schon durch den Kopf, was jetzt noch alles schiefgehen könnte. Bis hierher war alles einfach, zu einfach, das konnte noch nicht alles gewesen sein. Aber letztendlich fuhr ich dann ins Motodrom als Führender und hätte mit gezogener Kupplung ins Ziel rollen können, weil mein Vorsprung so groß war.

Keine Emotion?

Ich wusste schon, dass ich gewonnen hatte, aber ich habe es nicht verstanden. Ich habe es einfach nicht verstanden. Weil ich mir das Gewinnen viel, viel schwerer vorgestellt hatte. Gewinnen war immer sowas wie Leben oder Tod. Aber hier ist es einfach passiert. Ich bin an denen vorbei gefahren, sie sind mir nicht nachgekommen, fertig. Erst die strahlenden Augen im Fahrerlager, die ausgelassene Freude vom Fanclub und die Hymne am Podium ließen mich erkennen, dass ich tatsächlich gewonnen hatte. Auch der Harald hatte eine echte Freude. Und er sagte, dass wir schon ein eigenes Fleckerl wären. Er hat nämlich gehört, wie ein deutscher Journalist zu einem österreichischen in der letzten Runde gesagt hat, dass Österreich jetzt wieder einen Grand-Prix-Sieger hätte, worauf der geantwortet hat: „Moment, Bartol-getunte Motoren pflegen auch noch in der letzten Runde festzugehen.

Unglaublich! Was für ein Miesmacher! Da kann ich nicht locker bleiben. Wer war denn der Narr?

Ich habe seinen Namen vergessen. Wirklich vergessen. Es war ein eigener Vogel. Hauptberuflich war er bei Mercedes Österreich für die Presse zuständig. Jedenfalls ging ich nach der Siegerehrung mit dem Günther Wiesinger, einem sehr bekannten Journalisten aus Oberösterreich, der sich richtig für mich freute, durchs Fahrerlager. Da war was los. Die Leute waren euphorisch. Dann verzog ich mich alleine in den Wohnwagen. Ich brauchte Ruhe. Ich saß einfach drinnen. Da kam meine Frau und fragte mich, ob ich jetzt komplett den Verstand verloren hätte. So lange habe ich auf diesen Sieg hingearbeitet, und jetzt, wo ich es endlich geschafft habe, verkrieche ich mich und schaue finster? War sicher eigenartig. Aber ich war überzeugt, dass nicht ich das Rennen gewonnen hatte, sondern die anderen es vergeigt hatten. Was hatten sie falsch gemacht? Nach und nach kam aber dann schon eine tiefe Freude auf. In den Tagen danach begriff ich, dass ich etwas Großartiges zustande gebracht hatte. Und in dieser Stimmung traten wir beim Heimrennen am Salzburgring an. Ich war sowieso schon in der glücklichen Lage gewesen, dass der ORF gerne über mich berichtet hat, aber jetzt mit einem Sieg im Gepäck war das Interesse noch größer. Und mir hat es überhaupt nichts ausgemacht, also es hat mich in keiner Weise gestört, wenn mich die Kameraleute begleitet haben. Das waren liebe Kerle. Ich fühlte mich nicht beschattet, es entstand kein Druck. Und ich wusste, ich kann schnell fahren. Das Selbstvertrauen war nach Hockenheim spürbar gewachsen.

Und die Maschine war offensichtlich konkurrenzfähig stark.

MBA, also das Werksteam von Morbidelli, hatte 1985 die Kurbelwelle des Zweizylinders auf 360° geändert. Beide Kolben haben gleichzeitig gezündet. Davon versprachen sie sich etwas mehr Druck von unten. Der Harald und ich haben das auch probiert, blieben dann aber bei den 180°. Wir waren zwar in der Spitzenleistung etwas hinten, dafür aber hatten wir viel Drehmoment und ein breiteres Drehzahlband. Das war Haralds Philosophie. Außerdem traten bei den 360° Vibrationen auf, die uns störten. Und wie man in Hockenheim auf der langen Geraden gesehen hat, hatte unser Motor viel Schmalz. Am Salzburgring auf der elendslangen Gegengeraden bergauf musste ich aber unbedingt im Windschatten der etwas stärkeren Garellis bleiben. Ein Überholen gab es für mich nur in der Fahrerlagerkurve. Und da war ich richtig gut.

War das das denkwürdige Rennen mit dem eingehakelten Ellbogen?

Genau. Ich konnte mich hinter dem Gresini und vor dem Gianola auf den beiden Werksgarellis platzieren, ehe es in der letzten Runde noch einmal die lange Gerade bergauf ging. Ich wusste, dass ich nur dann gewinnen könnte, wenn ich dicht hinter dem Gresini blieb. In der Fahrerlagerkurve hatte ich einen Strich wie kein anderer. Beim Umlegen vom Linksknick auf die Rechte lupfte ich nur einen Moment das Gas und drückte den Fünften hinein. Dort war ich nicht zu biegen. Aber um das auszuspielen, durfte mich der Gianola auf keinen Fall aus dem Windschatten heraus überholen. Leider kam er aber. Als ich ihn hörte, wusste ich, dass es sehr ernst war. Denn einen vor mir hätte ich herbrennen können, aber wenn beide vorn waren, hatte ich verloren. Und wie er sich dann ganz knapp an mir vorbei schieben wollte, habe ich einfach meinen Ellbogen ausgestellt und ihn an seinem Knie eingehakelt. Wie arretiert. Da hat mir meine Statur geholfen. Offensichtlich hat der Gianola die Reichweite meines Ellbogens unterschätzt. Jedenfalls musste er mich jetzt quasi den Berg hinauf schieben. Da bekam er so einen Zorn, dass er, mit seinem Knie fuchtelnd, zu drücken begann. Er wollte unbedingt loskommen. Das Arge daran war, dass die Zuschauermassen glaubten, er würde mich von der Strecke treten wollen. Ich hielt ja den Ellbogen ganz ruhig. Gut, der Gresini war nicht mehr einzuholen, aber ich fuhr als Zweiter vor dem Gianola ins Ziel.

Er muss doch heiß gewesen sein!

Das war kein Problem. Ich verstand mich mit den Italienern immer gut. Und der Gianola hätte ja nur etwas mehr Abstand lassen müssen beim Überholen, dann wäre ich chancenlos gewesen. Oder sofort links ausscheren. Aber dafür war er zu sehr in Rage gewesen. Jedenfalls war bei der Ehrenrunde im Cabrio zwischen uns schon wieder alles bestens. Wir haben darüber gelacht. Aber die Zuschauer haben ihn gehasst. Und auch der Fernsehreporter war außer sich und über die Fuchtlerei vom Gianola richtig empört. Dass eigentlich ich angefangen hatte, ist niemandem aufgefallen.

Für eine Saison, in der die 125er nur das Beiwagerl war, aber ein fantastischer Start.

Dass es so gut läuft, hat uns selber überrascht. Mein Hauptsponsor, der Günther Steinwender vom Haus Scharlachberg, hat mich dringend gebeten, die 250er doch zur Seite zu stellen und meine ganze Kraft der 125er zu widmen. Damit hat er völlig recht gehabt. Und wir haben den Schwerpunkt wieder auf die Morbidelli gelegt. In Salzburg bin ich zwar mit der 250er Elfter geworden, das war nicht schlecht, aber es war immer schwierig, nach dem 125er Rennen noch eines zu fahren. Dazu war ich im Kopf nicht in der Lage. Da war der Dampf draußen. Ich hätte alles ausblenden müssen, was vorher war. Im Nachhinein denke ich mir oft, dass ich einen Coach für den Kopf gebraucht hätte. Aber da auch in meinem Umfeld die Stimmen immer lauter wurden, die 250er wegzustellen, konzentrierten wir uns auf jene Klasse, wo wir absolut konkurrenzfähig waren.

Dann kam Assen.

Das gehörte immer zu meinen Lieblingsstrecken, obwohl ich mich dort nie durchsetzen konnte. Gut, ich hatte einmal Pole-Position, aber ich hatte dort auch viele, viele Stürze. 1985 wurde ich Achter. Im Regen.

Woran ist es gelegen?

Schwer zu sagen. Aber ich denke, dass in Assen der Dunlop seine Vorteile im Regen nicht ausspielen konnte, weil das auch im Nassen so einen Grip hatte, dass man mit Slicks angreifen hätte können. Auffällig war, dass auf einmal ein achter Platz nichts mehr wert war. Unter die ersten Zehn zu kommen bei diesem Starterfeld war immer noch sehr gut, aber die Erwartungshaltung ist nach dem Sieg in Hockenheim und dem zweiten Platz in Salzburg explodiert. Selbst der vierte Platz in Belgien hatte einen trockenen Beigeschmack, weil das Podium verfehlt wurde. Allerdings habe ich 1985 in Spa den Rundenrekord für 125er aufgestellt, und der gehört mir bis heute, weil später diese Klasse dort nicht mehr gefahren wurde. Natürlich gab es Leute, die nicht verstehen wollten, dass man zwar die schnellste Runde fahren, aber dennoch nicht aufs Stockerl kommen kann. Ich habe mir in meiner Naivität am Anfang der Rennerei immer gedacht, dass ein Grand-Prix-Sieg mich schlagartig von allen Sorgen befreien würde, aber dem war nicht so. Überhaupt nicht. Natürlich war ich stolz darauf, aber der Sieg hatte auch zur Folge, dass ein vierter Platz auf einmal nichts mehr wert war. Ich bin dann auch in Le Castellet ein sehr gutes Rennen gefahren - es war ein echter Kampf mit vielen Positionswechseln -, aber die Werksmaschinen haben mir dort den Scheitel gezogen. Ich wurde Siebter.

Und dann kam Silverstone!

Silverstone im Regen. Das war eine Sternstunde. Gleich nach dem Start war ich unter den ersten Vier, und ich machte es wie in Hockenheim. Ich pfiff auf den Windschatten und fuhr meine eigene Linie. Dunlop hat mir aus den gleichen Slicks wieder die Regenreifen geschnitten, ich hatte vollstes Vertrauen. Allerdings war es in Silverstone schon eine Rutscherei. In Hockenheim hat es mich nie versetzt, aber hier in England im abfallenden Eingang der Hangar-Kurve - eine sehr schnelle Rechtskurve, die ganz kurz gerade und dann wieder eine Rechtskurve wird - gab es fließendes Wasser. Ein Bach wäre übertrieben, aber es sind richtige Wasserstreifen über die Strecke geronnen. Und ich wusste nach der ersten Runde, dass es mich beim Überfahren dieser Streifen dreimal beutelt. Ich habe immer mitgezählt: eins, zwei, drei. Die Maschine hat geschlenkert wie ein Scheibenwischer. Aber es war berechenbar. Zumindest für mich. Sonst hat es in dieser Kurve viele Stürze gegeben. Ich hatte dort kein Problem. So hatte ich bald einen komfortablen Vorsprung. Aber ab der Mitte der Renndistanz begann mein Zeitpolster zu wanken. Zuerst war ich 17 Sekunden vorne, auf einmal waren es nur mehr 14. Dann wieder 16, dann 13, ich konnte es mir nicht erklären. Ich beschloss, mich nicht verunsichern zu lassen, und einfach voll anzudrücken. In der letzten Runde habe ich es dann einfach nur mehr genossen. Ich hatte es wieder geschafft! Aber wegen der Hangar-Kurve war es viel spannender gewesen als in Hockenheim. Ich fuhr voller Stolz und Freude die Rechtskurve winkend ins Ziel. Das war ein unglaublich intensives Gefühl. Der Sieg in Hockenheim war keine Eintagsfliege.

Gab es da nicht auch eine Aufzeichnung vom englischen Fernsehen, in der du von Barry Sheene so bewundernd hervorgehoben worden bist?

Das Rennen hat Barry Sheene im Fernsehen kommentiert. Und mir hat er immer imponiert. Ein Typ wie heute der Rossi. Sheene hat mit 50 Kubik angefangen und ist dann Weltmeister bei den 500ern geworden. Ein echter Superstar. Und wie ich dann gehört habe, wie exzellent er mich und meinen Fahrstil kommentiert und wie begeistert er von meiner Leistung war, fühlte ich mich richtig gut. So sind wir dann nach Schweden gefahren. Da waren wir sehr entspannt. Man darf ja auch nicht vergessen, dass ein Sieg über 30.000.- Schilling brachte. Da ging es uns gut.

Und dann vermutlich noch besser. Denn du hast gleich wieder gewonnen.

Anderstorp ist eine völlig eigene Rennstrecke. Es gibt nichts auf der Welt, das vergleichbar wäre. Das ist mit dem Zirkel gemacht. Eine unendlich lange Gerade, die Landebahn vom Flughafen, und dann eine perfekt gezeichnete Kurve nach der anderen. Es gibt kein Schließen und kein Aufmachen. Und relativ überhöhte Radien. Dort habe ich mich immer wohl gefühlt. Und nach dem dritten und dem zweiten Platz in den Jahren davor war jetzt der Sieg fällig. Ich war voller Zuversicht. Es war mein Anderstorp. Allerdings war im Training der Gresini so weit vorne, dass ich keine Möglichkeit sah, das Loch zuzumachen. Wir hatten alles probiert und alles gegeben, aber die Garelli war einfach zu weit weg. Es war frustrierend. Doch dann fing es in der Nacht zu regnen an. Meine Frau wollte mir eine Freude machen und weckte mich auf. Und damit war es aus. Es hat mir die Sicherung geschmissen. Es regnete, also musste ich den Gresini erwischen. Ich wurde so nervös, dass ich nicht mehr einschlafen konnte. Und in der Früh konnte ich nichts sortieren. Dunlop hatte den speziellen Slick zum Schneiden nicht mit, sondern nur die dritte Wahl. Also andere Mischung, andere Karkasse. Ich war vollkommen erledigt. Mein Zustand ist schwer zu erklären, aber ich bin nur in Bewegung gewesen. Ich konnte nicht sitzen. Es war furchtbar. Der Peter Preissler, ein befreundeter Journalist, der mich seit vielen Jahren kannte, machte sich echte Sorgen. Und er ging zum Willi Dungl, der hier in Anderstorp den an einer Verletzung laborierenden Randy Mamola betreute, und bat um Hilfe. Der Dungl meinte aber nur: „Sei froh, jedes Rennpferd strampelt, bevor's losgeht."

Wann legte sich die Nervosität?

Den Höhepunkt erreichte sie in der Startaufstellung. Wenn die Motoren drei Minuten vor dem Schiebestart abgestellt werden und alles ganz still wird, obwohl da Zuschauermassen sind, bist du zum Zerreisen gespannt. Es rührt sich kein Mensch. In dieser Phase ist es am ärgsten. Du denkst dir, dass es dich in der ersten Kurve schmeißt oder dass die Maschine nicht anspringt oder dass du heute sowieso nichts reißt. Aber in dem Moment, in dem der Motor anspringt, ist die Nervosität weg. Keine Spur mehr davon. Wie weggeblasen. So war es auch in Schweden. Es hatte zu regnen aufgehört, und ich heftete mich an die Garelli vom Gresini. Es fiel mir nicht schwer, ihm zu folgen. Vom Attackieren konnte keine Rede sein, aber das Tempo mitgehen war kein Problem. Vom Rest des Feldes hatten wir uns bald etwas abgesetzt, und ich hatte die leichte Hoffnung, dass sich gegen Rennende eine Chance für mich ergeben könnte. Ich war immer in Schlagdistanz. Keine fünf Meter hinter ihm zog ich immer auf die lange Gerade. Und als wir dann in die letzte Runde fuhren, hatte die Garelli vom Gresini auf der Geraden eine Fehlzündung, und ich zischte an ihm vorbei. Ich machte mich so klein wie möglich und war zu allem bereit. Am letzten Drücker ging ich auf die Bremse, dann zweimal rechts, und ich war im Ziel. Überglücklich! Im Nachhinein hat man dann erfahren, dass die Garelli ein kleines Leck im Tank hatte und so hin und wieder zuwenig Benzin erwischte. Der Bianchi mit der MBA hat das auch noch ausnützen können und ist Zweiter geworden.

Drei Siege in einer Saison!

Sie nannten mich den Regenexperten.

Nur die echten Helden sind im Regen schnell.

Ich hatte von Haus aus einen sehr runden Fahrstil. Also lieber etwas früher bremsen, dafür aber auch früher ans Gas gehen und die Kurve in einem Zug durchfahren. Das hat mir im Regen sehr geholfen. Einen verwertbaren Grenzbereich im Nassen hat es nicht gegeben. Man musste den schmalen Grat zwischen Fahren und Liegen einfach intuitiv erfassen. Die Garellis waren eher für den aggressiven italienischen Fahrstil gemacht. Die hatten an der

Gabel ein mechanisches Anti-Dive-System, also ein Schwert, das vom Bremssattel unter die Gabelbrücke führte. Im Gegensatz zu mir mussten die Italiener im Regen ihren Fahrstil komplett ändern.

Wer war das eigentlich in Silverstone, der hinter dir immer wieder den Abstand verringerte?

Niemand. Das Schwanken hat nie stattgefunden. Sie zeigten mir mehr Vorsprung an, weil sie nicht packten, dass ich trotz meiner klaren Führung wie ein Wahnsinniger andrückte, und hofften, dass ich etwas nachlassen würde. Aber als dann der Harald an die Boxenmauer kam, um zu schauen, wie es lief, mussten sie mit der Wahrheit rausrücken. Und als er wieder weg war, wollten sie mich erneut zum Nachlassen motivieren.

Mit drei Siegen musst du doch auch in der Gesamtwertung vorne dabei gewesen sein.

Vor dem letzten Rennen in Misano war ich Dritter mit ausreichendem Vorsprung auf den Vierten. Aber die ersten beiden, also den Bianchi und den Gresini, konnte ich nicht mehr einholen. Dafür habe ich zu oft umgeschmissen, zu viele Nuller geschrieben. Im Trockenen ist mir die Morbidelli mit den dünnen Dunlops ja immer wieder ausgekommen. Letztendlich bin ich 1985 Dritter in der Gesamtwertung gewesen. Das war das Tupferl auf dem i.

Klarer Auftrag: Sieg in Misano

1986: Atomic Rohrmoser sponsert - Monocoque aus Alublechen - Dave Johnson weint in Silverstone - Zündaussetzer am Salzburgring - Hinterreifen vorne beim Sieg in Misano - Wahnsinnsmanöver in der Opelsenke.

1985 hast du drei Mal gewonnen und bist Dritter in der Weltmeisterschaft geworden, da muss sich mental etwas verändert haben, da muss es dir die Brust aufgeblasen haben.

Natürlich hat sich schon etwas verändert. Aber es hat für mich immer Umstände gegeben, die den Sieg ermöglicht haben. Umstände, die nichts mit mir zu tun gehabt haben. Also Hockenheim zum Beispiel, das habe ich nicht verstanden, das ist einfach zu leicht gegangen, da war irgend etwas faul. Und in Silverstone war Regen. In Schweden hatte ich Glück. So sah ich das. Und der Gedanke, dass ich bei einem Grand-Prix-Sieg schlagartig alle Sorgen los wäre, entpuppte sich als vollkommen falsch. Natürlich waren die Sponsorgespräche für die nächste Saison leichter, aber die wollten dann schon immer wissen, ob ich die Erfolge wiederholen könnte. Das alles hat verhindert, dass ich Flügel bekommen habe. Ich hatte nie ein Schwebegefühl. Am Anfang meiner Karriere hatten die Leute reden können, was sie wollten, aber über die Jahre bin ich leider hellhöriger geworden. Wenn früher einer sagte „das ist schwierig", habe ich mit den Achseln gezuckt und mir gedacht, dass ich das locker packen werde. Ich hatte eine herrliche Unbefangenheit mit einem großen Schuss Naivität. Aber je professioneller es wurde, desto mehr kritische Gedankenspiele waren da. Gedankenspiele, die einem mitunter im Weg standen. In manchen Fällen haben sie natürlich auch geholfen. Aber die richtige Balance zu finden war eine mentale Herausforderung, die ich in dieser Zeit einfach nicht verstanden habe. Für mich war der Kopf nur etwas, das oben am Hals sitzt und wo man das Futter hineinstopft - doch die Kraft der Gedanken habe ich nicht erkannt.

Aber die Sponsorensuche muss mit drei Grand-Prix-Siegen im Gepäck schon leichter gewesen sein.

Sicher. Da war eine positive Stimmung und eine Freude, aber halt auch die Sorge, ob das jetzt so bleibt, oder ob ich wieder oft umschmeißen werde. Extrem gerne erinnere ich mich an den Herrn Rohrmoser von Atomic. Auf einen kurzen Handschlag und ein: „Wir machen schon was" hatte ich 1985 den Atomic-Schriftzug auf die Verkleidung geklebt und bekam dann einen Termin für 1986. Er hatte in der Skifabrik in Altenmarkt ein relativ kleines Chefbüro, einfach möbliert mit Naturholz, er hatte einen Walkjanker an, und wir ratschten. Ein bisschen über 1985, aber mehr über 1986. Rückwirkend gab er mir 80.000,- Schilling, für die neue Saison waren es mehr als 250.000,-. Also ein sehr, sehr schöner Betrag. Er reichte einfach die Hand über den Schreibtisch. Das war's. Kein Vertrag, einfach nur das Wort und der Handschlag eines großen Mannes. Und er ließ durchklingen, dass er froh war, dass ich nicht wusste, wieviel ihn seine Skifahrer kosteten. Für mich war er ein besonderer Mensch. Er leitete von einem kleinen Büro aus ein Imperium, und wenn er mich dann im Fahrerlager besuchte, war sein Auftritt nie in irgendeiner Weise protzig. Ich hatte ihn wahnsinnig gern. Und als ihm Jahre später die Bank dann das Unternehmen zugedreht hat, habe ich sehr mit ihm gelitten. Das hat er nicht verdient.

Grausam.

Das war wirklich grausam. Ich hatte das Glück, zu der Zeit eine richtige Sponsorfamilie zu haben. Also Scharlachberg, Castrol oder Valvoline, Raiffeisen, Beko und Atomic. Insofern haben mir die Siege 1985 schon etwas gebracht. Und es hat auch gut getan, die Luft am obersten Podestplatz zu schnuppern. Wobei, wenn ich Zweiter oder Dritter geworden bin, war ich am Podium sowieso der größte, weil die anderen so klein waren.

Brauchtest du für 1986 neues Material, also eine neue Maschine?

Nachdem wir 1985 mit nur einer Maschine angetreten sind, weil wir uns ja auf die 250er konzentrieren wollten, hatten wir für 1986 Handlungsbedarf. Dem Harald ist aufgefallen, dass das LCR-Chassis, mit dem der Schweizer Bruno Kneubühler 1985 angetreten ist, sehr gut funktioniert hat. Also fragte ich den Bruno, mit dem ich auf der Strecke oft hart kämpfte, ob es eine Möglichkeit gäbe, so ein Alu-Monocoque zu kaufen. Er war einfach ein super Kerl und stellte ohne zu zögern den Kontakt zu Luis Christen her, der uns das Chassis baute. Allerdings hatte der Harald eine Vorliebe für einen ganz bestimmten Lenkkopfwinkel, den er nicht preisgeben wollte. Also musste der Wartbichler Sigi zu Hause das Monocoque noch in diese Richtung überarbeiten.

Ein Monocoque aus Alu. Ist also auch schon ein alter Hut, wenn man so will.

Das Chassis war großartig. Ich glaube, es sind nur vier oder fünf Fahrer damit angetreten, aber mir passte es wunderbar. Dadurch, dass man keinen Tank oberhalb des Rahmens brauchte, konnte ich mich ganz flach auf die Maschine legen. Und ich hatte genug Platz, meine Ellbogen und Knie hinter der Verkleidung zu verstecken. Sensationell gut lief auch die Motoren-Entwicklung. Wir sind im Winter fast übergeschnappt. Der Harald hat aus einem Zylinder - wir haben ja jeden Zylindern einzeln am Prüfstand laufen lassen - 30 PS geholt. Aufgerechnet auf zwei Zylinder wären wir mit dieser Leistung uneinholbar gewesen. 60 PS waren unschlagbar. Die Garellis hatten um die 48 PS, wir normalerweise 45 bis 46.

Na gut, 12 PS plus sind eine Übermacht.

Das Problem war, dass die Leistung über den Winter nicht hielt. Es ist sicher an der Witterung gelegen. Als wir den Zylinder gemessen haben, muss extrem viel Sauerstoff in der Luft gewesen sein. Im Frühjahr war von dieser Leistungsexplosion nichts mehr vorhanden. Wir hatten unsere 45 bis 46 PS und relativ viel Drehmoment. Aber damit waren wir ohnehin voll dabei. Die Garellis und auch die MBAs hatten spitzere Motoren und damit mehr Spitzenleistung, aber ihr Leistungsband war schmäler als unseres.

Aber anfangs wird es Abstimmungsprobleme mit dem Chassis gegeben haben, oder hat da alles auf Anhieb zusammengepasst?

Es hat von Anfang an alles gepasst. Obwohl Dunlop von einem 18 Zoll Vorderrad auf 17 Zoll umgestellt hat. Hinten sind die 18 geblieben. Ich qualifizierte mich gleich im ersten Rennen in Jarama bei Madrid als Fünfter für die erste Startreihe. Leider habe ich den Start dann versemmelt und bin aus der ersten Runde als Fünfzehnter zurückgekommen. Ungeduldig wie ich war, schaffte ich es in der nächsten Runde, mich unter die ersten Zehn zu schieben, aber dann habe ich es übertrieben und umgeschmissen. In der dritten Runde. Also etwas zu früh. Das merkte man dann immer auch in der Box. Wenn ich gleich in den ersten Runden umgeschmissen habe, war der Blickkontakt entsprechend. Eh verständlich. Ein Rennen dauert ja länger als drei Runden. Da müsste man nicht so hudeln.

Die Umstellung von 18 auf 17 Zoll hat einfach so gepasst?

Das war komplett Wurscht. Es war vielleicht beim Einlenken unterstützend, aber es gab keinerlei Einbußen bei der Stabilität. Also da waren keine Veränderungen an der Gabel oder der Gabelbrücke notwendig. Diese feinen Abstimmungsarbeiten, die heute so wichtig sind, haben wir damals gar nicht gekannt. An der Gabel wurde in Ausnahmefällen die Feder gewechselt, sonst nur hin und wieder der Ölstand kontrolliert. Grundsätzlich ist die Gabel, so wie sie gekommen ist, eingebaut worden. Das war's.

Was war das damals? Öhlins?

Begonnen haben wir 1986 mit einer Ceriani-Gabel, die bei MBA üblich war. Ich hatte aber auch gute Kontakte zu White-Power, die damals noch in Holland produzierten. Sie hatten noch keinen Top-Ruf wie Öhlins, aber sie hatten eine USD-Gabel. Die war sensationell. Das hatte sonst niemand. Den Harald hat das sofort begeistert. Weil das dicke Aluminium-Rohr oben war, und so die Gabelbrücke eine viel bessere Verbindung herstellen konnte. Das brachte mehr Stabilität. Also haben wir Gabel und Federbein von White-Power bezogen. Wir haben das eingebaut und sind nach Monza gefahren. Wie gesagt, die großen, detailreichen Abstimmungsarbeiten hat es damals nicht gegeben. Einbauen und fertig.

Und dann in Monza einfach Vollgas geben und hoffen, dass alles passt?

Ziemlich genauso kann man es sehen. Und wir waren richtig schnell. Wir hatten auf der Geraden kein Problem, das Tempo der Garellis zu halten. Ich konnte sogar aus dem Windschatten heraus überholen. Und obwohl da wirklich schnelle Leute unterwegs waren wie der Cadalora, der Gresini, der Gianola, der Lazarini, der Nieto und der Bianchi stand ich in der ersten Reihe auf Startplatz Drei. In Monza. Das war schon etwas. Wir haben es dann gleich richtig brennen lassen. Ich konnte mit den beiden führenden Garellis einige Runden lang absolut mithalten. Die sind auch nicht wie Teamkollegen gefahren, sondern die haben untereinander fest gekämpft. Denn der Cadalora hielt nicht viel davon, dem regierenden Weltmeister Gresini den Vortritt zu lassen, sondern er wollte selber ganz oben stehen. Da war eine echte Rivalität. In der Schikane nach Start und Ziel schickte mich der Cadalora dann ganz oben auf die Curbs, und ich hatte alle Hände voll zu tun, einen Sturz zu vermeiden. War aber kein bösartiges Manöver vom Cadalora gewesen. Man hat es im Fernsehen sehr gut gesehen, dass er mir innen hineinschlüpfen konnte und dann halt einen Rutscher ausfasste, der mich abdrängte. Ich bin nicht gestürzt, aber ich konnte die entstandene Lücke zu den beiden Garellis nicht mehr zufahren. Erster und Zweiter waren somit weg, aber der dritte Platz war noch drinnen. Allerdings saß mir der Nieto im Genick.

Der war noch immer dabei?

Er fuhr mit dem Bianchi im MBA-Werksteam. Unsere Morbidelli war sicher um nichts schlechter als seine, aber trotzdem hatte ich ein ungutes Gefühl. Zu oft hatte mich der große Stratege am Schluss noch überholt. Allerdings war ich in der Parabolica richtig schnell. Innen hineinschlüpfen ließ ich da keinen, und außen überholen wäre nur mit einem enormen Speedüberschuss möglich gewesen. Also unmöglich. Dachte ich. Es war die letzte Runde. Mittlerweile war ich Zweiter, da der Gresini ausgefallen war, der Nieto Dritter. Eingangs der Parabolica war noch alles in bester Ordnung, aber dann beim Gasanlegen nahm ich entsetzt zur Kenntnis, dass ich einen Gang zuwenig runter geschalten hatte. Das ist sicher nur passiert, weil ich den Kopf mit dem Nieto voll hatte. Er schob sich dann ganz knapp vor mir über die Ziellinie. Ich wurde Dritter. Insofern war es nicht so schlimm, weil ich eh am Podium war, aber es hat sich wieder einmal bestätigt, was man in der Birne aufführt. Runde für Runde bin ich ohne nachzudenken einen perfekten Strich gefahren, und dann ganz zum Schluss gibt es auf einmal einen Patzer. Weil mir das spanische Gfrastsackl einfach nicht aus dem Kopf gegangen ist.

Dritter in Monza wird man aber nicht alle Tage.

In Italien am Podium zu stehen war immer klass'. Da überwog schon die Freude. Und das Ergebnis war ganz klar eine Bestätigung für die Erfolge von 1985. So fuhren wir voller Selbstvertrauen zum Nürburgring. Hier muss ich noch einfügen, dass ich 1986 wieder einen professionellen Mechaniker engagiert habe. Den etwas dicken Engländer Dave Johnson. Er hatte schon für viele Rennfahrer geschraubt, war ein echter Experte und wusste genau, was er tat. Und wenn der Dave einen Job annahm, dann stand er hundertprozentig hinter dem Fahrer. Das hat man dann am Nürburgring gesehen. Ich war ja der Titelverteidiger beim Grand-Prix von Deutschland - letztes Jahr war Hockenheim, dieses Jahr Nürburgring - und im Training nicht schlecht unterwegs.

Beim letzten Qualifying kam ich dann zufällig mit dem Nieto zusammen. Er vor mir, ich ganz dicht dahinter. Wir legen dann mehr oder weniger gleichzeitig um, und im selben Moment, in dem ich sehe, dass dem Nieto die Maschine wegrutscht, rutscht auch meine weg. Synchron ohne Feinberührung sind wir zeitgleich an derselben Stelle gestürzt. Der Dave in der Box hat dann den deutschen Kommentar vom Streckensprecher nicht hundertprozentig richtig verstanden und ist felsenfest überzeugt gewesen, dass mich der Nieto runtergeführt hatte. Das war eine Kriegserklärung. Zum Glück bin ich dann als Erster vom LKW, der uns eingesammelt hatte, gestiegen und der Nieto erst nach mir, denn der Dave hätte ihm ansatzlos eine Watschen gegeben. So war der Dave. Da wäre nicht gedroht worden, sondern gleich geschmiert. Aber als er den richtigen Unfallhergang kapierte, beruhigte er sich und begann die Maschine zu reparieren und für das Rennen vorzubereiten. Aber mir wurde so richtig klar, dass der Dave voll hinter mir stand. Das hat mir getaugt. Das war in gewissem Sinne ein echter Rückhalt.

Bekam er die Maschine bis zum Rennen wieder flott?

War kein Problem. So viel war ja nicht hin. Und wir fuhren ein super Rennen. Ich war bei den Garellis dabei und war richtig schnell. Aber auf einmal in der sechsten Runde war der Schalthebel nicht mehr da.

Schalthebel verloren?

Er war einfach nicht mehr da, weg. Ich bin dann mit dem vierten Gang in die Box und habe die Maschine abgestellt. Noch einmal hinausfahren wäre sinnlos gewesen. Der Dave hat enorm gelitten. Das Gemeine war, dass es den Schalthebel beim Synchronsturz nicht nur ein wenig verbogen hatte, sondern dass er sich auf der Schaltwelle auch verkantet hatte. So hatte der Dave den Eindruck, dass er gut angezogen wäre. Aber durch die Vibrationen in den sechs Runden ist er wieder in die normale Position gerutscht, hatte keinen Halt mehr und fiel ab. War ewig schade, weil wir wieder am Podium gewesen wären, aber keiner hat mehr gelitten als der Dave. Für mich war dieser Nuller schon auch bitter, aber weil wir den Grund gefunden haben, war es nicht so schlimm. Und ab sofort kontrollierten wir immer, wie der Schalthebel auf der Welle saß.

Und dann kam schon der Salzburgring.

Der Heim-Grand-Prix! Den hätte ich schon extrem gerne einmal gewonnen. Und diesmal war es sogar nass. Also abklingender Regen. Es war damit zu rechnen, dass gegen Rennende die Ideallinie trocken sein könnte. Für mich war klar, was die Leute erwarteten: Regen, Gustl, Sieg. Das musste so sein. Und der Dunlop-Regenreifen - das muss man schon sagen - hat wirklich viel gekonnt. Ich bin also losgestürmt, habe gleich geführt, und hatte bald 12 Sekunden Vorsprung auf den Zweiten. Ich wollte auf keinen Fall nachlassen, um einen Polster zu haben, sollte es tatsächlich auftrocknen. Es wurde dann immer griffiger, und mein Vorsprung schmolz auf sieben Sekunden. Sechs Runden noch zu fahren. Ich fühlte mich relativ komfortabel, denn selbst wenn sie aufschließen hätten können, wären sie noch nicht an mir vorbei gewesen. Ich brenne also die Start-Ziel-Gerade hinunter, bremse die Schikane an, lege rechts-links um, gebe Vollgas, und der Motor ist einfach nicht mehr da. Nur fürchterlich geschossen, aber keine Leistung mehr. Dann sind sie alle an mir vorbei gefahren. Da brach eine Welt zusammen. Mit dem stotternden Motor habe ich mich in die Box geschleppt, dann starb er ganz ab.

Eine Katastrophe. Der Sieg zum Greifen nahe, stattdessen ein sturzloser Nuller.

Das allein war schon hart, aber mich hat dann etwas anderes noch mehr geärgert. Als der Dave, der unbedingt wissen wollte, was dem Motor fehlte, die Maschine nach dem Rennen anrannte, lief der Motor ganz normal. Er klang so wie immer. Und da kamen dann schon ein paar Besserwisser, die mir vorwarfen, ich hätte aufgegeben, obwohl die Maschine eh in Ordnung war.

Unglaubliche Trotteln!

Das hat mich wirklich geärgert. Der Harald stellte sie dann kalt. Er sagte ganz trocken, dass der Motor jetzt funktioniert, bedeute nicht, dass er vorher auch funktioniert hat.

Was war denn die Ursache?

Als wir den Motor auf den Prüfstand stellten, war alles ganz normal. Volle Leistung. Aber dann simulierten wir die Schikane am Salzburgring, also sechster Gang Vollgas, dann runter in den ersten Gang, zwei Mal umlegen, abwarten, dann wieder Vollgas. Und siehe da, plötzlich schoss der Motor. Genau wie im Rennen. Wir hatten also ein Problem mit der Zündung. Wir wechselten sie aus, und das Problem war behoben. Dann fuhren wir nach Assen. Ich habe die Strecke wirklich geliebt, aber der Erfolg ist dort immer zu kurz gekommen. So auch 1986. Nach einem sehr guten Training startete ich von der zweiten Position zwischen den Garellis. Der Cadalora, der Gresini und ich setzten uns vom Feld ab, einmal führte ich, dann wieder eine Garelli, und es spitzte sich auf einen Dreikampf um den Sieg zu. Aber als ich wenige Runden vor Schluss beim Anbremsen der 90° nach der Gegengeraden hart zugriff, rutschte das Vorderrad weg, und ich lag schon da. Damit war das Rennen vorbei. Für mich war Assen wie ein kleiner Fluch.

Wie reagierten sie in der Box?

Der Harald versuchte immer, keine Emotionen aufkommen zu lassen, und der Dave, der eine echte Perle war - ich habe heute noch Kontakt -, war etwas enttäuscht und hatte das fade Aug. Aber der Dave war wie ein Airbag. Hätte mir irgendjemand etwas tun wollen, wäre er dazwischen gegangen.

Bisher hat es 1986 viele großartige Chancen gegeben, aber bis auf Monza ist nichts so richtig aufgegangen. Was war in Spa?

Da habe ich mich wieder zwischen die beiden Garellis gestellt, also wieder zweiter Startplatz. Und nasse Fahrbahn im Rennen. Was sollte da noch schiefgehn? Aber nach wenigen Runden hatte ich Zündaussetzer Ende nie und musste stehen bleiben.

Gibt's ja nicht! Schon wieder Zündaussetzer?

Die Zündung dürfte extrem empfindlich auf Feuchtigkeit reagiert haben. Wir änderten dann in der Folge die Luftzufuhr zu den Vergasern. Wir hatten das ja so ähnlich wie die Garellis gelöst. Mit einem Schlitz in der Verkleidung und einem Prallblech. Von einer Airbox hat ja damals noch niemand etwas gewusst. Im Regen pickten wir jetzt einfach den Schlitz zu. Das funktionierte. Dann kam Le Castellet in Frankreich. Dort hatten wir ein Problem mit dem Fahrwerk. Das Federbein konnte den neuen radialen Hinterreifen einfach nicht beruhigen, das Heck stempelte derart, dass es eine sehr heikle Gratwanderung war, schnelle Rundenzeiten zu fahren. Damals hat keiner den Begriff „Chattering" gekannt, aber es war ein ähnliches Phänomen wie heute. Lars Osth, ein befreundeter Öhlins-Techniker, sah, dass wir strauchelten und gab uns für das Rennen eines seiner Federbeine. Und es hat auf Anhieb großartig funtioniert. Ich konnte zwar die Garellis nicht halten, bin aber nach rundenlangem Kampf mit dem Nieto, dem Bianchi, dem Lazarini und dem Kneubühler als Dritter über den Zielstrich gefahren.

Der Kneubühler dürfte eine harte Nuss gewesen.

Das war schon ein sehr guter und rennerprobter Motorradlfahrer. Vor den 125ern ist er mit einer 900er SS Ducati Superbike-Rennen gefahren. Und er hatte einen guten Kontakt zum Jörg Möller, der im Werk die Morbidelli entwickelt hat und ein echter PS-Guru war. Ich habe mich mit dem Bruno sehr gut verstanden.

Auf der Strecke waren wir entschlossene Gegner, aber wenn die Zielflagge gefallen ist, hatte man eine Gaudi miteinander und man half sich.

Bist du dann eigentlich bei Öhlins geblieben?

Als White-Power nach dem Rennen die gelbe Feder in meiner Maschine sah, waren sie nicht erfreut. Unter diesen Umständen wollten sie die Zusammenarbeit nicht fortsetzen und nahmen mir auch die USD-Gabel weg. Da Öhlins damals aber keine Gabel hatte, montierten wir wieder die Ceriani.

Dürfte gepasst haben. Zumindest beim nächsten Lauf in Silverstone.

Absolut. Wir standen in der ersten Startreihe, und es gab Regen. Die Schlitze in der Verkleidung für den Lufteinlass haben wir zugepickt. Und ich war bald schon gischtfrei. In Führung legte ich ein Tempo vor, das die anderen nicht mitgehen konnte. Ich hatte es diesmal leichter als 1985, weil mir der Dave den Abstand immer richtig angezeigt hat. Mit einem riesigen Vorsprung bin ich als Erster ins Ziel.

Wieder einhändig die Zielkurve genommen?

Natürlich! Und mit dem Pfoterl gewunken. Es war ein enormes Glücksgefühl.

Muss auch für den Dave großartig gewesen sein.

Das war es. Der Dave war ja nicht der große Plauderer, aber er hat mir schon zu verstehen gegeben, wie viel ihm ein Sieg bei seinem Heim-Grand-Prix geben würde. Er hatte bereits für sehr viele Fahrer gearbeitet, aber ein Heimsieg ist ihm verwehrt geblieben. Nach dem Rennen, der Ehrenrunde und der Siegerehrung umarmte er mich vor lauter Freude und erzählte mir, dass ein Journalist ihn auf sein nasses Gesicht angesprochen hätte und er den Trottel auf den starken Regen hinweisen musste. Und dann sagte er zu mir: „Gustl, ich habe doch geweint."

Weltklasse!

Wir hatten eine echte Hochstimmung. So fuhren wir nach Schweden. Und ich schaffte die schnellste Trainingsrunde, ich stand auf Pole. Mein Start war wieder ein Knaller, die beiden Garellis zogen mit, die anderen hinten nach. So kämpften der Gresini, der Cadalora und ich ein paar Runden, dann verlor ich auf einmal das Vorderradl und lag da. Komplett unvermutet. Das Rennen war vorbei, noch ehe es richtig begonnen hatte. Ich dachte mir schon, dass der Dave und der Harald keine Freude haben werden und möglicherweise meiner Ungeduld die Schuld am Ausfall geben, aber diesmal habe ich nichts übertrieben. Das Vorderradl war einfach weg. Und die Rundenzeiten waren nicht schneller als im Training, sondern etwas langsamer. Ich hatte keine Erklärung. Der Peter von Dunlop hat sich dann den Reifen angeschaut und sich entschuldigt. Er hatte einen Fehler in der Karkasse. Damit war die Sache für mich erledigt, ich war erleichtert. Sobald die Ursache des Sturzes klar war, gab es keine Verunsicherung mehr. Das war extrem wichtig.

Das Verhältnis mit Dunlop war offensichtlich ein richtig gutes.

Unbedingt. Aber für Misano machten sie mir einen echten Druck. Da kam der Peter zu mir und erklärte: „Schau Gustl, die Leute glauben, dass unsere Reifen nur im Regen funktionieren. Wir müssen ihnen zeigen, dass wir auch im Trockenen vorne sind. Du musst jetzt einfach in Misano gewinnen. Das ist ein Auftrag." Ich schaute ihn groß an. Misano war die Hochburg der Italiener, die Garellis waren sowieso schneller als wir, und ich hatte im Trockenen noch nie gewonnen. Das konnte er unmöglich ernst meinen. Aber er meinte es ernst. Ich sollte so viele Felgen, wie ich irgendwie aufstellen konnte, nach Misano mitnehmen, und Dunlop würde so viele Reifen bereit stellen wie noch nie. Nach dem Test der Reifen müsste man dann das Paar haben, das den Sieg liefert. Meine Aufgabe beim Training war also, immer so schnell zu fahren, wie ich konnte, in der Box Meldung machen, wie die Reifen waren, und mit den nächsten gleich wieder hinaus. Das war mein erster Reifentest, und ich war maßlos überfordert. Jedes Training zählte ja zum Qualifying und ich bin mehr oder weniger nur aus der Box in die Box gefahren. Das war nicht mein normaler Trainingsrhythmus. Irgendwann kam dann der Peter zu mir und sagte: „Wir haben dir diesen Reifen zwei Mal montiert. Aber du hast ihn beim ersten Mal anders beurteilt als beim zweiten." Das konnte ich mir nicht vorstellen. Denn ich habe ihnen ja keine G'schichteln gedruckt, sondern immer genau erklärt, was Sache war. Wir sind dann draufgekommen, dass der Reifen einmal auf einer Felge mit fünf Speichen und einmal auf einer mit drei Speichen war. Und letztere hat gefedert, also zwischen den Speichen nachgegeben. Dunlop hat das alles wirklich sehr ernst genommen. Und ich stand wieder einmal am zweiten Startplatz.

Mit welchen Reifen?

Hinten hatten wir den, den wir immer gefahren sind, aber vorne war der Hinterreifen von einer 80 Kubik Rennmaschine montiert. Das hat Dunlop natürlich überhaupt nicht getaugt. Es hat grässlich ausgeschaut, wie ein alter Ballonreifen. Sie haben ihn in der Startaufstellung erst im letzten Moment auf die Achse gesteckt. Mir war das egal. Ich hatte andere Sorgen. Ich musste gewinnen. Und zwar hier und jetzt. Ich bin dann in den lautlosen Minuten vor dem Schiebestart tausend Tode gestorben und habe mir insgeheim gewünscht, dass die Maschine gleich in der ersten Kurve verreckt. Dieser aufgetragene Sieg, diese Erwartungshaltung war mir einfach eine Nummer zu groß. Dann kam endlich der Start - ich war immer ein sehr guter Starter -, doch diesmal sprang die Maschine nicht richtig an. Normalerweise war sie beim ersten Zug da, diesmal nicht.

Ein Wahnsinn!

Das Gute war, dass nicht nur die Nervosität schlagartig weg war, sondern auch der Druck. Niemand da draußen konnte einen Grand-Prix-Sieg erwarten, wenn man als Vierzehnter aus der ersten Runde kommt und die beiden Garellis vor dem Kneubühler führen. So bin ich dann einfach Motorradl gefahren. Nicht einmal wissentlich irgendwo am Limit, sondern einfach schnell gefahren. Und ich habe einen nach dem anderen geschnupft. Es war eines der wenigen Rennen meiner Karriere, wo ich es einfach passieren ließ. Dort, wo ich auf einen aufgelaufen bin, bin ich auch vorbei gefahren. Völlig Wurscht, wo das war. In der Kurve, vor der Kurve, nach der Kurve, auf der Geraden, es spielte keine Rolle. Auflaufen, vorbeifahren, weiterfahren. Und auf einmal sah ich dann schon das grüne Motorradl vor mir, also den Kneubühler. Ich lief auf, überholte und war vorn. Der Dave zeigte mir den dritten Platz an. Selbst der Gresini, der Zweiter war, stellte überhaupt keine Hürde dar. Und dann lief ich nach ein paar Runden tatsächlich noch auf den Cadalora auf. Es gab da die scharfe Links, die dann in zwei weiteren Linksknicks immer schneller wurde - wir sind ja damals gegen den Uhrzeigersinn gefahren. Der letzte Knick war dann schon im sechsten Gang Vollgas. Und da war ich rechts vom Cadalora, also außen. Fast Verkleidung an Verkleidung. Eigentlich hätte ich abdrehen müssen und hinten auf die nächste Chance warten, aber das war überhaupt nicht in meiner Birne. Und wie ich genau neben ihm war, ließ er sich nach rechts tragen.

Oh, oh! Mit 230 in die Wiese ist nicht gut! Da steht man nicht so schnell wieder auf.

Es war mir Wurscht. Ich habe keinen Gedanken daran verschwendet. Ich bin mit meinen Reifen komplett an der Asphaltkante gefahren. Und der Cadalora hat mich leben lassen. Er hat nicht weiter gedrückt, sondern hat mir exakt den Platz gelassen, den ich brauchte, um gerade noch auf der Strecke zu bleiben. Aber auch keinen Zentimeter mehr. So sind wir auf die scharfe Links zugeschossen. Ich habe dann einen Hauch früher gebremst als er, bin aber auch früher wieder ans Gas und habe ihn mit mehr Schwung in der Kurve herbrennt. Und dann bin ich auf und davon gefahren. Im Ziel hatte ich mehr als zehn Sekunden Vorsprung. Ich hatte tatsächlich gewonnen.

Was für ein Krimi, was für ein Drehbuch!

Damit hatte ich eine irre Freude. In Italien bei strahlendem Sonnenschein trotz verpatzten Starts alle herbrennen, war wirklich großartig. Noch dazu, wo Dunlop den Sieg in Auftrag gegeben hat. Die Siegerehrung war wunderschön. Und der Herr Marchesini ist mir um den Hals gefallen und hat mir eigene Felgen versprochen, in denen mein Name eingegossen ist. Eine davon steht heute noch bei mir.

Misano 1986, was für ein Sternstunde!

Ich habe das Video des Rennens zu Hause und man sieht, dass die Aktion mit dem Cadalora wirklich knapp war. Aber es ist sich ausgegangen, und ich war an diesem Tag einfach der Schnellste auf der Strecke. Die Saison war aber noch nicht ganz vorbei. Es gab noch einen zweiten Grand-Prix von Deutschland, nämlich in Hockenheim. Die Strecke war ganz anders als heute, viel schneller. Und für die Vergasereinstellung recht schwierig. Denn im Wald war die Luft viel sauerstoffreicher als im Motodrom. Aber das beherrschte der Harald wie kein anderer. Ich glaube nicht, dass ich jemals eine ungünstige Düse im Vergaser hatte. Das hatte er im kleinen Finger. Jedenfalls stand ich wieder in der ersten Startreihe auf dem dritten Platz. Die Garellis waren uns überlegen, aber mit dem Gianola raufte ich das gesamte Rennen um einen Platz am Podium.

Ist der nicht auch Garelli gefahren?

1985 schon. Da war ja die Hacklerei am Salzburgring. Aber 1986 fuhr er MBA und hatte eine Rechnung mit Garelli offen. Sie haben ihn durch den Cadalora ersetzt. Nur hier in Hockenheim konnten wir die Garellis nicht gefährden. Für uns beide ging es um den dritten und vierten Platz. Damals war die Opelsenke eine der wichtigsten Stellen im Motodrom. Zumindest für meinen Spezi, den Kugler Manfred. Die erste Rechts ist extrem überhöht, dann fährt man in eine Senke hinauf zum höchsten Punkt und dann kommt die zweite Rechts. Erwischte man es optimal, konnte man die Opelsenke in einem Radius fahren. Ich war in der letzten Runde hinter dem Gianola und sah einfach nicht ein, dass ich nach Misano hier in Hockenheim nicht aufs Podium kommen sollte. Wir kamen ganz knapp hintereinander zu der besagten Stelle, und ich führte meinen gefassten Plan aus. Volles Rohr in die Senke, weil ich dort einen super Anpressdruck erwarten durfte, und dann abdrehen, weil an der höchsten Stelle der Anpressdruck rapide abnahm. Ich schoss also mit dem vollen Schwung innen vorbei, drehte ab, hielt die Luft an und dann volles Geschäft aus der zweiten Rechts Richtung Ziel. Ich wurde Dritter. Ich selber habe das Manöver gar nicht so toll empfunden, aber der Kugler Manfred bricht heute noch nieder, wenn er daran denkt. Phantastisch für mich war aber, dass ich die Saison mit einem weiteren Podium abschließen konnte.

Bist du nach Misano weiter mit dem 80er Hinterradl vorne gefahren?

Nein. Dunlop hat sich für die Optik ja so geniert. Aber sie haben die Mischung und die Karkasse, die so gut funktioniert hat, in einen 17 Zöller gebacken.

Ahntest du damals, dass Misano dein letzter Grand-Prix-Sieg sein würde?

Nein, überhaupt nicht. Eigentlich war ich unzufrieden damit, dass ich nach den drei Siegen 1985 nur zwei 1986 zusammengebracht habe. 1987 wäre noch einer möglich gewesen, aber der ist leider nicht zustande gekommen.

Im Gips

1987: Das Ende der Zweizylinder kommt - Fürchterlicher Sturz am Salzburgring - Neues Rennen: Genesung - Vereisungsspray am Tank - Unglaubliches Podium in Misano.

1987 war das letzte Jahr, in dem Zweizylinder bei den 125er-Grand-Prix' zugelassen waren. Ab dann mussten es Einzylinder sein. Was waren die Hintergründe für diese Reglement-Änderung, und welche Konsequenzen hast du daraus gezogen?

Soweit wir in Erfahrung bringen konnten, war die fehlende Markenvielfalt das Hauptproblem. Die Garellis haben alles dominiert, der Rest war auf MBA-Basis, also Morbidelli. Man erwartete, dass durch den Umstieg auf Einzylinder wieder mehr Hersteller Interesse an der 125er-WM hätten. Uns war klar, dass es somit unsere letzte Saison in der 125er Klasse sein würde. Der Nachteil, den ich wegen meiner Größe und meines Gewichtes gegenüber den kleineren Fahrern hatte, wäre auf den leistungsschwächeren Einzylindern einfach zu groß gewesen.

Klingt nach einer Katastrophe. Da haben du und der Bartol es tatsächlich geschafft, sich ganz nach vorne zu kämpfen, und dann macht eine Reglement-Änderung alles zunichte.

Das war natürlich bitter. Aber andererseits sahen wir 1987 die Chance, noch einmal ganz groß aufzuzeigen. Unsere Maschine war perfekt in Schuss, und wir hofften, dass sich die Werksteams, also Garelli und MBA, bereits auf 1988 konzentrierten und nicht mehr soviel Aufmerksamkeit auf die Weiterentwicklung ihrer Zweizylinder-Rennmaschinen legten.

Wolltest du nach 1987 mit dem Rennfahren aufhören?

Nein, natürlich nicht. Wir wollten 1988 in die 250er-Klasse aufsteigen. Und 1987 noch einmal alles versuchen. Da wir aus dem Motor bereits alles herausgeholt hatten, was herauszuholen war, konzentrierten wir uns in der Vorbereitung auf die Aerodynamik. Das Heck der pfeilschnellen Garellis war viel breiter als unseres, da zogen wir nach.

Hoffentlich hat das dann aerodynamisch wirklich was gebracht, denn optisch war das dicke Heck eine mörderische Niederlage. Aber viel Platz für Sponsorpickerln. War die Saison finanziell abgesichert?

Am Anfang war es sehr schwierig. Denn der Steinwendner vom Hause Scharlachberg hatte einfach keine Möglichkeit mehr, etwas für mich zu tun.

Aber du bist doch 1987 noch mit einem Jim Beam Schriftzug am Helm gefahren.

Das stimmt. Aber Geld hat es 1987 keines mehr gegeben. Nur, der Steinwendner hat so viel für mich getan, dass ich 1987 quasi kostenlos für ihn Werbung machte.

Wie liefen die anderen Sponsorgespräche?

Zwischen 1986 und 1987 war das eine besondere Situation. Ich war ja sehr gut im Fernsehen vertreten und Zeitungsberichte gab es auch sehr viele. Insofern war die Ausgangslage nicht schlecht. Aber es hat halt immer Menschen gegeben, die meinten, dass ich mich schlecht verkaufen würde. Und so wollte der Thomas Blazek, der beim Fernsehen war und sich als Sportwebeagentur selbstständig machte, meine Sponsorgeschäfte übernehmen. Mir hat das getaugt, der Harald war erfreut, dass das jetzt alles noch professioneller werden würde, und der Thommi war überzeugt, ein für alle Beteiligten sehr gutes Paket schnüren zu können. Wir saßen dann wenig später gemeinsam beim Herrn Rohrmoser, er hörte sich alles an, und lud uns nachher zum Essen ein. Hat perfekt gepasst, war ein Knaller. Dachten wir. Und dann gingen wir wieder unsere Wege. Ich in die Werkstatt, der Thommi Geld suchen.

Mit welchem Betrag war der Herr Rohrmoser 1987 dabei?

Zunächst mit gar keinem.

Mit gar keinem?

Ja, für den Thommi, der ein extrem netter Kerl war und beste Absichten hatte, wurde bald klar, dass seine Idee vom Sportmanagement nicht funktionierte. Er konnte einfach keine Sponsoren an Land ziehen. Und als dann schon der Jänner 1987 hereinbrach und der Hut wirklich brannte, kapitulierte er. Es war ihm einfach nicht möglich, Gelder für unser Projekt zu bekommen. Und er schlug vor, dass wir uns trennen und ich wieder persönlich zum Rohrmoser gehen sollte. Das tat ich dann. Ich fuhr in der Früh zum Herrn Rohrmoser und wartete vor seinem Büro.

Ohne Termin?

Einen Termin zu bekommen, war nahezu aussichtslos. Ich machte das meistens so: In der Früh hinfahren, vor dem Büro warten, bis er herauskam, und hoffen, dass er kurz Zeit hatte. Wenn nicht, wartete ich weiter. Den ganzen Tag.

Na gut, das ist Sponsorsuche auf höchstem Niveau.

Wenn er rauskam und sagte, er hätte heute keine Zeit, bin ich trotzdem geblieben. In der Hoffnung, dass er später vielleicht doch noch Zeit hätte. Und so war es 1987 auch. Irgendwann am Nachmittag machte er die Tür auf, sagte: „Ja, jetzt bist immer noch da!" und bat mich hinein. Und damit war ich aus dem Schneider. Ich wusste, wenn ich einmal hinein darf, muss ich nicht mit leeren Händen gehen. So war es auch. Er erklärte mir, dass er sich gedacht hatte, dass es mir eh sehr gut ging, weil ich mir ja einen Manager leisten konnte. Er wollte den allerdings nicht bezahlen bzw. mitfinanzieren. Er wollte mir das Geld geben, damit ich erfolgreich Rennfahren kann, aber sonst niemandem. Und die Wirkung nach außen, also die Werbewirkung, war absolut nebensächlich. Motorradlfahren und Skifahren sind ja nicht gerade verwandte Sportarten.

Unglaublich am Punkt! Und auch wenn manche gemeckert haben, dass du dich selbst nicht gut genug vermarktet hättest, wenn ich mir die Entwicklung deiner Rennfahrerei so anschaue, warst du auch in diesem Bereich äußerst erfolgreich. 800.000,- Schilling pro Saison muss man erst einmal aufstellen. Meiner Meinung nach hat das nur funktioniert, weil es Menschen mit verfügbarer Marie gegeben hat, die dir ganz persönlich etwas Gutes tun wollten, die dich in deinem Bestreben, im Ausleben deiner Leidenschaft unterstützen wollten. Weil der Gustl Auinger ein aufrechter, sympathischer Bursch war, der etwas zustande brachte, das den Menschen imponierte. Sponsoring im Motorradsport war doch nie ein Geschäft, sondern immer eine Gefälligkeit, die Möglichkeit, einem echten Helden nahe zu sein, seinem grenzgenialen Wahnsinn beizuwohnen.

So ähnlich dürfte es der Herr Rohrmoser auch gesehen haben. Nachdem klar war, dass ich keinen Manager mehr hatte, und ich die gesamte Marie wieder direkt zur Finanzierung meiner Rennfahrerei verwenden konnte, reichte er mir die Hand und sponserte mich mit 400.000,- Schilling. Zusätzlich konnte ich auch noch Beko überzeugen, mir weiter zur Seite zu stehen, Castrol auch, und ich fand in Sebring einen neuen Sponsor.

Die Frau Kresch?

Ja, sie war damals schon mit Leib und Seele mit dem Motorsport verbunden. Sie schickte mich nicht weg, sondern half mir im Rahmen ihrer Möglichkeiten. Es war nicht der übergroße Betrag, aber es war sehr wertvoll. Gut in Erinnerung habe ich, wie sie sagte: „Aber die Auspuffe bauen wir." Unsere waren ihr nicht schön genug gefertigt.

Aber hast nicht du selber immer die Auspuffe gebaut?

Ich habe in meinem Leben hunderte Rennauspuffe geschweißt, und sie haben wirklich gut funktioniert. Der Harald hat die genauen Zeichnungen gemacht und ich die Ausführung. Möglicherweise war das Finish nicht immer vom Feinsten, aber technisch war das auf höchstem Niveau. Jedenfalls haben wir der Frau Kresch dann die genauen Angaben gegeben. Mit den unterschiedlichen Blechstärken selbstverständlich. Das war bis ins kleinste Detail ausgetüftelt. Und nach ein paar Tagen hat sie mir die Zeichnungen wieder zurückgegeben mit den Worten „mach dir die Auspuffe wieder selber." Maschinell war das einfach nicht zu fertigen. Der Zweitakter reagierte ja extrem empfindlich auf die Schalldämpfung. Aber wenn man es richtig machte, konnte man durch die Dämpfung echte Leistung gewinnen. Da war der Harald eine Koriphäe. Beim Viertakter ist das unmöglich. Sobald man ihn dämpft, kostet es Leistung.

Und die Raiffeisenkasse hast du vermutlich auch noch an Bord geholt.

Die hat mich nicht im Stich gelassen. Nicht nur, dass sie mir am Anfang der Saison, wenn die Sponsorgelder noch nicht da waren, immer extrem unbürokratisch einen Kredit zur Überbrückung gegeben haben, mehr oder weniger auf mein Wort hin und einen Handschlag - obwohl sie genau wussten, dass ich nichts hatte außer Enthusiasmus -, sondern die Lambacher Filiale hat in der Zentrale in Linz auch immer etwas für mich losschlagen können.

Wieviel darf man sich da vorstellen?

So um die 100.000,- Schilling. Das war schon ein Geld.

Wie gesagt, so schlecht hast du dich nicht verkauft. Die letzte Zweizylinder-Saison war somit wohl gesichert.

Wir waren letztendlich gut aufgestellt. Wir haben den Flop des

Managements übertaucht. Wobei ich dem Thommi nichts vorwerfen kann. Er hatte einen guten Gedanken, und er hat sich wirklich bemüht, aber es war vielleicht ein bisschen zu früh. Dieser Sport war so knapp kalkuliert, da war einfach noch kein Platz für professionelles Management. Damals war der persönliche Kontakt wichtiger als die professionelle Vermarktung. Jedenfalls standen wir beim ersten 125er Grand-Prix in Spanien bestens gerüstet am Start. Aber es war nicht unser Rennen. Letztendlich reichte es für den siebten Platz, aber die Detonationen im Motor machten uns Sorgen.

Detonationen?

Es gab eigenmächtige Explosionen im Brennraum, die nicht zum Zündzeitpunkt passten. Zu Hause erkannten wir dann, dass wir einen Zylinder hatten, dessen Guss etwas porös war. So bekam der Motor über den Überströmkanal Wasser. Für das nächste Rennen in Hockenheim tauschten wir einfach den Zylinder, und ich konnte mehr oder weniger die gesamte Renndistanz mit den beiden Garellis um die Wette fahren. Einmal war der Gresini vorne, dann wieder ich, und auch der Casanova mischte sich ständig ein. Letztendlich gewann der Gresini, aber am zweiten Platz war ich. Wir wussten, dass das Motorradl passte und ein Sieg nicht illusorisch war, sondern durchaus möglich. Dann kam Monza. Mir war klar, dass ich so lange mitfahren konnte, solang ich mich im Windschatten halten konnte. Riss ich ab, war es vorbei. Die Lücke zu den Garellis schließen war nicht drinnen, aber dranbleiben schon. So fuhren wir drei das engste Rennen der Saison. Die Führung wechselte immer wieder zwischen den beiden Garellis und mir. Vor der letzten Kurve, also der Parabolica, war ich Erster, am Zielstrich aber nur noch Dritter.

Ungünstigen Gang erwischt?

Nein. Ich habe eingangs die Tür vielleicht eine Nuance zu weit offen gelassen, und da haben mich die beiden Werksfahrer, die ja perfekt aufeinander eingespielt waren, hergerichtet. Der Dampf in ihren Kesseln reichte dann, um bis zur Flagge vorne zu bleiben. Zufrieden war ich dennoch. Ein Podium in Italien war immer ein besonderer Leckerbissen. Und es war eine weitere Bestätigung, dass wir ganz vorne mit dabei sind und durchaus gewinnen können. Danach kam der Salzburgring. Wir wussten, dass es unsere letzte Chance war, einen Heim-Grand-Prix zu gewinnen. Das hätte uns allen sehr viel bedeutet. Aber es sollte nicht sein. Das Motorradl ist zwar fest marschiert, und ich konnte mich auf der Gegengeraden bergauf im Windschatten halten, aber dann hatte ich in der Nocksteinkehre einen richtigen Vorderradlrutscher. War ja klar. Ich musste dort unbedingt an die Garellis anschließen, um bergauf nicht abzureißen. Die Nocksteinkehre war für mich lebenswichtig.

Aber in diesem Fall auch rennbeendend.

Nein, nein, ich konnte den Rutscher, der wirklich gewaltig war, irgendwie abfangen, aber die Lücke nach vorne zu schließen, war unmöglich. Die beiden Garellis waren weg. Am Ende reichte es nur für den vierten Platz. Ich hatte sogar das Podium verpasst. Das war das Schlimmste. Und stutzig waren wir auch. Denn in Hockenheim und Monza waren wir von der Maschine her ebenbürtig, aber am Salzburgring nicht. Beim nächsten Grand-Prix in Assen übrigens auch nicht. Ich bin zwar wieder Vierter geworden, also alles andere als schlecht, aber der Motor klang einfach nicht richtig rein, und wir wollten ja unbedingt wieder ganz oben am Stockerl stehen. Wir hatten Handlungsbedarf. Möglicherweise war die Getriebebelüftung doch nicht so gut, wie wir uns das vorgestellt haben, möglicherweise waren der Schlitz in der Verkleidung für die Luftzufuhr zum Vergaser und das Prallblech nicht optimal, vielleicht konnte der Harald doch noch etwas bei den Zylindern finden. Wir arbeiteten fest daran. Und wollten Mitte Juli beim international ausgeschriebenen Rennen zur Österreichischen Meisterschaft am Salzburgring vor dem Grand-Prix von Frankreich sehen, ob wir das Richtige gefunden haben. Prüfstandläufe waren ja sehr gut, aber das Entscheidende war der Einsatz auf der Rennstrecke. Es waren immer zwei Paar Schuhe, ob der Motor am Tisch aufgespannt war oder in einem Fahrwerk hing und draußen auf der Strecke alle Manöver mitmachen musste.

Ich nehme an, der Motor hat in Salzburg dann fest angerissen.

Wir sind über das Training nicht hinausgekommen. Als ich auf der Gegengeraden im Linksknick vor der enorm wichtigen Einfahrt ins Fahrerlager den Fünfer reindrückte, steckte der Motor.

Verdammt! Über 200 km/h und die Böschung!

Ich habe noch rechtzeitig die Kupplung erwischt. Im Nachhinein betrachtet, wäre es aber besser gewesen, ich hätte sie nicht mehr erwischt. Denn die Maschine hatte sich bereits quergestellt. Und ich wusste genau, dass ich die Kurve nicht mehr kriegen würde. In meinem Kopf war blitzartig der Gedanke, dass ich nur dann eine Chance hätte, wenn ich zuerst durchs Kiesbett und dann wie ein Motocrosser auf die Böschung fahren und quasi wie auf einem Anleger wieder zur Strecke schwenken würde. In einer Art Steilkurve. War natürlich ein vollkommener Blödsinn. Eine 125er Grand-Prix-Maschine ist keine Motocross. Es hat mich fürchterlich zerrissen. Aber ich habe keine Erinnerung daran. Das fehlt auf meiner Festplatte. Ich weiß nur, dass ich dann auf der Böschung zu mir kam, fürchterliche Kreuzschmerzen hatte, und die Rettung sah.

Wo bist du gelegen? Oben oder unten?

Am Fuße der Böschung. Wie man mir nachher erzählte, hat es mich richtig hineingestaucht. Und ich habe den ganzen Weg von der Stelle, wo mich die Rettung zusammengeklaubt hat, bis zur Box immer nur eine Frage gestellt: „Bewegen sich meine Füße?!" Da war ich wirklich in Panik. Ich konnte es im Liegen einfach nicht feststellen.

Was haben die Sanitäter gesagt?

Denen hätte ich sowieso nichts geglaubt. Erst als meine Frau in der Box sagte, dass sie sich bewegen, war ich erleichtert. Aber die Kreuzschmerzen waren immer noch heftig. Und dominant. Dass auch das linke Knie komplett erledigt war, bekam ich gar nicht mit. Bis sie mich im Salzburger Unfallkrankenhaus untersucht hatten. Dann war alles klar: Bruch des vierten und fünften Lendenwirbels, Abriss des Kreuz- und des Seitenbandes im linken Knie. Der diensthabende Arzt sagte, dass das Knie gleich zu operieren sei, zur Ruhigstellung der Wirbelsäule würde ein Gipskorsett über den Oberkörper ausreichen. Nach einer guten Woche könnte ich wieder nach Hause gehen. Das war eine richtige Erleichterung.

Nach einer Woche? Mit zwei gebrochenen Wirbeln und einem zerfetzten Knie?

Ja, aber was ich nicht wusste, war die Dauer der planmäßigen Reha. Als sie mich mit Gipskorsett und einem kompletten Beingips von den Zehen bis zur Hüfte nach Hause schickten, sagte mir der Arzt, dass das jetzt einmal zwölf Wochen so bleiben müsse. Dann könnte man weitersehn. Da brach für mich die Welt zusammen. Es war ja mitten in der Saison! Das konnte unmöglich sein. So ging ich ziemlich niedergeschlagen mit den Krücken nach Hause.

Du bist voll eingegipst mit den Krücken nach Hause gegangen? Hat es da kein Rollwagerl gegeben?

Unter keinen Umständen hätte ich mich in so einen Sessel gesetzt. Davor hatte ich panische Angst. Ich bin auf Krücken aus dem Spital, und dann hat mich meine Frau mit dem Auto heimgebracht. Aber ich war richtig verdrossen. Ich konnte einfach nicht damit umgehen, dass das letzte Zweizylinder-Jahr jetzt schon vorbei war. Aber was soll nach drei Monaten Gips noch kommen?! So saß ich dann daheim in Irrsdorf und war mit der Welt relativ fertig.

Moment, du wohntest in Irrsdorf? Was für ein passender Ortsname!

Mitunter auch Narrischhausen genannt. Dort saß ich in meinem Elend und suchte nach einem Ausweg. Es konnte unmöglich vorbei sein. Und da fielen mir der Reinhold Roth und der Martin Wimmer ein. Die hatten eine ähnliche Knieverletzung und haben es geschafft, nach sechs Wochen wieder Rennen zu fahren. Betreut hat sie ein deutscher Arzt namens Christoph Scholl. Man sagte, er hätte schon Leichen wieder zum Gehen gebracht. Den rief ich an.

Eh klar.

Ich erzählte ihm, was abgelaufen ist, und er sagte: „Na, das ist schlecht." Er hätte die gerissenen Bänder im Knie durch gezieltes Muskeltraining quasi ersetzen können, zumindest bis Ende der Saison, aber nachdem sie mir schon die künstlichen Bänder eingesetzt hatten, spielte es das nicht mehr. Und die Wirbelverletzung konnte er nicht einschätzen. Er dürfte gespürt haben, dass ich unbedingt irgendetwas tun musste, und sagte: „Dort, wo du jetzt bist, kannst sowieso nichts machen. Also komm zu mir nach Sankt Wendel, und ich schau mir das an. Im schlimmsten Fall musst halt unverrichteter Dinge wieder heimfahren." Also setzte ich mich in den Zug.

Mit Brustpanzer aus Gips und gestrecktem Gipshaxen.

Ich hatte nichts zu verlieren. Der Doktor Scholl war meine große Hoffnung. Wenn es der Roth und der Wimmer in sechs Wochen geschafft haben, musste ich es auch schaffen. Und wenn möglich schneller. Es war alles immer ein Rennen.

Auch die Genesung?

Natürlich. Es war ein Rennen. Und der Scholl verstand das auch. Er war ein extrem lieber Kerl, der selber Motorradlrennen gefahren ist. Dort war er nicht das Übertalent, aber als Mediziner war er unfassbar gut. Nach der Bestandsaufnahme inklusive Röntgen sah er klar. Zwölf Wochen Gips hätten zu einer vollkommenen Versulzung des früher schon mehrfach gebrochenen Fußgelenkes geführt. Ich hätte die Schaufel nicht mehr bewegen können. Also kam der Gips runter und eine Schiene, deren Flexibilität Grad für Grad eingestellt werden konnte, rauf. Leichte Bewegung würde den Heilungsprozess unterstützen, sagte er. Und außerdem würde die Schaufel nicht steif werden.

Aber was war mit den Wirbeln? Das war doch der echte Horror!

Ich musste ihm versprechen, nicht zwei Stufen auf einmal zu nehmen, und er schnitt mir den Brustpanzer runter. Dafür bekam ich ein elastisches Korsett mit drei Druckpunkten.

Hattest du da keine Angst, dass etwas schiefgehen könnte? Das Kreuz ist ja ein extrem sensibler Bereich.

Nein. Ich hatte vollstes Vertrauen zum Doktor Scholl. Ich wollte nur so schnell wie möglich wieder fit werden und trainierte wie ein Besessener. Hinter seinem Haus war ein großartiges Reha-Zentrum für eher gut situierte Leute mit hervorragenden Therapeuten, die in mir ein perfektes Opfer hatten, weil ich unbedingt so schnell wie möglich wieder aufs Motorradl wollte. Dort lernte ich dann zum ersten Mal in meinem Leben, was es bedeutet, professionell zu trainieren. Während meines Aufenthaltes in Sankt Wendel habe ich eine Fitness aufgebaut, die ich vorher und nachher nie mehr erreichte. Diese ganz gezielten Übungen und die ständige Beobachtung durch den Therapeuten, der notfalls sofort die Haltung korrigierte, waren unglaublich wertvoll für mich. Ich pumpte mich bis zur vollkommenen Erschöpfung aus.

Mein Ziel war es, fünf Wochen nach der Verletzung wieder am Start zu stehen, also einen neuen Rekord bei der Genesung aufzustellen. Sorgen machte mir aber die Beweglichkeit im Knie. Auf der Morbidelli hatte ich ja nur Platz, wenn die Ferse fast den Hintern berührte, und das war aussichtslos. Ich konnte noch nicht einmal 90° abbiegen. Der Doktor Scholl blieb aber ganz gelassen und ruhig. Alles zu seiner Zeit.

Ich nehme an, das gradweise Abbiegen des Knies war mit erheblichen Schmerzen verbunden.

Im Laufe dieses Prozesses lernte ich den Unterschied zwischen „weh tun" und Schmerz kennen. Am Anfang hat es weh getan. Aber als ich nach vier Wochen noch immer nicht weiter als 90° abbiegen konnte, und ich dem Doktor Scholl zu verstehen gab, dass ich so unmöglich am nächsten Wochenende in Brünn starten könnte, war es bis zum Schmerz nicht mehr weit. Der Doktor sagte dem Therapeuten: „Jetzt." Und dieses Jetzt werde ich in meinem Leben niemals vergessen. Ich musste mich im Reha-Saal auf den Bauch legen, mit dem Kopf im Eck der beiden Sprossenwände eingeklemmt, der Therapeut fixierte meinen linken Oberschenkel am Boden und bog dann einfach das Bein, bis die Ferse beim Hintern war. Ich bin fast bewusstlos geworden. Das war ein Schmerz! Die Tränen sind waagrecht aus den Augen geschossen. Und es wurde nicht besser. Es tat beim zwanzigsten Mal noch immer genauso unerträglich weh. Das Gute aber war, dass das Bandl gehalten hat. Es gab ja nur zwei Möglichkeiten: entweder es hält, oder es reißt ab.

Und dann bist du wirklich in Brünn am Start gestanden?

Im Laufe der letzten Woche, in der ich weiterhin unermüdlich trainiert habe, ist es mir dann auch schon alleine gelungen, das Knie komplett abzubiegen, aber die Schmerzen waren halt ein Wahnsinn. Nur beim Gehen hat man mir überhaupt nichts angesehen, und da haben dann in Brünn schon viele gestaunt.

Nur fünf Wochen danach. Also ein klarer Sieg.

Ja, die sechs Wochen haben wir unterboten. Allerdings konnte ich bei den ersten Trainings in Brünn noch nicht auf Gedeih und Verderb loszünden. Das war aber insofern nicht dramatisch, als wir mit einer Datenaufzeichnung experimentierten. Das darf man sich nicht so vorstellen wie heute, sondern es war ein Walkman, der die Motorengeräusche aufnahm. Es war die Idee eines Deutschen, dessen Name ich vergessen habe. Eigentlich gut, aber richtig funktioniert hat es nicht.

Was war mit dem Knie?

Ein paar Runden konnte ich fahren. Dann wurden die Schmerzen einfach zu stark. Also rein in die Box und wieder trainieren. Da war ich unermüdlich. Allerdings hat auch das Trainieren so weh getan, dass ich eine kurze Erholungszeit brauchte, ehe ich aufs Motorradl steigen konnte. So absolvierte ich die Zeittrainings.

Das heißt aber, die volle Renndistanz war unmöglich.

Der Doktor hat mir zwar vor dem Start noch ein Jaukerl gegeben und gesagt „das müsste reichen", aber es hat nicht gereicht. Mitte des Rennens, ich lag am elften Platz und hätte sowieso keine Punkte bekommen, hab ich es einfach nicht mehr ausgehalten und bin in die Box.

Aber eine Woche später bist du in Misano aufs Podium gefahren. Wie war das möglich?

Ich hatte eine Woche Spielraum und konnte meine Übungen weitermachen. Allerdings habe ich leider im ersten Training schon gemerkt, dass mir das Knie nach ein paar Runden unbarmherzig weh tat. Der Therapeut behandelte mich mit Vereisungsspray, und ich fuhr weiter. Solang es ging. Musste ich in die Box, weil es trotz Sprays nicht auszuhalten war, trainierte ich.

Mörderisch, der Körper wird sich verflucht haben, dass er gerade zu dir gehören musste. Highspeed-Rehabilitation auf der Rennstrecke. Ohne Gnade.

Aber es hat noch nicht funktioniert. Durch das häufige Stehenbleiben zum Sprayen bin ich in keinen Rhythmus gekommen, konnte ich einfach keine schnellen Zeiten fahren. Also haben wir einen Schaumstoff um das Knie gewickelt, in die Lederkombi ein Loch geschnitten für den Schlauch einer Eisspraydose, die ich am Tank mit einem Tape festklebte, und fertig. Auf der Geraden konnte ich mich dann immer selber vereisen. So fuhr ich das gesamte letzte Training durch.

Unpackbar.

Das hat gepasst. Wir haben dann die Trainingseinheiten für das Knie deutlich reduziert, weil ich das Gefühl hatte, dass mir das unheimlich viel Energie kostete. Am nächsten Tag beim Rennen bin ich mit der Spraydose am Tank tatsächlich hinter dem Gresini Zweiter geworden.

Das ist echt ein Wahnsinn! Hat dich der lädierte Körper denn nicht gehemmt? Hattest du keine Angst, auf das Knie zu stürzen? Und an das Kreuz dachtest du gar nicht?

Durch die Spraydose hatte ich die Schmerzen im Griff, und alles andere beschäftigte mich nicht. Das Knie hat ja das extreme Verbiegen ausgehalten, das war jetzt unverwundbar. Und das Kreuz war durch das Korsett und den Rückenschutz gut aufgehoben. Ich fuhr einfach so schnell ich konnte. Das Podium in Misano nach dieser schweren Verletzung brachte mir in der Szene echten Respekt ein. Die wussten, dass man sowas nicht geschenkt bekommt. Man hat es mir auch im Gesicht angesehen, dass die letzten Wochen sehr hart waren.

Wirklich eine unglaubliche Leistung.

Nach der Siegerehrung ist einer von MBA zu mir gekommen. Wir fuhren zwar auch Morbidelli, aber wir standen natürlich in Konkurrenz zum MBA-Werksteam. Trotzdem gab er mir sechs Zahnräder und sagte, ich solle sie beim letzten Rennen in Jarama einsetzen.

Sechs Zahnräder?

Für die ersten drei Gänge. Ich bedankte mich, hatte aber keine Ahnung, was diese sechs Zahnräder für eine Wirkung hatten. Auch der Harald nicht. Er baute zwar die Zahnräder ins Getriebe und erkannte, dass die ersten drei Gänge anders als bei den Standard-Getrieben übersetzt waren, aber wieviel das letztendlich wert war, wurde für uns erst offensichtlich, als wir in Jarama noch einmal alles gaben. Und das Eigenartige war, dass man beim Fahren nichts gemerkt hat. Es ist einfach leicht gewesen. Der Vorteil, den die Garellis immer gehabt haben, war weg. In meiner selbstkritischen Art dachte ich noch, dass sich der Gresini und der Casanova im Training ein bisserl gespielt hätten, aber nachdem ich auch im Rennen das Tempo der Garellis mit einer ungeahnten Leichtigkeit halten konnte, überholte ich sie und hatte bald fünf Sekunden Vorsprung. Dann klappte mir aber in der letzten Kurve vor Start/Ziel das Vorderrad ein, der Vergaser lag in der Verkleidung, das Rennen war vorbei.

Bitter. Sehr bitter. Die Zahnräder hättest du früher bekommen sollen.

Es war der letzte Grand Prix der 125er Zweizylinder, und den hätten wir natürlich schon sehr gerne gewonnen. Mir ist aber klar geworden, wie meine Waffen im Vergleich zu den anderen ausgeschaut haben. Wir haben halt immer versucht, mit Leistung und Drehzahlband ein paar Zehnterln zu finden, und da bekomme ich von MBA sechs Zahnräder und kann auf einmal ganz leicht mit den Garellis mitfahren. Die Werksmaschinen hatten einfach für jede Strecke das passende Getriebe. Und wir haben maximal die

Endübersetzung geändert. In Jarama haben wir gemerkt, was auf diesem Sektor noch alles möglich gewesen wäre.

1985 warst du Dritter in der WM, 1986 Vierter, und was ist sich 1987 nach dieser schweren Verletzung noch ausgegangen?

Mit einem Sieg in Jarama wäre ich noch Dritter geworden, mit dem Nuller Fünfter. Zu Ende gegangen ist das Jahr mit dem Verkauf meiner Rennmaschine an Dirk Hafenegger. Allerdings wollte er sie nicht kaufen. Das hätte er schon zur Genüge getan, sagte er. Er kaufte eine Rakete und hatte dann eine lahme Gurke. Meine Maschine wollte er nur mieten. Inklusive technischer Betreuung. Heute sagt man Leasing dazu. Das war für mich in Ordnung. Eigentlich sogar ein Knaller. Denn ich bekam das Geld, das ich mir vorgestellt hatte, und blieb im Besitz meiner Grand-Prix-Maschine von 1987. Sie steht immer noch bei mir zu Hause. Meine letzte 125er. Mit einem Einzylinder anzutreten, kam für uns nicht in Frage. Da hatten der Harald und ich dieselbe Einstellung: ein Einzylinder ist ein Motocross-Motor.

Ich denke gerade an deine Verletzung und die verordneten zwölf Wochen Gips. Weißt du, ob jemand im Salzburger Krankenhaus registriert hat, wie du dich aufgeführt hast?

Das weiß ich. Weil ich nämlich nach meinem zweiten Platz in Misano - also sechs Wochen nach meinem Unfall - mit einem Strauß Blumen locker lässig im Krankenhaus aufgetaucht bin und den Schwestern herzlich gedankt habe. Die haben das nicht gepackt, wie fit ich war. Sicher, ihr Plan zur Genesung war ein anderer, aber der Doktor Scholl hat die Arbeit der Salzburger hoch geschätzt. Die Bandln haben alles ausgehalten.

Was hat das eigentlich gekostet beim Doktor Scholl, der Leichen wieder zum Gehen brachte?

Keinen Schilling. Er hat nichts verlangt. Aber ich habe dem verrückten, lieben Doktor einen Rennmotor von mir geschenkt. Er hatte eine echte Freude, auch wenn er damit nie etwas gewonnen hat.

Bitteres Ende

1988-1989: Keine Chance gegen die 250er Werksmaschinen - Sauteurer Werkskit entpuppt sich als Rohrkrepierer - Großaufspielende Manager und Agenturen ruinieren den Gustl - Aufrichtigkeit und Gutgläubigkeit führen zu 1,7 Millionen Schilling Schulden – Der Traum ist aus.

Gustl, ich möchte mich an dieser Stelle einmal herzlich bedanken, dass du mir die unglaubliche Geschichte deiner Rennfahrerei so detailreich vermittelst und mich den äußerst faszinierenden Wahnsinn solcherart miterleben beziehungsweise nacherleben lässt. Du bist elf Jahre ums Leben gefahren, hast deine gesamte Energie ins Motorradlfahren und -bauen gesteckt, hast quasi Tag und Nacht an dir und deiner Maschine gearbeitet, um alle anderen herzubrennen. Und dann warst du tatsächlich von 1985 bis 1987 drei Jahre lang absolute Weltspitze, konntest als Privatfahrer die Werkspiloten nicht nur ernsthaft bedrängen, sondern immer wieder auch ordentlich birnen. Ich packe es nicht, dass das alles nach vierzehn Jahren schlagartig vorbei war. Im letzten Rennen der 125er 1987 warst du noch schneller als alle anderen, bei den 250ern 1988 ist von deiner Dominanz nichts übrig geblieben. Und 1989 war sowieso der Supergau. Unglaublich, wie abrupt die so lange und so leidenschaftlich aufgebaute Erfolgsserie gerissen ist. An den Schuldenberg darf ich gar nicht denken. Entschuldige den derben Ausdruck, aber wie du von den Wichtigtuern zuerst hineintheatert und dann im Regen stehen gelassen wurdest, ist eine echte Sauerei. Was für ein unwürdiges Ende!

Das Ende war wirklich bitter. Es ist alles schief gelaufen. Aber wir konnten bei den 125ern einfach nicht mehr antreten. Die Reglement-Änderung machte es uns unmöglich. Das Mindestgewicht der Maschinen wurde von 75 auf 65 Kilo gesenkt, der Leistungsverlust durch die Umstellung von Zwei- auf Einzylinder machte rund 10 PS aus. Da war mit meiner Statur einfach nichts mehr zu holen. Also wechselten wir zu den 250ern. Dort wollten wir uns etablieren. Und ich war sehr zuversichtlich. Der Harald und ich entschieden uns für eine Aprilia, weil das Fahrwerk von Haus aus sehr gut war und der Motor von Rotax kam. Ein Drehschieber gesteuerter Tandem-Motor mit hintereinander positionierten Zylindern.

Aber hattet ihr mit dem Tandem-Motor nicht schlechte Erfahrungen gemacht?

Stimmt schon. Doch Rotax hat den Motor weiterentwickelt. Die Schwachstellen der ersten Serie waren längst ausgemerzt. Der Tandem aus Gunskirchen war 1988 eine gute Basis. Und da ich es schaffte, von Aprilia zwei Maschinen ohne Motor, also zwei Rolling Chassis' mit Öhlins-Komponenten, zu bekommen und die Motoren direkt von Rotax zu beziehen, war das Paket vergleichsweise günstig. Geld war 1988 ja sehr knapp, da große Sponsoren wie Atomic und Scharlachberg nicht mehr mitgezogen haben.

Der Rohrmoser hat ausgelassen?

Er hat mir zwei Jahre lang sehr geholfen, aber der Motorradl-Rennsport war nie mehr als ein Hobby für ihn. Und ich denke, er hat an einen erfolgreichen Wechsel in die 250er-Klasse nicht ganz geglaubt. Möglicherweise wollte er mich einmal fuhrwerken lassen und später wieder einsteigen, wenn ich alles im Griff hätte, aber so weit kam es nicht.

Wieviel Budget konntest du für die erste reine 250er-Saison aufstellen?

Um die 600.000,- Schilling.

Das war aber nicht viel.

Es war schwierig. Man konnte den Sponsoren ja keine großen Erfolge in Aussicht stellen. Dass das erste Jahr auch aus sportlicher Sicht nicht einfach werden würde, war jedem klar. Das Wichtigste für mich war, dass wir zu Beginn der Saison am Start stehen konnten, der Rest würde sich schon geben. So ist es immer gewesen. Es ist sich immer irgendwie ausgegangen.

Aber bei den 250ern war doch sicher viel mehr Geld im Spiel als bei den 125ern.

Das war dramatisch. Die Zigarettenfirmen, also Rothmans, Marlboro, Ducados und HB, pumpten soviel Geld in den Rennsport, dass sie von Honda zum Beispiel echte Werksmaschinen verlangten. Keine Production-Racer, sondern Werksmaschinen. Dafür legte man im Leasing eine Million D-Mark auf den Tisch. Diese Entwicklung war natürlich für Privatfahrer ein Wahnsinn.

Sieben Millionen Schilling nur für die Maschine?

Aber Leasing, nicht kaufen. Die Teams mussten jedes einzelne Teil am Ende der Saison wieder an Honda zurückgeben. Das wurde strengstens kontrolliert.

Na, da war's aber mit 600.000,- echt zum Abschwingen.

Es war wirklich schwierig, weil ja doch rund zehn Werksmaschinen am Start waren. Also wäre ein Top Ten Ergebnis für mich eine Sensation gewesen. Aber wer findet einen zehnten Platz vom Gustl großartig, wenn es die Jahre vorher schon eine kleine Enttäuschung gewesen ist, wenn er nicht am Podium war.

Keine Frage. Und ein mächtiger Sponsor, der an dich geglaubt und die Mittel für konkurrenzfähiges Material bereitgestellt hätte, war einfach nicht zu finden?

Ich habe alles versucht. Aber die deutschen Zigarettenfirmen sponserten natürlich lieber einen deutschen Fahrer als einen Österreicher, und in der Austria Tabak gab es ein hausinternes Abkommen gegen Sponsoring im Motorsport. Auch mit dem Herrn Mateschitz von Red Bull habe ich Gespräche geführt. Aber er war damals einfach noch nicht soweit und sah keine Möglichkeit, mir zu helfen. Die Firma war erst im Aufbau begriffen. Da war ein kleines Büro in Salzburg, auf der Straße fuhren ein paar

Minis mit den Dosen, und die alteingesessenen Getränkefirmen versuchten den Neuen zu ersticken, indem sie ihm unterstellten, ein gesundheitsgefährdendes Produkt zu haben. 1988 war Red Bull bei weitem noch nicht das, was sich in den Jahren danach daraus entwickeln sollte.

Aber das Gesprächsklima hat gepasst?

Absolut. Für Großes waren wir halt ein paar Jahre zu früh dran. Ein Werbemann der Austria Tabak fand dann eine Möglichkeit, das hausinterne Abkommen zu umgehen, indem ich mit einem speziell lackierten „Maverick"-Helm fahren sollte, den Bieffe in einer Kleinserie auflegen konnte. Das erzählte ich dem Herrn Mateschitz. Und er war von der Idee so angetan, dass er mir einen Red Bull Helm vorschlug. Das wäre ein Sponsoring im Rahmen seiner Möglichkeiten gewesen. Allerdings musste ich ablehnen. Es ist mir alles andere als leicht gefallen, aber ich war ja dem Werbemann der Austria Tabak schon im Wort. Doch entgegen meinen Befürchtungen, dass sich das Verhältnis dadurch zum Herrn Mateschitz verschlechtern könnte, wurde es sogar noch besser. Er hat gesehen, dass ich keine Flittschen bin. Wenn etwas ausgemacht ist, gilt es. So war es immer.

Mich beschäftigen immer noch die 600.000,- Schilling Budget. Zwei Motorradln, zwei Motoren und dann noch die ersten Rennen in Japan und Amerika. Da muss der Ofen doch schon aus gewesen sein.

Ganz so war es nicht. Pro Chassis musste ich 100.000,- Schilling hinblättern, für einen Motor 25.000,-. Das war sehr günstig. Heute hört man oft, dass im Grand Prix nur mehr 4-Takter zugelassen sind, damit die Kosten nicht explodieren, aber das ist natürlich ein kompletter Blödsinn. Der 2-Takter ist einfacher und günstiger. Auch heute noch.

Ich nehme einmal an, ihr habt in den Motor aber noch viel investiert.

Keine Frage. Wir fuhren zum Beispiel nicht die Original-Kurbelwellen, sondern spezielle von Höckle. Um 10.000,- Schilling das Stück. Da haben wir nie geknausert. Wenn der Harald der Meinung war, dass wir das brauchten, habe ich es gekauft. Ein Problem gab es mit der Membran-Steuerung des Auslassventils durch Unterdruck. Bei gewissen Drehzahlen konnte es passieren, dass die Membran unkontrolliert flatterte. Das hat uns gestört. Die Japaner hatten dieses Problem nicht, denn sie steuerten den Auslassschieber mit einem Servo-Motor, der mit der Zündung koordiniert war.

Das gab es vermutlich nicht einfach so zu kaufen.

Wir hätten nicht gewusst, wo. Der Harald hat aber eine aufwendige Lösung gegen das Flattern der Membran gefunden, und bis zum Start der Saison lief der Motor am Prüfstand zufriedenstellend. 75 PS waren nicht so wenig. Wir flogen zum ersten Rennen nach Japan.

Welche Strecke?

Suzuka. Es war nicht unbedingt wie ein Schlag ins Gesicht, aber es hat mir die Augen geöffnet. Denn dort saßen auch die japanischen Lokalmatadore, von denen man in Europa noch nichts gehört hatte, auf Leasing-Werksmaschinen. Es waren die Vorjahresmodelle, die die Europäer mit dem Zigarettengeld ein Jahr lang teuer bezahlt haben und dann zurückgeben mussten. Meine Aprilia ist gut marschiert, aber mehr als der 26. Platz war nicht drinnen. Das war schon ein Frust. Wir packten unser Zeug zusammen und flogen nach Laguna Seca.

Das muss alles mörderviel gekostet haben.

Ja, das war richtig Geld. Aber für uns war klar, dass wir entweder die gesamte Weltmeisterschaft fahren oder gar nicht. Und auf Laguna Seca habe ich mich sehr gefreut. Ich hatte viel von der extremen Korkenzieher-Kurve gehört und dachte, dass sie mir liegen könnte. Richtig getaugt hat mir auch der örtliche Honda-Händler dort. Bei uns hat man zu dieser Zeit in einem normalen Motorradgeschäft nicht einmal Rennzündkerzen bekommen, sondern nur Serienmaterial, aber hier in Amerika gab es den Servomotor samt Steckverbindungen und entsprechender Steuerungselektronik für den Auslassschieber. Es war wie das Schlaraffenland. Amerika war für mich sowieso ein Riesenerlebnis. Mein neuer Sponsor, der Ahrer in Innsbruck, stellte einen Kontakt zum amerikanischen Bieffe-Importeur in San Francisco her, der uns nicht nur ein Wohnmobil auflegte, sondern uns auch völlig unkompliziert den Schlüssel für seine Villa in die Hand drückte, nachdem er 15 Minuten mit uns geplaudert hatte. Dieses Vertrauen hat uns schon beeindruckt. Beim Rennen lief es dann weit besser als in Suzuka, ich wurde 14. Es war keine schlechte Platzierung, heute würde es zwei Punkte dafür geben, aber damals war man in der Öffentlichkeit vom Gustl halt Besseres gewohnt.

Und wie war der Korkenzieher?

Das ist eine unglaubliche Stelle. Es ist nur schade, dass das offensichtlich keine Kamera einfangen kann. Im Fernsehen kommt das einfach nicht rüber, wie steil die Strecke dort ist. Das Gefälle nach der Kuppe, auf der man blind umlegen muss, ist so groß, dass man die ersten 50 Meter nicht hinunterlaufen könnte. Beim Fahren hatte man das Gefühl, dass man einfach hinunterfällt. Wieviel Prozent Gefälle der Korkenzieher hat, kann ich nicht sagen, aber bei uns in Europa würde eine Rennstrecke mit einer derartigen Fallkurve nie genehmigt werden.

Klingt mörderisch. Und der 14. Platz war eine deutliche Steigerung zu Suzuka. Lief es im dritten Rennen dann noch besser?

Jerez war nie meins. Ich weiß nicht genau warum, aber Jerez hat mir nie sonderlich getaugt. Ich habe mit der Strecke nichts anfangen können, sie war für mich nicht einzuordnen. Allerdings hat die neue von Harald eingebaute Auslasssteuerung mit dem Servomotor top funktioniert, und ich bin im Rennen Elfter geworden, nur knapp an einem WM-Punkt vorbei. Mit dieser Entwicklung war ich sehr zufrieden. Aber meine Hoffnung, dass ein zusätzlicher Sponsor aufspringen würde, sobald die Ergebnisse besser würden, erfüllte sich nicht.

Wer hielt dir 1988 noch die Stange?

Beko, Castrol, Raiffeisen, der Ahrer, Emco und die Austria Tabak über Bieffe. Aber nachdem nach den ersten drei Rennen keine weiteren Gelder zu finden waren, wurde es richtig eng. Meine Maschine lief zwar gut, aber die Überrakete war sie in diesem Feld natürlich noch nicht. Und ich hatte nicht das Gefühl, dass der Harald noch den vollen Biss hatte, also dass er zu einer Verzweiflungsaktion, wie man sie manchmal als Fahrer macht, wenn man unbedingt gewinnen will und glaubt, es muss jetzt einfach gehen, bereit wäre. Der Harald hat natürlich weiter gedacht, was sein wird, wenn es der Gustl nicht schafft. Und er war halt immer anfällig auf klingende Namen. Aus seiner Sicht völlig richtig. Wenn du in diesem Sport als Tuner etwas reißen willst, musst du top Fahrer haben. Aber jedesmal, wenn so ein top Fahrer vorbei kam, hatte ich das Gefühl, kleiner zu werden. Ob das der Alberto Puig, der Patrick Fernandez, der Jeff Sayle war oder eben der Lindner Hans, der eine Zeit lang, wie damals der Minich Sigi, hochgehalten wurde. Ich kam mir dann immer mehr wie der Hackler in der Werkstatt vor. Und da es mit meinem Budget sowieso wahnsinnig knapp war, richtete ich mir beim Schwiegervater in der Doppelgarage eine Werkstatt ein und arbeitete dort an meinen Maschinen. Ich war schon immer wieder beim Harald - mit dem Auto war ich in zwei Minuten dort -, aber die enge Verbindung wurde lockerer.

Klingt nach einem Bruch.

Es war kein Bruch. Aber ich war an dieser Stelle empfindlich. Bei den 250ern waren wir wirklich unter Druck und hätten den vollen Biss gebraucht. Ich wollte am liebsten, dass wir Tag und Nacht an der Verbesserung der Aprilia werken. Stattdessen musste ich aber mitanschauen, dass wir erst an meiner Maschine arbeiteten, nachdem die Arbeiten an den Maschinen der anderen erledigt waren. Das hat mich getroffen. Das war in meinen Augen nicht in Ordnung.

Absolut verständlich. Aber konnte man das nicht ausreden?

Ausreden war ganz schwierig. Weil der Harald und ich in dieser Beziehung aus dem selben Holz geschnitzt waren. Zwei Stierschädeln halt. Funktioniert hat das lange Zeit deshalb so gut, weil ich am Gesicht vom Harald ablesen konnte, was richtig und was falsch ist, also ob ihm etwas taugt oder nicht. Aber beim Sprechen waren wir nicht gut. Und als ich das Gefühl hatte, nur mehr der Hackler zu sein, während die anderen als Rennfahrer behandelt wurden, zog ich mich zurück. So fuhr ich mit meinem Zeug nach Imola und wurde 15. Nicht schlecht, aber gebracht hat es natürlich nichts. Und dann kam der Salzburgring. Am Start auch der Lindner Hans. Ein intelligenter, schneller Bursche, sehr clever und in aller Munde. Ich habe mich mit ihm sehr gut verstanden, er war ein wirklich netter Kerl, aber dass die Leute ihn schon höher einschätzten als mich, hat mich gewurmt. Er fuhr auch eine Aprilia mit dem Rotax-Tandem. Sein Mechaniker war der Brandstätter Heini. Ein fähiger Mann, der mit dem Harald sehr gut konnte und sich unter der Hand immer wieder wertvolle Tipps abholte. Und dazu gab es natürlich die volle Unterstützung vom Rotax-Werk. Die hatten wir nicht, da das Verhältnis zwischen Rotax und Bartol alles andere als gut war. Wenn der Lindner Erfolg hatte, war es eine astreine Rotax-Maschine, hätten wir Erfolg gehabt, wäre es eine Bartol-Maschine gewesen. Jedenfalls habe ich am Salzburgring alles gegeben, habe voll riskiert und bin 18. geworden. Der Lindner Hans aber ist in die Punkte gefahren. Damit wurde meine Position noch schlechter. Ich bin ja am Salzburgring immer der Publikumsliebling gewesen, und auf einmal gurke ich hinten herum, während der andere viel weiter vorne fährt. Ich habe richtig gespürt, wie ich im Ansehen falle, während er steigt.

Das ist natürlich von der psychischen Komponente her eine feste Bremse.

Ich war wie im Retourgang. Mir ist nichts mehr aufgegangen. In Assen wurde ich 23. und in Spa immerhin 13. Aber weit entfernt von den Punkten. Heute weiß ich, dass mich auch die finanzielle Situation im Unterbewusstsein sicher schwer belastet hat. Es ist sich hinten und vorne nicht mehr ausgegangen. Ich kam enorm unter Druck. Und obwohl ich mir sagte, dass das jetzt vierzehn Jahre lang gutgegangen ist und mir die Raiffeisenkasse in Lambach schon aus der Patsche helfen werde - was sie ja auch tat, indem sie mir weiteres Geld borgte -, war ich alles andere als unbeschwert. In Rijeka reichte es für den 14. Platz, und in Paul Ricard konnte ich erstmals in die Punkte fahren. Ich wurde Zehnter. Gemessen daran, dass so viele wirklich schnelle Motorradln am Start waren - nicht nur die Werkshondas waren eine Übermacht, sondern auch die Kit-Yamahas sind fantastisch marschiert -, war ein Platz zwischen 10 und 15 eh großartig, aber zufrieden war ich dennoch nicht. Ein zehnter Platz war kein Rutscherl fürs Geldtascherl. Der achte in Schweden dann auch nicht. Und ein Podium war undenkbar. Dummerweise bin ich dann auch noch das letzte Rennen der Saison gefahren. In Brasilien. Unglaubliche Transportkosten - für einen zwölften Platz. Aber wie gesagt: Wenn, dann fahren wir die ganze Weltmeisterschaft. Letztendlich hat es für den 16. Platz im Gesamtklassement gereicht. Ich war der beste Privatfahrer auf Rotax. Den Harald Eckl zum Beispiel habe ich hinter mir lassen können. Insofern gab es bei aller Ernüchterung auch ein paar kleine Lichtblicke. Gemessen an meinem extrem kleinen Budget war ich gar nicht so schlecht unterwegs gewesen. Andererseits ist es aber sehr offensichtlich geworden, dass wir zwar in der 125er Klasse mit voller Leidenschaft und der Erfindungskunst vom Harald ganz vorne sein konnten, in der 250er Klasse das aber bei weitem nicht mehr reichte.

Kamen auch Zweifel an deinen fahrerischen Fähigkeiten dazu?

Aus dem Umfeld schon. Aus dem Eck der Bartol-Freunde hörte ich immer wieder bewundernde Sager wie: „Der Lindner driftet", „Der Lindner fährt quer" und „Der Lindner legt richtig um", über mich hörte ich derart Positives nicht mehr. Aber trotz dieser Kränkungen hatte ich im Bezug auf das Fahrerische keine Selbstzweifel. Ich wusste, dass ich mit einer würdigen Rakete unterm Hintern ganz vorne mitfahren könnte. Das habe ich mir hundertprozentig zugetraut. Übrigens der Luca Cadalora auch. Bei einem Interview, in dem er vor dem Wechsel von der 125er Klasse in die 250er 1988 gefragt wurde, wie er sich selber einschätze, sagte er, er werde sich am Gustl Auinger orientieren. Leider konnte ich dann mit seiner Werksyamaha vom Team Agostini halt überhaupt nicht mithalten.

Und ein Werkssattel für dich war aussichtslos?

Keine Chance. Der österreichische Markt war für Motorradhersteller verständlicherweise komplett uninteressant. Aber als ich spitz kriegte, dass Yamaha für 1989 vier Werks-Kits für die 250er WM auflegte, schöpfte ich Hoffnung. Nicht nur, dass ich damit eine Möglichkeit sah, eine konkurrenzfähige Rakete ergattern zu können, sondern ich hoffte auch, dadurch einen Fuß in die Tür eines der großen japanischen Werke zu bekommen. Das hat mich angetrieben wie narrisch. Ich musste diesen Kit haben, unbedingt.

Wie viele solcher Kits hat es denn gegeben?

Vier Stück. Einen für den Alexander Barros, einen für den Alberto Puig, einen für den Manfred Herweh, und ein einziger war noch frei.

Kostenpunkt?

540.000,- Schilling.

Also das gesamte Budget von 1988.

Die 600.000,- haben 1988 natürlich nicht gereicht. Ich hatte ein ordentliches Minus am Ende der Saison. Aber ich wollte nicht aufgeben. Ich war überzeugt, mit der Yamaha und dem Werks-Kit auch in der 250er Klasse groß aufzeigen zu können. Daran hatte ich nicht den leisesten Zweifel.

Das ist das Widerliche am Motorsport auf höchster Ebene. Selbst der beste Fahrer kann überhaupt nichts reißen, wenn die Maschine keine Rakete ist. Andererseits kostet schon eine 250er Rakete so unglaublich viel, dass man sich das als Privatfahrer eigentlich nicht leisten kann. Selbst wenn man wie du jeden Schilling immer und überall in die Maschine pulvert. Konntest du denn für 1989 neue, finanzkräftige Sponsoren finden?

Es war wie ein Wunder. Der befreundete Motorsport-Journalist Günther Wiesinger, der immer wieder versucht hat, mir irgendwohin eine Rutsche zu legen, der mir wirklich helfen wollte, erzählte mir von einem Wiener Unternehmen, das für 1989 ein Rennteam plante. Heute bestreitet er das zwar, aber er hat mir damals - selbstverständlich mit besten Absichten - empfohlen, mich dort zu informieren, mich schlau zu machen.

Ab jetzt wird's wohl richtig grausam.

Dabei hat es richtig gut ausgeschaut. Ich hatte bereits über Hoststettler in der Schweiz zwei Yamaha Production-Racer und einen Werks-Kit in Aussicht.

Aber noch kein Budget.

Zuerst brauchte ich einmal eine konkurrenzfähige Maschine, ehe ich Sponsoren überzeugen konnte. Die Production-Racer, die ja nur verbesserte Serienmaschinen waren, kosteten 120.000,- Schilling das Stück, der Kit die erwähnten 540.000,-.

120.000,- hat ja schon die Morbidelli Anfang der 80er Jahre gekostet.

Die Yamaha war echt billig. Da wurden auch ganz andere Stückzahlen hergestellt als von der Morbidelli. Aber nur mit dem Production-Racer konnte man nichts reißen. Der Kit war unumgänglich. Alle, die 1988 diesen Kit hatten, waren konkurrenzfähig. Und dass ich 1989 einer von vier Fahrern weltweit sein würde, der diesen Kit bekommt, hat meinem Ego sehr gut getan.

Was war mit dem Wiener Unternehmen?

Geheißen hat es Project Consult, spezialisiert auf Personal Leasing. Die Ansprechperson war der Herr Pappenscheller. Er saß in einem schönen Büro und war ein Typ, von dem man nach fünf Minuten den gefestigten Eindruck hatte, dass er ein lieber Kerl war. Er hat zugehört, ließ seine unbedingte Leidenschaft für den Motorradl-Rennsport durchblicken, und sagte dann nach einer Weile: „Was würdest du verlangen, wenn du für mich fährst?“ Das hat mich komplett aus dem Gleis g'haut. Mit so einer Frage bin ich noch nie konfrontiert worden. Ich fragte nach, wie er das meine. Und da erklärte er mir, dass er ein Team aufstellen wolle mit allem Drum und Dran. Aber da ich ja auch von etwas leben müsste, wollte er wissen, wieviel Geld ich im Monat benötigte und ob ich mit 10.000,- Schilling zufrieden wäre. Für mich war das unpackbar.

Das glaube ich. Da muss der Puls in die Höhe geschnellt sein.

In meinem Hirn war eine Achterbahn. Ich bedankte mich, versprach mir das durch den Kopf gehen zu lassen und fuhr mit dem Auto zurück nach Oberösterreich. Und je länger ich darüber nachdachte, desto mehr kam ich zum Schluss, dass da etwas faul sein müsste. Das konnte es gar nicht geben. Also rief ich den Schneckerl von Castrol, der Gott und die Welt samt Teilen der Unterwelt kannte, an, erzählte ihm von dem sensationellen Angebot und bat ihn, Erkundigungen über Project Consult einzuholen. Sein Rückruf hat nicht lange gedauert: „Oida, blütenweiß!" Damit war für mich alles klar.

Logisch. Wie stellte sich der Herr Pappenscheller das Team vor?

Er sah ein österreichisches Team mit mir als 250er-WM-Fahrer, der Lindner Hans sollte bei der Superbike-WM antreten, der Dauer Karl bei den 500ern national, der Baumann Manfred bei den 125ern und noch ein Junger bei den 125ern, dessen Namen ich leider vergessen habe. Ich weiß aber noch, dass er ein Herz wie ein Löwe hatte. Das nötige Geld sollten Sponsoren bereitstellen. Ich fühlte mich lange wie auf einer Wolke, aus der ich jeden Moment fallen könnte. Aber das Projekt nahm immer mehr Formen an. Project Consult bestellte meine Yamahas und den Kit. Und ich weiß noch, wie ich dachte: Wenn das alles kommt, ist es ein Wahnsinn. Dazu muss ich noch sagen, dass die Gespräche mit dem Pappenscheller in Wien immer extrem angenehm waren. Ich hatte immer das Gefühl, dass er mich genau verstand, dass er genau wusste, worum es mir ging, und dass er einfach dabei sein wollte, wenn ich bei den 250ern aufs Podium fuhr. Das Büro war picobello zusammengeräumt. Heute werde ich stutzig, wenn ich so etwas sehe, damals nicht.

Muss ich mir merken.

Einmal saß ich wieder beim Pepi, also beim Pappenscheller…

Entschuldigung, dass ich mich jetzt fürchterlich abhauen muss, aber der Name Pepi Pappenscheller ist einfach zu viel für mein kindliches Gemüt.

War aber wirklich ein lieber Kerl. Jedenfalls saß ich ihm gegenüber und ihm dürfte mein Gewand aufgefallen sein. Das hatte bei mir überhaupt keinen Stellenwert, dafür habe ich nie etwas ausgegeben. Da rief er einen Mitarbeiter ins Büro und sagte: „Geh mit dem Gustl zum Tlapa. Zieh ihn an." Und da habe ich dann ein

Sakko und eine Hose bekommen, damit ich etwas gleichschaue.

Herrlich.

Auch der Auftritt im Fahrerlager war dem Pepi wichtig. Er fragte mich, was wir da brauchen würden. Und ich sagte ihm, dass ein geteilter Sattelauflieger mit Wohnbereich und Werkstatt der allgemeine Trend im Grand-Prix wäre. Er meinte, dass wir das unbedingt haben sollten, und ich fuhr zur Firma Hangler in Oberösterreich, um die Anforderungen abzusprechen.

Muss eine Mördermarie gekostet haben.

Sicher, aber das war kein Thema. Die Werkstatt wollte ich selber einrichten, den Wohnbereich übergab der Pepi der Firma Meingast. Genauso wie die Innenausstattung des Busses vom Lindner Hans. Dann machte der Pepi noch einen Deal mit Steyr, und wir bekamen für unseren Auflieger die neueste Zugmaschine mit dem stärksten Motor.

Was war mit den beiden Yamahas samt Werkskit?

Sobald die beiden Maschinen in der Schweiz bei Hoststettler angekommen waren, setzte ich mich mit einem Mitarbeiter vom Pappenscheller in Bewegung, und wir holten sie ab. Der Kit sollte wie vereinbart erst beim Rennen in Japan direkt von den Yamaha-Ingenieuren ausgeliefert und gleich eingebaut werden.

Ein Traum wurde wahr.

Zumindest schaute es ganz danach aus. Und wir fuhren sogar vor dem Saisonstart nach Spanien testen. Die Miete für einen Tag in Jerez kostete um die 150.000,- Schilling, wir brauchten selbstverständlich zwei Tage. Das war aber noch nicht alles. Der Pepi wollte die Journalisten dabei haben. Jeder bekam einen Flug, ein Einzelzimmer in einem tollen Hotel und ein eigenes Leihauto, damit niemand mit einem anderen mitfahren musste. Wenige Tage vor dem Test bekam der Pappenscheller noch einen Anruf vom Giacomo Agostini. Er hatte damals nicht nur ein 250er-, sondern auch ein 500er-Team mit dem Eddie Lawson als Fahrer. Und er brauchte dringend eine Teststrecke. Da alles ausgebucht war, rief er an und fragte, ob er sich uns anschließen und an den Kosten beteiligen könnte. „Selbstverständlich“, sagte der Pepi, „und selbstverständlich seid ihr eingeladen“. Das hat dem Agostini, der bekannt dafür war, jede Lira sieben Mal umzudrehen, bevor er sie ausgab, voll zugesagt. Pressetechnisch war das für unser Team kein schlechter Schachzug. Aber halt nur solange Geld keine Rolle spielte.

Ist schon unglaublich, unter welchen Bedingungen du auf einmal rennfahren konntest. Ich nehme an, die Gehaltsschecks sind auch eingetrudelt.

10.000,- Schilling. Pünktlich am Konto. Und die beiden Yamahas, und der Auflieger, und die Teststrecke. Ich war bis in die Haarspitzen motiviert und ließ es in Jerez richtig krachen. Der Production-Racer von Yamaha war sehr einfach zu fahren, ich fühlte mich sofort wohl und war auf Anhieb schnell. Sehr schnell. Das machte mir eine Riesenfreude. Die Journalisten haben sich dann schon die Kurven für spektakuläre Bilder ausgesucht, und ich war voll drauf. Es ist mir alles extrem gut von der Hand gegangen. Und auch, als ich am zweiten Tag dann eine Maschine fest in den Kies bohren ließ, wurde meine Euphorie keineswegs getrübt. Ich hatte ja noch eine zweite, mit der ich weiter trainieren konnte.

Klingt nach zwei sehr guten und sehr schnellen Tagen.

Der ganze Spanien-Trip war ein Traum. Schon wie ich den Sattel mit der mörderischen Zugmaschine - die war für einen Film präpariert gewesen und brachte solo echte 150 km/h! - die 3.000 Kilometer hinuntergeschliffen habe, war ein großartiges Erlebnis. Kein einziger LKW konnte uns überholen. Dann dort gemeinsam mit dem Lawson und dem Agostini testen, schnelle Zeiten fahren, viele interessierte Journalisten um sich haben - einfach nur großartig. Es war alles perfekt. Aber als ich von Spanien heimkam, war es auf einmal ganz ruhig. Ich konnte den Pepi telefonisch nur mehr sehr schwer erreichen, Gehalt war auch keines überwiesen, und die Firma Hangler wollte wissen, wann der Auflieger denn jetzt bezahlt werden würde.

Oh, oh, kommt jetzt schon der Platzer?

Noch nicht ganz. Ich fuhr nach Wien und sagte dem Pepi, dass der Auflieger noch nicht bezahlt sei. Er meinte, dass sich die Firma Hangler nicht ins Hemd machen solle, das Geld würde von der PSK Leasing kommen, und es würde halt noch ein bisserl dauern. Alles würde über Leasing finanziert und mit den Sponsorgeldern bezahlt.

Aber es gab keine Sponsoren, oder?

Zumindest keine, die derartige Summen eingezahlt hätten, wie wir sie in zwei Tagen in Jerez verheizt haben. Und ich spürte genau, dass etwas nicht stimmte. Die Leidenschaft, mit der der Pappenscheller anfangs das Projekt vorantrieb, war wie weggeblasen, und immer öfter war er einfach nicht zu sprechen. Bis dann der Traum endgültig platzte. Die Firma gehörte nämlich nicht dem Pepi, sondern sie gehörte seiner Frau. Und wie die dann - wohl auch durch die vielen Presseberichte über Jerez - die Tragweite des Rennprojektes und die gewaltigen Kosten erkannte, drehte sie schlagartig den Geldhahn zu.

Eine Katastrophe!

Das war es. Der Pappenscheller hatte geglaubt, dass er das Geld, das er in das Projekt stecken musste, doppelt und dreifach von Sponsoren bekommen würde, seine Frau, die das Geld hatte, aber nicht. Das war das Aus für das Rennteam. Und ein riesiges

Durcheinander. Unter anderem deshalb, weil ja der 540.000,- Schilling Kit schon bestellt war. Er sollte beim ersten Rennen in Japan von den Ingenieuren vor Ort eingebaut werden. Aber vorher musste bei Hoststettler das Geld eingehen.

Ich nehme an, das war nicht dein einziges Problem.

Nach dem blitzartigen Aus des Teams war heller Aufruhr. Natürlich gab es allerorten Besserwisser, die mich einen gutgläubigen Trottel schimpften, weil es ja offensichtlich gewesen war, dass das nie und nimmer funktionieren hätte können. Im Nachhinein war das leicht. Aber ich war ja nicht der Einzige, der dem Pappenscheller geglaubt hat. Dunlop zum Beispiel ist miteingestiegen und hat dem Team die Reifen zur Verfügung gestellt, Loctite war als Sponsor dabei, Shell auch, und Honda war Partner - der Lindner Hans sollte ja mit zwei RC30 antreten. Also da ist nicht der dumme Gustl alleine hineingefallen, da waren schon auch andere dabei, denen man nicht so einfach Naivität unterstellen konnte. Alle haben daran geglaubt, aber der Trottel war ich.

Na, da werden sich die Neider gefreut haben.

Es war schlimm. Dann traf ich den Pappenscheller in Wien, und er stellte mir einen Freund der Familie, der Gerichtsvollzieher war, vor. Er sollte das Team um eine Million Schilling kaufen und weiterführen.

Das kann aber kein guter Freund gewesen sein. Einen Haufen Schulden in Form von Leasing-Raten um eine Million Schilling kaufen, klingt nicht nach einem tollen Geschäft.

Er hatte vom Rennsport überhaupt keine Ahnung. Ich schilderte ihm aufrichtig die Lage und riet ihm dringend davon ab. Aber er wollte nicht einsehen, dass es ein reines Himmelfahrtskommando war. Und nachdem er darauf beharrte, das Team zu kaufen, bat ich ihn, mich freizugeben.

Aber du warst doch der größte, wenn nicht sogar der einzig relevante Wert dieses Teams. Woher sollten dann noch Sponsorgelder kommen?

Ich konnte nichts anderes tun, als dem sogenannten Freund der Familie mit allem Nachdruck die Sache auszureden. Aber seiner Bitte, ich sollte mit ihm in ein Kreditbüro gehen, damit er die nötige Summe zum Kauf des Teams bekommen würde, konnte ich keinesfalls nachkommen. Ich musste raus. Unbedingt. Aber das war gar nicht so einfach. Erst nach mehreren Gesprächen einigten wir uns derart, dass ich von PSK-Leasing die beiden Yamahas und den Sattelauflieger übernehme und die von Steyr zur Verfügung gestellte Zugmaschine verwenden darf. Ich hatte also meine Motorräder und einen Transporter und konnte somit starten. Über das Drumherum machte ich mir nicht viele Gedanken nach dem Motto: Wird schon gehen, ist ja immer irgendwie gegangen.

Aber im Geld warst du in diesem Moment wohl kaum.

Ich hatte keinen Knopf Geld und noch die Schulden vom letzten Jahr. Aber ich hatte die Gewissheit, dass mich die Raiffeisenkasse nicht hängen lassen wird. Und außerdem hatte ich Freunde beim ORF, die immer wieder nachgefragt haben, wie es so läuft und wie es mir geht. Jetzt bat ich sie um Hilfe. Ich war einer von vier Fahrern auf der Welt, die den Yamaha-Werkskit bekommen sollten, aber ich hatte keine Ahnung, wie ich ihn bezahlen sollte. Man lud mich zu Sport am Montag ein, und dort konnte ich meine prekäre Situation und wie es dazu gekommen ist darstellen.

Tolle Bühne.

Wie im Märchen hat sich eine Linzer Sportagentur gemeldet. Sie würden mir selbstverständlich helfen und mich für die laufende Saison übernehmen. Das war großartig. Mir war, als ob ich den Kopf aus der Schlinge gezogen hätte. Bei den anschließenden Gesprächen war alles eitel Wonne, Sonnenschein. Das Geld für den Kit wurde gleich an Hoststettler überwiesen, die entsprechenden Mittel sollten von Sponsoren kommen, die sowieso schon Kunden der Agentur waren mit einer Nähe zum Motorsport. Maschinen und Auflieger wurden neu lackiert. Dann flog ich nach Japan zum ersten Rennen.

Die Reise zum Werkskit.

Der Manfred Herweh stand neben mir in der Box, als die Werkskits geliefert wurden. Der Ingenieur kam mit einer riesigen Kiste voller Teile. Zylinder, Köpfe, Kolben, Auspuff, Zündung, Membranblätter und vieles andere mehr. Wir beide hatten eine enorme Freude und montierten unter Anleitung des Ingenieurs die neuen Teile. War eh keine Doktorarbeit. Dann kam das erste Training.

Und?

Der Kit hat die Wurst nicht vom Brot gezogen. Absolut nicht. Das Motorradl ist nicht marschiert.

Verdammt.

Der Herweh war außer sich. Er war technisch extrem versiert und konnte sich nicht erklären, warum das jetzt schlechter war als im Serienzustand. Der Ingenieur kontrollierte unsere Montage, sah aber keinen Fehler. Also fuhren wir wieder raus. Ohne Verbesserung. Es war eine Katastrophe. Und jedesmal wenn ich den japanischen Ingenieur mit einer Frage konfrontierte, ob zum Beispiel der Vergaser fetter bedüst werden sollte, wiederholte er seine Standardantwort: „Maybe". Er wollte oder er durfte einfach keine Verantwortung übernehmen. Jedenfalls waren der Herweh und ich maßlos enttäuscht und am Boden zerstört. Mit unseren sauteuren Luftpumpen mussten wir beim Rennen starten und fuhren im Sanktnimmerleinsland spazieren. Ohne Aussicht auf Punkte. Für das nächste Rennen in Australien versprach uns der Ingenieur ein neues Eprom für die Zündung.

Hat es was gebracht?

Es war eine Verbesserung spürbar. Auch weil wir neue Kolben einbauten. Durch den flachen Boden kam es so oft zu unkontrollierten Explosionen am Rande der Quetschkante, dass man nach dem Training und nach dem Rennen die Kolben tauschen musste. Insofern war die Freude über die vielen Kolben in der großen Kiste rasch verflogen. In Australien hat es für einen 15. Platz gereicht. Daran erinnere ich mich genau, weil mir ein ausgewanderter Oberösterreicher, der in Australien zuerst sehr viel Geld verdient und sich dann der christlichen Lehre verschrieben hatte, sagte: „Sei nicht traurig, Gustl. Nur vierzehn auf der ganzen Welt waren schneller als du. Darauf kannst du stolz sein."

Guter Prediger.

Wir mussten weiter nach Laguna Seca. Als ich im Frachtbüro die Kreditkarte auf den Tresen legte, hatte ich keine Ahnung, ob ein Geld am Konto war. Aber es funktionierte. Das Rennen in Amerika war aber ein Desaster. Es brannte den Kolben runter bis zum Ring, und das Werkl ist gestanden. Es war zum Verzweifeln. Auch der Herweh war fertig. Im Vergleich zum Standardmotorradl war der Kit ein Retourgang. Aber wir mussten damit fahren. Etwas besser gegangen ist es dem Barros und dem Puig. Sie waren zwar auch weit abgeschlagen, aber nicht so dramatisch wie der Herweh und ich. Sie verheizten die Kolben, als ob es kein Morgen gäbe.

Der Bartol war nicht mehr dabei?

Der Harald war schon bei den Rennen, aber er betreute andere Leute. Damals war es der Spanier Juan Cariga. Und der Harald ist leider niemals von sich auf die Idee gekommen, mich zu fragen, wie es mir geht.

Das ist aber eine feste Niederlage. Eigentlich unpackbar nach dieser langen, extrem intensiven und erfolgreichen Zusammenarbeit.

Nachdem der Pappenscheller kein Interesse hatte, den Bartol im Team und auf der Gehaltsliste zu haben, gab es für 1989 keine Zusammenarbeit zwischen dem Harald und mir. Und so konnte ich aus meiner Sicht nicht jetzt zum Harald gehen und um Hilfe bitten. Ich hatte ja überhaupt kein Geld mehr, um ihn zu bezahlen.

Was war dann beim ersten Europa-Rennen in Jerez?

Die Zeiten, die ich beim Test mit der Serienmaschine fuhr, konnte ich mit dem Kit nicht mehr erreichen, obwohl ich wirklich ums Leben gefahren bin. Bis ich dann umgeschmissen habe. Und der Input von Yamaha ist immer weniger geworden. In Misano hat es mir dann wieder den Kolben runtergebrannt, bis der Motor gestanden ist. Es war furchtbar. Dann fuhren wir nach Hockenheim. Erschwerend kam hinzu, dass es sich finanziell hinten und vorne nicht mehr ausgegangen ist. Die Agentur hatte zwar zu Loctite, die geblieben sind, noch Ergo und Maitron als Sponsoren gewinnen können, doch es kam kein Geld zu mir. Ich hatte aber die Leasing-Raten zu zahlen, jedes Monat 25.000,- Schilling. Dazu noch den Kredit vom Auflieger. Der Druck bei den Zahlungen war schon so groß, dass ich Angst hatte, sie könnten mir an der Grenze die Motorradln einziehen. Ich war dermaßen am Limit, dass ich mir keinen einzigen Sturz mehr leisten hätte können. So wurde ich in Hockenheim 19., am Salzburgring gar nur 24. Fast schon mit Tränen in den Augen. Ich wusste wirklich nicht mehr weiter. Ich hatte schon mein Auto verkauft und meine schönen Team-Jacken zu Geld gemacht. In Rijeka wurde ich 17. und in Assen 16. Es war trostlos. Und dann kam Spa. Stürzen verboten. Hätte ich die Öhlins-Gabel beschädigt, wäre es aus gewesen. Ich war pleite. Und jeder Anruf bei der Sportagentur brachte dieselbe Auskunft: „Es ist kein Geld da. Wir kriegen keine neuen Geldgeber, wenn du keine Erfolge hast."

Du musst enorm unter Druck gestanden sein.

Von allen Seiten. Und es musste ein Ergebnis her. Da ich beim Motor keine Möglichkeit mehr sah, Verbesserungen herbeizuführen, richtete ich mein Augenmerk auf das Fahrwerk. Nach jeder Trainingseinheit baute ein Öhlins-Techniker die Gabel aus und veränderte das Setting - es haben sich wirklich alle bemüht -, bis ich dann zur letzten Trainingssession antrat. Ich fuhr am letzten Loch, ich konnte einfach nicht mehr schneller, aber dennoch waren die Signale an der Boxenmauer enttäuschend. Zeit und Platzierung waren nichts wert. Gegen Schluss kam ich aus der Zielkurve mit einem Wheelie heraus und sah, dass der Rennleiter im Begriff war, mit der Fahne auf die Strecke zu kommen. Damit blieb mir noch eine einzige Runde für eine schnelle Zeit und einen guten Startplatz fürs Rennen. Nach der Start/Ziel-Geraden kam die Eau Rouge, die Herzpassage, und dann ging es relativ lange gerade leicht bergauf, ehe man eine scharfe Rechts-Links-Rechts-Schikane anbremsen musste. Diesmal bremste ich aber nicht beim üblichen Punkt, sondern erst eine Nuance später. Doch wie ich dann endlich auf den Hebel griff, gab es null Widerstand. Die Bremse war nicht vorhanden. Überhaupt nicht.

Wie schnell?

Da war eine Messung von Tag Heuer: 252 km/h.

Oh, oh.

In Wirklichkeit hat man nur ganz wenig Zeit, um eine Entscheidung zu treffen, aber subjektiv wirkt das viel länger. Nach mehrmaligem Pumpen war klar, dass es einfach keine Bremse gab und die Schikane so nicht zu nehmen war. Die Flucht durch die Schikane über die Grünfläche war unmöglich, da dort das Rettungsauto stand, und geradeaus fahren war auch unmöglich, weil dort ein riesiges Fabrikstor mit stählernen Stäben die Ausfahrt auf die öffentliche Straße blockierte. Dazu kam noch, dass viele Fahrer in diesem Bereich mit ihren Maschinen standen, die nach dem Vollgas auf der Geraden den Motor abstellten, um über das Bild der Zündkerze Aufschlüsse über die Vergasereinstellung zu bekommen.

Plug-Job.

Genau. Mein abschließender Gedanke war dann folgender: Fährst du geradeaus, kommst du hinter dem Fabrikstor als Pommes Frites heraus, also schmeiß um. Und das machte ich dann auch. Ich rutschte elendsweit. Die Maschine ist in den Straßengraben geschlittert, kam mit voller Wucht wieder heraus und schlug im Tor ein. Ich selbst kam kurz vorher zum Stillstand. Dann war es ruhig. Unerträglich ruhig. Aber wie ich dann aufstand, gab es plötzlich tosenden Applaus. Die Fahrer, die den Plug-Job ausgeführt hatten und beobachten mussten, wie ich ohne Bremse auf die Schikane zunagelte, würdigten mein überlegtes Manöver. Was aber nichts daran änderte, dass die Maschine fetzenhin war.

Konntest du in Erfahrung bringen, warum die Bremse nicht vorhanden war? Sind die Packerln weggeflogen?

Es war eine Folge des häufigen Gabelaus- und -einbaus. Beim letzten Einbau dürfte der Techniker den Negativfederweg nicht berücksichtigt haben. Das heißt, dass das beim Wheelen entlastete Vorderrad am Bremsschlauch zerrte, bis sich die Verbindung löste. Die Maschine war jedenfalls nicht mehr für das Rennen am nächsten Tag flott zu kriegen. Also packte ich den ganzen Schrott zusammen und fuhr nach Hause.

Mit einer Ganzkörperprellung?

Ich selber hatte gar nichts. Nicht einmal einen Kratzer. Ich bin mit meiner Lederkombi am Asphalt dahingeschlittert und habe mich so großflächig wie möglich ausgebreitet, um bestmögliche Bremswirkung zu erzielen, und bin vor dem Tor liegen geblieben.

Wie schmeißt man eine 252 km/h schnelle Maschine um?

Ich habe einfach den Lenker brutal nach links eingeschlagen und mich von der Verkleidung runterfallen lassen. Es ist mir nichts anderes übrig geblieben. Natürlich war es ein Glück, dass ich da ohne Kratzer davongekommen bin, aber ich war dennoch am Ende. Ich hatte einfach keinen Spielraum mehr. Ich war am Limit. Endstation. In Assen habe ich dann dem Barros und dem Puig, die mit dem Zigarettengeld im Hintergrund so viel Material verschlissen, dass ihr Kolbenkontingent aufgebraucht war, zwei meiner Kolben verkauft, um mich über Wasser zu halten. In Donington wurde ich 21. und in Schweden 24.

Was für ein fürchterlicher Lauf. In England und Schweden bist du mit der 125er ganz oben am Podium gestanden und jetzt musstest du mit der Kit-Yamaha am Ende des Feldes herumnudeln. Mit einem Berg Schulden im Genick und null Marie im Börsel.

Es war grausam. Ich fühlte mich richtig schlecht. Ich bin da in Schweden das ganze Rennen am letzten Platz hoffnungslos herumgefahren, und als ich dann ins Fahrerlager kam, hatte ich das Gefühl, dass sich meine Frau für mich schämte.

Was?

Na ja, sie war ja befreundet mit den Frauen vom Roth und vom Mang, also mit Leuten, die erfolgreich waren in diesem Jahr, die in die Punkte gefahren sind, die etwas gerissen haben. Und ich war einsamer Letzter. Das ganze Rennen über. Sie ist mit den anderen Frauen draußen gestanden, und ich bin in ihren Augen wie ein Anfänger hinten nachgegurkt. Natürlich hätte ich aufhören und vorzeitig in die Box fahren können, aber ich wollte einfach nicht wahrhaben, dass nichts mehr ging. Ich werde nie vergessen, wie ich von Schweden weggefahren bin. Es war der erste Streit mit der Margret, die diese trostlose und verzweifelte Situation nicht mehr in den Griff bekam. Es war ein ekelhaftes Gefühl, es machte mich richtig traurig, es drückte mir die Tränen in die Augen. Aber was hätte ich denn tun sollen? Niemand hätte mehr einen Erfolg wollen als ich selber.

Na bumm. Da ist aber wirklich alles zusammen gekommen.

Ich kam dann in Kontakt mit dem Gerald Petschka, der der Sponsor vom Bertl Neumair war. Ihm erzählte ich von meiner finanziellen Misere und den Rahmenbedingungen. Worauf er meinte, dass es so nicht ablaufen könnte. Ich hatte ja einen Vertrag mit der Sportagentur, und ich hatte Pickerln am Motorradl. Also wo war das Geld? Ich rief dann in meiner Verzweiflung bei den Firmen, die auf der Verkleidung klebten, an und ersuchte um Auskunft, wieviel sie dafür bezahlt haben. Es stellte sich heraus, dass sich die Agentur einen großen Teil davon einbehalten hatte. Auf meine Nachfrage hin drehte die Agentur das Blatt um, listete die Kosten für die Lackierung, die bestickten Hemden, die Autogrammkarten und ihre Arbeitszeit auf und sagte, ich hätte Schulden bei ihnen, nicht sie bei mir. Das habe ich dem Petschka erzählt. Er als gewiefter Unternehmer hat dann zuerst einen Brief mit Klagdrohung an die Agentur geschrieben und nach Verstreichung einer Frist die Klage eingereicht. Nachdem die Agentur nicht reagierte, gab es ein Säumnisurteil, und ich bekam zumindest einen Teil des mir zustehenden Geldes.

Die Superagentur, die sich im Sport am Montag medienwirksam als großer Helfer aufspielte, war aber eine herbe Enttäuschung.

1989 war nicht mein Jahr. Mein letztes Rennen war in Brünn. Ich fuhr wieder verzweifelt hinten nach, meine Frau saß mit dem Mick Doohan unterm Vorzelt und nahm mein Rennen mit mehr Gelassenheit als in Schweden hin. Den Grand Prix in Brasilien ließ ich aus. Es war vorbei. Ich versuchte noch auf Druck, die beiden Yamahas loszuwerden, um mich von den Leasing-Raten zu befreien. Eine konnte ich dem Hoststettler zurückgeben, der einen Interessenten dafür hatte, die andere übernahm der Petschka für den Neumair Bertl. Somit konnte ich einmal durchatmen. Aber nicht lange. Da war noch die Firma Hangler mit dem Auflieger, die endlich Geld sehen wollte. Dunlop wollte die Reifen kassieren. Und Steyr sagte, nachdem ich die Zugmaschine am Ende der Saison zurückbringen wollte, dass das nicht ausgemacht war, sondern der Kauf. Ich hatte davon keinen Schimmer. Dann war da noch die Firma Meingast, die den Ausbau des Sattels gemacht hatten. Auch sie hatten noch keinen Schilling gesehen.

Habedehre, Supergau.

Im Prinzip hätte es mir egal sein können, ich hatte nichts davon in Auftrag gegeben, nichts davon unterschrieben, aber über die ganzen Jahre hindurch hatte ich einen anständigen Namen, ich habe immer alles bezahlt, was ich beansprucht habe, ich konnte die jetzt nicht hängen lassen. Und ich habe alles übernommen. Aber die Zahlungen waren nicht mehr zu machen. Es ist nicht mehr gegangen.

Um welchen Betrag ging es da?

Der Spitzenwert waren 1,7 Millionen Schilling.

Ich werde ohnmächtig! 1,7 Millionen!

Leichter wurde es, als ich den Auflieger dem Martin Wimmer, der einen brauchte, verkaufen konnte. Zwar billig, aber immerhin. Steyr war sehr entgegenkommend und nahm in Anbetracht meiner hoffnungslosen Situation die Zugmaschine einfach wieder zurück: „Putz ihn sauber und bring ihn wieder." Da war ein großer Ballast weg. Und Dunlop hat auch zwei Augen zugedrückt und das Ganze auf sich beruhen lassen. So blieben unterm Strich 700.000,- Schilling Schulden über. Die Krönung war dann, dass die Agentur behauptete, ich hätte nie einen Kit bekommen. Sonst hätte ich ja bessere Ergebnisse erzielt. Sie zeigten mich beim Finanzgericht an, weil sie der Meinung waren, dass die 540.000,- Schilling, die sie für den Kit in die Schweiz überwiesen haben, auf ein verstecktes Privatkonto von mir gegangen wären. Diesen Vorwurf konnte ich mit dem Beleg vom Hoststettler leicht entkräften, aber der Finanzprüfer ließ nicht mehr locker und bohrte weiter. So erkannte er die Vorsteuer, die ich mir bei den Rennmaschinen geholt hatte, nicht an. Da sind dann einige Rückzahlungen zustande gekommen. Nicht anerkannt hat er auch die Vorsteuer bei den Bartol-Rechnungen. Mir war das schon egal. Was hätten sie mir nehmen sollen? Es war einfach überhaupt nichts mehr zu holen bei mir. Ich hatte außer einem Fahrradl kein Fahrzeug mehr. Es war nichts mehr da. Das Riesenglück war, dass wir beim Schwiegervater lebten und keinen Zins zahlen mussten, und dass wir bei der Oma das Essen kriegten. An weiteres Rennfahren war nicht mehr zu denken. Mit den Resultaten von 1989 brauchte man keine Sponsoren suchen.

Wie alt warst du da?

34. Ich wäre extrem gerne noch gefahren, aber es war aussichtslos. Ich hatte nichts außer 700.000,- Schilling Schulden - und einen Termin bei der Raiffeisenkasse in Lambach. Die hatten dort all die Jahre immer sehr viel riskiert, haben mir Kredite ohne Sicherheiten gegeben, waren immer für mich da, und jetzt brannte der Hut. Bei dem Gespräch gab es keine Vorhaltungen und keine Kritik, sondern es ging nur um die Frage, wie der Schuldenberg in den Griff zu bekommen sei. Die Leute in der Bank, die mir immer die Stange gehalten haben, hätten wahrscheinlich den Kopf hinhalten müssen, wenn ich gekippt wäre. Aber für mich war sonnenklar, dass ich alles bis auf den letzten Groschen zurückzahlen werde.

700.000,- Schilling abzahlen ist kein Projekt für schwache Nerven.

Der ausgemachte stete Geldfluss an die Bank war ganz in meinem Sinne, aber was sollte ich arbeiten, wo sollte ich etwas verdienen? Es war ein verdammt harter Herbst.

Die Zeit danach

1990-2006: Fahrtechnik beim Öamtc - Formel König Sieg von Sohn Bernhard - Isle of Man TT mit Ernstl und Norton Manx - Formel 3000 Wagen für Red Bull - Absichtlicher Sturz fürs Fernsehen.

Die Rennfahrerei hatte 1989 ein gnadenloses Ende gefunden. Aber du bist nicht untergegangen, sondern hast praktisch alle Schulden beglichen, und du bist auch heute noch als Coach des Red-Bull-Rookies-Cup direkt in den Rennsport involviert. Wie hast du dich 1990 über Wasser gehalten?

Es war klar, dass ich eine Arbeit brauchte. Weiter Rennen zu fahren war undenkbar. Nach einer dermaßen aussichtslosen Saison wie 1989 war es unmöglich, die nötigen Sponsorgelder aufzutreiben. Bei den 125ern früher wäre das vielleicht noch möglich gewesen, aber in der 250er Klasse war so viel Geld im Spiel, dass ich einfach keine Möglichkeit sah, noch einmal durchzustarten. Es war aus. Nach 16 Jahren Rennfahren musste ich mir etwas anderes suchen. Darüber hatte ich mir während der Karriere nie Gedanken gemacht. Jetzt konnte ich nicht mehr anders. Aber was sollte ich tun? Zurück in meinen alten Beruf als Schlosser wollte ich nicht, da wären ja die 16 Jahre komplett umsonst gewesen, bei Castrol - der Meisenbichler hatte mir manchmal in Aussicht gestellt, dass sie mich brauchen würden - war nichts frei, und die Option, gemeinsam mit einem ortsansässigen Händler einen Gebrauchtwagenplatz in Straßwalchen zu betreiben, sagte mir nicht wirklich zu. Wer mich kennt, weiß, dass ich einfach nicht die richtigen Voraussetzungen für einen Gebrauchtwagenhändler hätte. Dann erreichte mich ein Anruf von der Technischen Universität in Graz. Es gab dort ein streng geheimes Entwicklungsprojekt eines Prototypen. Gemeinsam mit den Ingenieuren und Doktoren müsste ich in einem Keller arbeiten und dürfte nicht darüber sprechen. Das hat mich nicht narrisch gelockt. Ich hätte sehr gerne etwas Technisches gemacht, aber sich in einem Keller verstecken müssen und niemanden etwas erzählen dürfen, das wollte ich nicht. Da war der Gebrauchtwagenplatz noch die bessere Option. Und die wurde auch immer konkreter. Warum nicht. Autos herrichten und verkaufen.

Sind wir froh, dass es anders gekommen ist.

So ist es. Aus heiterem Himmel kam ein Anruf vom Wurz Franz. Er fragte mich, was ich jetzt machen würde, und erzählte mir von einem neuen Fahrsicherheitszentrum in Teesdorf, und dass er mich dort brauchen würde. Ich sollte mir das unbedingt anschauen. Also fuhr ich hin.

Damit war der Autoplatz erledigt.

Meine Erwartung im Kopf war gleich null, aber erstens beeindruckte mich das Gelände vor Ort, und zweitens vermittelte mir der Franz im Gespräch, dass der Bereich der Motorradl-Fahrtechnik wie geschaffen für mich wäre. Die Leute, also die Kursteilnehmer, könnten von meinem Wissen extrem profitieren. Und mit jeder Minute, die ich mit dem Franz sprach, sah ich immer klarer: Genau das ist es! Mit 1. Jänner 1990 fing ich beim Öamtc im Fahrtechnik-Zentrum Teesdorf an. Und ich bin bald draufgekommen, dass der Franz recht hatte: Ich konnte das wirklich gut. Die Leute hörten mir gerne zu und verstanden genau, was ich ihnen sagen wollte. Zuerst lag das Hauptaugenmerk auf den Motorradln, aber bald kamen auch das Auto und der LKW dazu.

Gab es da nicht gleich am Anfang eine Meinungsverschiedenheit mit dem Adac?

Die gab es. Ich hatte ein detailliertes Kursprogramm für Motorräder entwickelt, das auf bestens erprobten Fahrtechniken beruhte. Ein Punkt davon war das richtige Bremsen. Und da war der große Adac anderer Meinung. Die vertraten die Ansicht, dass bei einer Spontanbremsung das Hinterrad durchgehend blockieren müsste. Auch das Vorderrad dürfte kurz blockieren, dann müsste man aber die Bremse leicht lösen, und bevor man dem Hindernis ausweicht, sollten beide Bremsen ausgelassen werden.

Ist doch ein kompletter Holler!

Für mich war das unmöglich, und ich sagte dem Adac klipp und klar, dass ich diese Art der Bremsung nicht nur nicht gutheißen, sondern selber niemals anwenden könnte. Durch das blockierende Hinterrad ist ja sofort die Stabilität weg. Ein instabiles Motorrad zu beherrschen ist sowieso schon schwierig. Beim Lösen der Bremse würde es noch einmal zusätzlich instabil werden. In der Theorie mag das alles vernünftig klingen, wenn man vom Auto ausgeht und das auf das Motorradl eins zu eins überträgt, in der Praxis war es aber nicht gescheit. Meine Linie und die des Öamtc war folgende: Nur den Fuß auf den Hebel der Hinterbremse legen und vorne progressiv bremsen. Also der Maschine die Zeit geben, das Gewicht auf das Vorderrad zu verlagern, und dann am Druckpunkt die größtmögliche Bremswirkung abrufen. Damit erreichte man die besten Bremswerte. Der progressive Übergang musste natürlich geübt werden, weil er heikel war.

Klingt absolut logisch.

Ja, aber damals für den Adac nicht. Die Experten dort kritisierten, dass man durch das progressive Bremsen gerade am Anfang wertvolle Meter verlieren würde. Es hat mich viel Mühe gekostet, sie zu überzeugen, dass bei ihrer Methode mehr Meter verloren gehen und die Sturzgefahr erheblich steigt. Sollte ein durchschnittlicher Motorradfahrer tatsächlich rechtzeitig erkennen, dass das Vorderrad blockiert und die Bremse etwas lösen, wird das Hindernis erschreckend rasch näher kommen. Er wird also den Bremsdruck wieder erhöhen. Da aber die Maschine noch nicht stabil ist, steigt die Sturzgefahr. Das hat dann auch der Adac eingesehen. Denn aus der Dokumentation von Stürzen beim Fahrtraining ging hervor, dass die meisten Unfälle beim zweiten Zupacken der Bremse passierten.

Es gab also Einsicht.

Vorne ja, aber vom blockierenden Hinterrad wollten sie sich nicht lösen. Auf der Geraden war mir das egal, aber in der Kurve? Na in der Kurve natürlich nicht, sagten sie. Im Sinne der Automatisierung war mir das zu kompliziert. Man müsste im Ernstfall blitzschnell entscheiden, welche Bremstechnik anzuwenden wäre. Das konnte nicht gut sein. Der Danzinger Hans und ich sind dann in die Schweiz zu einem Fahrsicherheitstraining gefahren. Dort vertraten sie auch die Lehrmeinung der blockierenden Räder, und wir wollten uns das anschauen. Wobei ich dem Hans auf der Anreise sagte: „Mir geht der Reis, ich lass die Radln sicher nicht blockieren. Auf keinen Fall!" Jedenfalls haben wir dann das Training mitgemacht, es war sehr gut, tadellos, und dann kamen wir zur Bremsübung. Sie machten tatsächlich die Übung mit dem Blockieren - allerdings bei einer Höchstgeschwindigkeit von 30 km/h.

Na gut, da stehst ja sowieso schon.

Na sicher. Einen 30er bremse ich mit blockiertem Vorderrad durch, wenn's sein muss. Aber die relevanten Motorrad-Unfälle passieren ja nicht bei diesen Geschwindigkeiten, insofern war das überhaupt nicht zielführend. Das sah dann der Adac letztendlich ein und übernahm unsere Art des sicheren Bremsens. Wir hatten gewonnen. Insgesamt muss ich sagen, dass die Zeit beim Öamtc in Teesdorf wunderbar war. Aber als der Öamtc dann ein neues Fahrtechnik-Zentrum in Saalfelden eröffnete, wollte ich dorthin, weil ich ja zu der Zeit in Salzburg lebte. Da lag Saalfelden halt viel näher als Teesdorf.

Du bist aber nicht jeden Tag von Salzburg nach Teesdorf geblasen und retour?

Nein. Ich hatte in Teesdorf ein Zimmer in einer Pension. Aber die Familie war in Salzburg. Insofern lag Saalfelden einfach günstiger.

Für den Öamtc war das kein Problem. Ich wurde Chefinstruktor für die Motorräder, entwickelte aber auch Programme für PKWs und LKWs. Ich war mit voller Leidenschaft dabei. Weil ich einfach das Gefühl hatte, dass meine Rennerei und was ich dabei mitgemacht habe, jetzt sehr nützlich waren. Und bei den Leuten kam ich sehr gut an. Am Anfang gab es durchaus Kursteilnehmer, die lieber nicht bei mir trainieren wollten, weil sie Angst hatten, sie könnten sich blamieren, aber bald wollten alle zu mir. Weil ich mich - das ist auch heute bei den Red-Bull-Rookies ganz wichtig - immer in den jeweiligen Fahrer hineinversetzen konnte. Ich wusste gleich, was er brauchte. Und ich konnte alles sehr gut erklären. Die Leute verstanden mich. Ich habe mich richtig wohl gefühlt. Aber auch sehr, sehr viel gearbeitet. Nicht so sehr, weil ich musste, sondern weil ich es unendlich gerne gemacht habe. Da sind viele Wochenenden draufgegangen. Darüber war die Margret, meine Frau, nicht so glücklich. Aber mir hat es einfach richtig getaugt. Ich weiß noch genau, wie einmal eine schnelle Partie gekommen ist. Vor einem Kurs war ich ja immer etwas nervös. Wie vor einem Rennen. Weil ich es bestmöglich machen wollte. Deshalb habe ich mir auch immer die Leute in der Früh genau angeschaut und habe zugehört, wie sie untereinander plauderten. Bei dieser besagten Partie wurde nur darüber gesprochen, wer wie quer fahren und wer wie lange driften kann. Das war ein klarer Fall für die Yamaha GTS.

Die Tausender mit der Achsschenkellenkung?

Ja genau. In den Markt hat die Maschine nicht eingeschlagen, aber in mein Herz schon. Ein absolutes Knaller-Motorradl. Ich konnte diese wuchtige Yamaha im Scheitel auf den Fußraster legen, also eine relativ stabile Dreipunktauflage erreichen, und dann Vollgas geben. Da hat der hintere Gummi geschrien, und es gab einen wunderbaren Drift. Das funktionierte hervorragend. Durch den Druck auf den Fußrasten konnte ich ja das Hinterrad entlasten. Ich konnte das jederzeit. Also wenn einer sagte: „Gustl, geh weiter, zeig mir das", reichten Helm und Jeans und ein Versuch.

Das war ein Mega-Knaller, das hat vielen richtig getaugt. Und es hat sich herumgesprochen. Aber nicht nur der Drift, sondern auch dass es bei jedem Abschluss eines Trainings am Abend ein paar flotte Runden am Handlingskurs gab. Das Markanteste in dieser Richtung war eine schnelle Gruppe aus Oberösterreich. Sie wirkten den ganzen Tag gelangweilt. Sie machten zwar alles mit, aber es kam keine Begeisterung auf. Das Trialfahren hat sie nicht interessiert, das Programm hat sie nicht interessiert, ich spürte, wie wenig ihnen das alles bedeutete. Sie haben nur gewartet, bis der Handlingskurs kam.

Sie wollten dich herbrennen?

Es gab ja das Gerücht, dass mich dort keiner erwischen könnte, und die wollten das jetzt machen. Nur deshalb waren sie hier. Das war das einzige, das sie im Sinn hatten. Den ganzen Kurs mitmachen, abwarten, bis am Ende die Runden am Handlingskurs stattfinden, und dann dem Gustl den Scheitel ziehen. Das habe ich schon mitbekommen. Ich habe dann in der Kurve, in der ich mit der GTS so gut driften konnte, den einen außen rutschend mit kreischendem Hinterradl überholt, und seinen Freund, der vor ihm fuhr, in der gleichen Kurve noch innen. Mit einem einzigen, elendslangen, schwarzen Strich. Das haben sie nicht gepackt. Da war's dann schlagartig vorbei mit der Fahrerei. Sie stellten die Maschinen ab und wollten wissen, wie ich das gemacht hätte. Und ich sagte: „Na, hättets nur den ganzen Tag aufpassen müssen." Die Kurse beim Öamtc waren schon eine Hetz. Wir hatten viel Gaude. Und da die Fahrtechnikzentren des Öamtc richtig aufblühten - die Idee des Wurz Franz kam bei den Leuten sehr gut an -, eröffneten sie ein weiteres im Infield des A1-Rings in Zeltweg. Mit der Leitung betrauten sie mich.

Ein echter Aufstieg.

Das war es. Vor allem war ich nicht mehr freiberuflich tätig, sondern wurde vom Öamtc als Abteilungsleiter angestellt. Und der

Kurt Nordberg, der ein unglaublich toller Mensch war, leitete sogar in die Wege, dass der Öamtc meine Schulden, die ich ja noch immer bei der Bank hatte, übernahm. Das hat mir viel Druck genommen, und auch die Zinsen waren viel niedriger. Ich zahlte also den Rest der Schulden, der nach den ersten fünf Fahrtechnik-Jahren noch offen war, nicht mehr der Bank zurück, sondern dem Öamtc. Dafür bin ich dem Herrn Nordberg, der leider nicht mehr unter uns ist, auch heute noch sehr dankbar.

Aber Leiter eines Fahrtechnik-Zentrums ist etwas ganz anderes als Chef-Instruktor. Der Umstieg kann dir nicht leicht gefallen sein.

Leicht war es nicht. Ich war mit Leib und Seele Instruktor. Habe ja am Anfang sämtliche Bücher über Fahrtechnik gelesen und bin rasch draufgekommen, dass die meisten der Autoren einfach Selbstdarsteller waren. Also sie gaben Tipps in erster Linie nicht, um dem einzelnen Motorradfahrer zu helfen besser zu werden, sondern um herauszustreichen, wie gut sie selber sind. Ein Punkt zum Beispiel, den sie alle wichtig hervorhoben, war die Flucht ins Gelände. Da wurde genau beschrieben, wie man sich in die Fußrasten zu stellen hat und wie man dann von der Straße ins Gelände flüchtet. Das ist natürlich der größte Blödsinn, den es überhaupt gibt. Wo bitte gibt es eine Stelle, an der mit dem Motorrad eine Flucht ins Gelände möglich ist? Erstens müsste es unbedingt eine Linkskurve sein, da bei einer Rechtskurve ja kein Gelände, sondern der Gegenverkehr wartet. Zweitens gibt es Leitschienen und Straßengräben. Und drittens gibt es Löcher in der Wiese, die dich fürchterlich vom Motorradl holen können. Die Flucht ins Gelände ist wirklich ein Blödsinn, aber als Trainingssituation halt attraktiv. Der Instruktor lässt die Schüler am Übungsplatz vom Asphalt in die Wiese flüchten, und alle haben ein riesen Erlebnis. In Bezug auf die Fahrsicherheit ist es aber ein vollkommener Holler. Da gab es einige solcher Fehlleitungen. Es war nicht einfach, das alles zu entsorgen, aber die Leute danken es dir, wenn du ihnen Dinge vermittelst, die sie wirklich brauchen können.

Ich hatte sehr gerne mit Menschen zu tun und fühlte mich sehr wohl dabei, Fahrtechnik in Theorie und Praxis zu vermitteln und auf die einzelnen Teilnehmer einzugehen, aber als Leiter eines Zentrums muss man sich auch um ganz andere Dinge kümmern. Da ist viel Büroarbeit dabei, und man trägt eine große Verantwortung. Ich habe sieben Tage die Woche gearbeitet. Oft bis Mitternacht. Erinnere mich genau, wie ich einmal in der Nacht draußen am Bauch gelegen bin, weil ich die Heizstäbe der Anlage reparieren wollte, und das Handy läutete. Es war der Wurz Franz, der sagte: „Gustl, was machst denn du?" Ich dachte mir im ersten Moment, er schaut vom Schönberg runter und sieht ein Licht auf der Piste. Also sagte ich ihm, dass ich gerade die Heizstäbe reparierte. Aber er meinte ganz etwas anderes, nämlich die exorbitanten Stromkosten, die die Anlage verursachte, und dass die Bilanz nicht gut ausschaute. Wir gaben zuviel aus und nahmen zu wenig ein. Also habe ich mich noch mehr engagiert.

Noch mehr als sieben Tage die Woche, manchmal bis Mitternacht?

Die Zahlen mussten passen. Ich lebte mehr oder weniger im Fahrtechnik-Zentrum. Für meine Frau war das natürlich kein wünschenswerter Zustand. Aber ich wollte unbedingt, dass die Anlage im Sinne vom Wurz Franz funktionierte. Erschwerend kam hinzu, dass der Bernhard, mein Sohn, hier in Zeltweg nicht die Möglichkeiten hatte, die er in Straßwalchen und auch in Saalfelden hatte. Hier gab es keinen Tennisclub, wo ernsthaft trainiert wurde, und der Fußball-Trainer kam zum ersten Training mit einer mächtigen Alkohol-Fahne daher. Damit war auch das Kicken erledigt. Und es war ihm langweilig. Also kam er zu mir aufs Gelände. Er wollte Go-Cart fahren. Das überraschte mich, denn für mich war ein Go-Cart nichts anderes als ein Rasenmäher, ich sah überhaupt keinen Sinn dahinter, aber den Wunsch konnte ich ihm nicht abschlagen.

Motorradlfahren wollte er nicht?

Ich habe das nie forciert, und von selber kam er zunächst nicht auf die Idee. Erst als der erste Grand-Prix am A1-Ring stattfand und meine Freunde fragten, warum er denn Go-Cart und nicht Motorradl fuhr, wollte er es probieren. Ihm schwebte eine Aprilia RS 250 für den Cup vor. Also fuhr ich mit ihm zum Rimato, wir gustierten, aber als es dann zum Kaufen war, sagte er: „Ich will doch lieber Go-Cart fahren." Und er hat solange auf meine Mama eingeredet, bis sie ihm ein Chassis kaufte - und ich ihm halt dann die Motoren.

Deine Mama hat also nicht nur dir damals beim Einstieg in den Motorsport extrem geholfen, sondern auch ihrem Enkel. Großartige Frau!

Das stimmt zu hundert Prozent. Leider ist sie jetzt im Oktober verstorben. Es fällt mir noch immer irrsinnig schwer, darüber zu sprechen.

Das tut mir extrem leid. Ich habe sie nicht persönlich gekannt, aber aufgrund deiner Erzählungen wirklich bewundert. Wie alt ist sie geworden?

97. Ich habe ihr so unendlich viel zu verdanken.

Wie stellte sich der Bernhard im Go-Cart an?

Er ist von Tennis und Fußball weggerückt und ist auch in die Benzinschiene gekommen. Die Voraussetzungen am Gelände waren ja sehr gut. Am Abend konnte er ein bisschen fahren. Es gab da so einen Club mit fünf, sechs Leuten, die in den Carts eine Hetz hatten. Aber ich dachte, dass das nicht alles sein kann. Da kaufen wir ein Chassis und Motoren, und dann gurken wir da nur herum? Also schlug ich ihm vor, dass wir die Österreichische Meisterschaft fahren. Im ersten Jahr, 1997, zahlten wir noch viel Lehrgeld, aber es wurde offensichtlich, dass er viel Gefühl hatte und sehr schnell sein konnte. Im nächsten Jahr standen wir schon viel besser gerüstet am Start. Auch weil wir vom Herrn Mateschitz, den ich aus meiner aktiven Laufbahn gut kannte, ein Sponsorgeld bekommen haben. Im Cart mit Red Bull-Schriftzug ist der Bernhard dann narrisch gut gefahren. Der Meistertitel war zum Greifen nahe, aber leider ist er beim letzten Rennen am Salzburgring in die Strohballen gerutscht und hat sich die Hinterachse verbogen. Für den Vizemeistertitel hat es aber dennoch gereicht. In Wirklichkeit ist es eh um nichts gegangen, aber der Kontakt zu Red Bull war sehr wertvoll. Dem Thomas Überall, dem Motorsportbeauftragten von Red Bull damals, hat das alles sehr gut gefallen und er überlegte, welche weiteren Schritte wir machen sollten. Das Problem war, dass der Bernhard ja erst 16 Rennen gefahren war, also alles andere als ein Routinier. Es gab die Formel Ford, die Formel König und die Formel BMW. Uns erschien die Formel König am geeignetsten. Allerdings kostete ein Platz in einem guten Team 100.000 Mark.

100.000 Mark? Bist du narrisch. Ich habe bis heute noch nie etwas von einer Formel König gehört.

Die Formel König war schon eine sehr gute Rennserie für die Junioren, aber die 100.000 Mark wollte ich und konnte ich auf keinen Fall ausgeben. Wir machten es anders. In Abstimmung mit dem Überall Thomas kauften wir ein Auto, und ich kümmerte mich selber um die technische Betreuung.

Na, wie ist sich das denn alles zeitlich ausgegangen?

Irgendwie ging es schon. Beim Öamtc arbeitete ich, bis es finster geworden ist, und dann machte ich dem Bernhard sein Auto. Natürlich haben wir in der ersten Saison viel Lehrgeld zahlen müssen, aber sie war alles andere als schlecht. Wir hätten unser Ziel, im Gesamtklassement unter die ersten Zehn zu kommen, erreicht, wenn sie uns nicht beim letzten Rennen in Oschersleben disqualifiziert hätten. Das hat mich extrem geärgert. Und heute noch ist mir dieser machtsüchtige Ordner nicht gleichgültig. Wir hatten im Training beim Reifenwechseln in der Boxenstraße das

Auto etwas über die gelbe Linie gestellt, aber den Verkehr überhaupt nicht behindert. Als die Reifen unten waren, kam der Ordner und wies uns mit einer eindeutigen Handbewegung darauf hin, dass wir das Auto sofort hinter den gelben Strich bewegen sollten. Aber wie denn? Es waren ja keine Reifen drauf, es war aufgebockt. Das sagte ich ihm ganz ruhig und vermittelnd. Aber es war ihm egal. Er hörte mir überhaupt nicht zu, sondern machte immer nur diese eine Handbewegung: weg mit dem Auto! Diese herrische, überhebliche Art ist mir dann richtig gegen den Strich gegangen. Herumkommandieren wollte ich mich nie lassen. Das habe ich einfach nicht durchgedrückt. Ich bin dann etwas lauter geworden, und der Spuk war erledigt. Dachte ich. Beim Rennen startete der Bernhard von der zweiten Reihe, es klappte wunderbar, er war perfekt vorne beim Geschehen dabei, doch auf einmal zeigten sie eine Durchfahrtsstrafe wegen Frühstarts an. Ich bin sofort zum Rennleiter gelaufen und wollte wissen, was da los ist, denn es hat hundertprozentig keinen Frühstart vom Bernhard gegeben. Er konnte nichts dagegen tun. Der Sachrichter dieser Startreihe hatte einen Frühstart angezeigt. Damit war das Rennen für den Bernhard gelaufen. Ich ließ mir dann den Start in Superzeitlupe vorspielen und hatte die Bestätigung, dass der Start absolut korrekt war.

Der Sachrichter war der präpotente Koffer aus der Boxenstraße?

Ja, genau der. Ich kochte. Unrecht halte ich einfach nicht aus. Aber ich konnte nichts mehr dagegen tun. Ein Einspruch wäre sinnlos gewesen. Der überhebliche Narr war mit seiner Armschleife unverwundbar. Was ein Sachrichter anzeigt, gilt, auch wenn es vollkommen aus der Luft gegriffen ist. Aber die erste Saison in der Formel König war trotzdem zufriedenstellend. Auch der Thomas Überall sah das so und wollte in Absprache mit dem Herrn Mateschitz uns eine weitere Saison dort antreten lassen. Allerdings hatte er einen klaren Auftrag an uns: „Ihr müsst gewinnen."

Gewinnen müssen? Klingt nach mörder Druck.

Ich schaute den Thomas an und sagte: „Jetzt musst du mir helfen. Ich kenn mich nicht aus. Wie ist das gemeint?" Er erklärte mir dann, dass der Dr. Helmut Marko, der einen starken Einfluss hatte, die Meinung vertrat, dass es keinen Sinn machte, dass ich den Bernhard betreute. Ich würde mich zwar beim Motorradl tadellos auskennen, aber beim Auto traute er sich nicht, für mich die Hand ins Feuer zu legen. Marko wollte den Bernhard und mich trennen, weil wir gemeinsam nichts reißen könnten. Der Thomas hat dann soweit mit ihm reden können, dass wir noch eine Chance bekamen, aber wir mussten gewinnen. Das war natürlich schon eine gewaltige Ansage. Der Bernhard ist ja zu diesem Zeitpunkt erst zwei Saisonen Go-Cart und eine Saison Formel König gefahren. Ich konnte dem Thomas den Gewinn der Serie selbstverständlich nicht versprechen, aber klar war, dass wir alles geben würden, das hochgesteckte Ziel zu erreichen. Und es war ein fantastisches Jahr. Ich hatte damals schon einen guten Kontakt zum Bertram Schäfer, der ein sehr sehr gutes Formel 3 Team in Deutschland leitete, und er hat mir viel über Rennautos erzählt. Ich konnte sehr gut zwischen den Zeilen lesen und kapierte, worum es ging. So konnten wir die Serie tatsächlich gewinnen. Aber nicht nur die Serie, sondern alle vier Wertungen: bester Rookie, erfolgreichstes Team, die meisten Medienberichte und eben Gesamtsieger der Formel König.

Erfolgreichstes Team? Sind da mehrere Piloten bei euch gefahren?

Nein, nur der Bernhard. Trotzdem hat er mehr Punkte gemacht als alle anderen Teams, die zum Teil drei und vier Autos eingesetzt haben. Er hat einfach so viel gewonnen in diesem Jahr. Da hatten wir dann schon eine Affengaudi.

Der Marko auch?

Der Dr. Marko sagte sinngemäß: „Geh bitte, so wie der Gustl das Auto mit einem Aufwand, als ginge es um die Weltmeisterschaft, herrichtet, da gewinnt jeder."

Na, da hat er sich aber nicht ausgezeichnet. Im Jahr davor warst du noch nicht gut genug.

Mir kam vor, dass er einfach nicht sehen wollte, dass der Bernhard das Zeug hatte, richtig schnell zu sein. Man darf ja nicht vergessen, dass er nur 32 Rennen gefahren ist. Also zwei Saisonen Go-Cart mit je acht Läufen und zwei Saisonen Formel König mit je acht Läufen. Jedenfalls musste ich jetzt den Bernhard quasi aus der Hand geben - nach dem Titelgewinn darf man nicht mehr Formel König fahren. Er wurde ins Red Bull Team aufgenommen. Und für mich änderte sich auch viel. Mir ist es immer schwerer gefallen, mit dem Druck beim Öamtc umzugehen. Ich habe wirklich sehr sehr fleißig gearbeitet und versucht, nirgendwo Geld hinauszuschmeißen, hatte aber immer das Gefühl, dass es einfach nicht reichte, was ich tat. Und dann hat der Öamtc einen Controller eingeschleust, dessen oberste Aufgabe es war, die Bilanz zu verbessern. Der wollte dann von mir ein tägliches Protokoll meiner Tätigkeiten.

Na super.

Ich hätte sollen aufschreiben, mit wem ich telefoniere und wie lange, warum jemand einen Kurs bucht oder nicht, einfach alles. Er sagte mir, dass das nichts mit mangelndem Vertrauen zu tun habe, sondern nur mit der Transparenz meiner Arbeit, um besseren Einblick zu bekommen. Klar war für mich, dass er ein derartiges Protokoll von mir nie bekommen würde. Ich konnte arbeiten bis zum Umfallen, aber wenn es nicht reichte, sollten sie es mir einfach sagen. Zum sinnlosen Listenschreiben hatte ich weder Zeit noch Lust. Jedenfalls veränderte sich das Klima, und ich fühlte mich einfach nicht mehr wohl. Ich habe dem Öamtc, also dem Wurz Franz und dem Kurt Nordberg, sehr sehr viel zu verdanken, aber es hat dann einfach nicht mehr gepasst. Einen Aufpasser im Genick zu haben, war absolut nicht meins.

Wie lange warst du da schon beim Öamtc?

Zehn Jahre. Also von 1990 bis 2000. Dann ergab sich für mich sowieso ein Traum: der Herr Mateschitz wollte für sich privat einen Formel-Rennwagen haben. Die einfachste Möglichkeit war, einen Formel 3000 aus dem Team vom Dr. Marko zu nehmen, und ihn für den Chef, also den Herrn Mateschitz, aufzubauen. Das traute ich mir zu. Aber nicht zusätzlich zum Öamtc. Das wäre sich einfach nicht mehr ausgegangen. Ich habe den Wurz Franz angerufen und um meine Kündigung gebeten. Er war nicht glücklich darüber, hatte aber Verständnis für meine Entscheidung und wünschte mir das Allerbeste.

Die Schulden waren getilgt?

Ja, in den zehn Jahren beim Öamtc hatte ich alles zurückzahlen können. Das war schon eine große Erleichterung. Ich konnte also einen ganz normalen Abgang machen, ohne bitteren Beigeschmack. Ich verstehe mich heute noch sehr gut mit dem Wurz Franz. Aber das Projekt mit dem Formel-Auto wollte ich unbedingt machen. Zunächst war es so geplant, dass ich im Team vom Dr. Marko mitarbeiten sollte, aber das habe ich mir nicht zugetraut. Ich hatte Zweifel, dass ich nach zwei Jahren in der Formel König in der weit professionelleren, internationalen Formel 3000 das bringen könnte, was man von mir erwartete. Außerdem saß es mir noch fest im Gemüt, dass ich damals, als mein Papa starb, nicht erreichbar war, weil ich gerade am Formel König schraubte und das Handy abgedreht hatte. So etwas wollte ich unter keinen Umständen mehr. Und ich wusste, dass 100 Prozent das Minimum war, das man zu geben hatte, wenn man für den Doktor arbeitete. Ich wollte den 3000er für den Chef selber machen, in Eigenregie. Also meldete ich ein Gewerbe an, mietete eine Werkstatt in Zeltweg und legte los. Von daher war das eine sehr tolle

Perspektive für mich, ich freute mich sehr über die neue Aufgabe, aber meine Frau, die in all den Jahren viel unter meiner mangelnden Aufmerksamkeit - ich war ja mehr oder weniger nur zum Schlafen zu Hause - gelitten hatte, wollte so einfach nicht mehr weitermachen. Sie hatte sich ihr Leben anders vorgestellt und wollte die Trennung. Und auch wenn es mir da zuerst schon die Füße vom Boden gerissen hat, hatte ich Verständnis für ihre Entscheidung. Ich bin nach der Karriere voll in der Arbeit aufgegangen, ich konnte nicht anders.

Wie alt war der Bernhard?

Ich glaube 18. Und er wollte unbedingt bei mir bleiben. Wir waren ja richtig zusammengeschweißt.

War das bitter für die Frau?

Vielleicht schon auch. Aber sie wusste ja, wie gern der Bernhard bei mir war, wieviel wir gemeinsam hatten und was wir alles schon zustande gebracht haben. Und sie hätte da niemals einen Keil dazwischentreiben wollen. Die Margret und ich sind im besten Einvernehmen auseinander gegangen. Ihr war wichtig, dass es dem Buben gut ging. Und das ging es ihm bei mir. Ich habe dann noch etliche Etappen seiner Motorsport-Karriere mitgemacht. 2001 kam er als Red Bull Fahrer in ein Formel 3 Team vom Bertram Schäfer und konnte gleich im ersten Rennen einen vierten Platz einfahren. Ein Knaller-Ergebnis. Aber während der Schäfer bremste und sagte, dass das zwar ein sehr gutes Rennen war, aber dass auch glückliche Umstände den Bernhard in die Nähe des Podiums gebracht hätten und dass ihm noch viel Erfahrung fehlen würde, war für den Dr. Marko die Richtung klar: im nächsten Rennen muss ein Podiumsplatz her. Da hat der Bernhard, der ja im Vergleich zu den anderen wie dem Friesacher oder dem Klien viel weniger Rennkilometer intus hatte und noch Zeit gebraucht hätte, sich weiterzuentwickeln, viel Druck bekommen, und sein Leben ist nicht leichter geworden. Zuerst dachte ich mir noch, dass der Schäfer als Teamchef den Bernhard schon richtig führen würde, aber der Einfluss vom Dr. Marko bei Red Bull ist immer stärker geworden. Die Linie vom Schäfer war nicht ausschlaggebend. Auf der anderen Seite stand ich selber unter Druck, weil ich ja dem Chef den Formel 3000 perfekt aufbauen wollte. Unter den Teilen, die routinemäßig bei den Rennautos ausgetauscht werden mussten, waren viele dabei, die noch sehr gut waren. Und aus diesen Teilen baute ich den Wagen zusammen. Mitte des Jahres konnten wir ihn zum ersten Mal anstarten und damit fahren. Das war die Arbeit, die ich unendlich gerne gemacht habe. Ich war zwar oft auch der Verzweiflung nahe, aber wie der Chef dann eingestiegen und gefahren ist, war das schon sehr klass. In der Folge, da ich mich bei den Autos jetzt schon sehr gut auskannte, machte ich in meiner kleinen Werkstatt auch Rennwagen für andere Kunden. Damit war ich überglücklich. Witzig war auch, dass die Kaserne vom Bernhard, der zum Bundesheer musste, direkt neben meiner Werkstatt stand. Ich konnte also über den Zaun etwas rüberwerfen, wenn er etwas vergessen hatte. Da hatten wir echt eine Hetz.

Reiner Zufall?

Reiner Zufall. Der Bernhard wurde einfach in dieser Kaserne stationiert. Seine Karriere - das Bundesheer hat viel Verständnis dafür gezeigt - fand aber leider aus sportlicher Sicht viel zu früh ein Ende. Er durfte einmal als Ersatz für den Friesacher Patrick in der internationalen Formel 3000 am A1-Ring fahren, und dann noch einmal in Monaco. Er war bis zur letzten Runde in den Punkten - was eine Sensation war, wirklich gut -, aber dann musste er den Notausgang nehmen, weil er sich verbremst hatte. Ich habe ihm immer gesagt, dass er auf Fragen einfach ehrlich antworten sollte, und so sagte er dem Doktor, dass er durch den abnehmenden Grip auf der Hinterachse gegen Rennende schon so fertig war, dass er den Wagen nicht mehr auf Kurs halten konnte. Für den Doktor war diese mangelnde Fitness und Kontrolle Grund genug, den Bernhard nicht mehr einzusetzen. Monaco war sein letztes

Rennen im Formel 3000 des Red Bull Junior Teams.

Motorsport ist schon sehr grausam.

Der Bernhard konnte dann noch in einer anderen Formel 3000 Serie starten und gewann in Spa, aber es war das Ende der Fahnenstange. Wenn du bei Red Bull ausgemustert wirst, findest du keinen anderen Sponsor mehr, der an dich glaubt. Da bleibst richtig über. Mich hat das sehr getroffen, und ich überlege heute noch, was wir anders hätten machen können, aber der Bernhard sieht das viel lockerer. Er hatte eine fantastische Zeit gehabt bei Red Bull, ihm wurden Dinge ermöglicht, die er nie und nimmer selber zustande gebracht hätte, und dass es letztendlich nicht gereicht hatte, um in die höchsten Rennklassen aufzusteigen, deprimierte ihn nicht so sehr. Er bekam bei Mercedes einen Job als Fahrer-Trainer für spezielle Events - also Produktpräsentationen und ähnliches - und kam in ganz Europa herum. Er fuhr dann noch spaßeshalber einen Suzuki-Cup, den er gewinnen konnte, und ist mittlerweile in einer Arbeit, die ihn richtig glücklich macht, und die er niemals ohne die Rennerei bekommen hätte. Für ihn war das Kapitel einfach zu Ende, ich habe schon gelitten. In meiner Zeit drohte das Karriere-Ende ja nach jeder Saison, aber ich wehrte mich immer - solange es nur irgendwie ging - dagegen. Allerdings musste ich auch niemandem Rechenschaft ablegen. Niemand verlangte von mir einen Podiumsplatz – außer ich selber. Das war schon ein erheblicher Unterschied. Na ja, jedenfalls ging ich in meiner Arbeit auf.

Fährt der Herr Mateschitz noch mit dem Formel 3000?

Mittlerweile eigentlich nimmer. Aber am Anfang doch relativ häufig. Der Kinigadner Heinz und der Chef haben sich das Auto geteilt. Wir waren am Pannoniaring und verbrachten dort eine sehr gute Zeit. Bis der Sohn vom Heinz dann den schweren Motocross-Unfall hatte. Von diesem Tag an ist keiner der beiden jemals wieder im Formelauto gesessen. Ich weiß nicht, ob es direkt mit dem Unfall zu tun hat oder nicht, aber es war auf alle Fälle wie abgeschnitten. Das Auto wird nach wie vor gefahren, aber halt nur bei besonderen Events und von besonderen Freunden des Hauses Red Bull bzw. des Chefs. Fahren durften zum Beispiel der Ibrahimovic, der Ekström, der Morgenstern und der Ghedina.

Aber der Ghedina ist doch ein fester Prügel. Der kann doch gar nicht Platz haben.

Aber ja, alle haben Platz. Der Formel 3000 ist nach wie vor im Einsatz. Und er bekommt bei mir zu Hause nach wie vor seine Streicheleinheiten. Ich habe mit diesem Auto sehr viel gelernt. Richtig beeindruckend waren zum Beispiel die zwei Tage mit dem Sebastian Loeb am Hungaroring. Er trat überhaupt nicht auf wie ein mehrfacher Weltmeister, sondern war extrem nett und freundlich und sperrte sich in keiner Weise gegen das Programm, das der Bernhard und ich vorgesehen hatten. Und er war dann am zweiten Tag auch richtig schnell. Das waren fantastische Rundenzeiten. Für uns war das großartig. Nicht nur, weil der Loeb so angenehm, so sympathisch und so schnell war, sondern auch weil wir dadurch sehen konnten, wie gut unser Auto funktionierte.

Wollte der Loeb vom Rallye- in den Formel-Sport wechseln?

So etwas in der Richtung. Jedenfall mussten wir in den zwei Tagen großes Augenmerk darauf legen, dass nichts nach außen drang. Einmal ist ja auch der Sebastian Vettel zu einem „geheimen" Training zu uns gekommen. Das muss 2001 gewesen sein. Weil er so tolle Kart-Erfolge gefeiert hatte, durfte er am A1-Ring mit unserem Formel König trainieren. Sebastian war damals gerade 14 Jahre alt und stand unter der Obhut von Red Bull Deutschland. Thomas Überall hat mich gebeten, zwei Tage mit ihm zu arbeiten. Natürlich geheim - er wollte nicht, dass Dr. Marko darüber informiert wurde -, denn es sollten zwanglose Tage werden. Sebastian war selbst für den Formel König viel zu klein, und es war nahezu ein Kunststück, ihn im Auto vernünftig zu platzieren. Bernhard war als „Fahrlehrer" involviert. Sebastian beeindruckte uns damals ungemein mit seiner mentalen Einstellung und seiner Arbeitsweise. Er wollte Baustein um Baustein kennenlernen, um größtmögliches Verständnis für die Materie zu erlangen. Am zweiten Tag beeindruckte er uns mit seinen Rundenzeiten, und er hat über die gesamte Testzeit keinen Fahrfehler begangen. Noch heute erinnert sich „Seb" an diese Zeit, denn jedes Jahr zu Weihnachten bekomme ich noch persönliche Post von ihm. Auch der Spaß kam nicht zu kurz, denn wir versuchten ihm den österreichischen Dialekt zu lehren. Wenn er in die weite Welt kommen sollte, müsste er sich ja ausdrücken können.

Gut, vom österreichischen Dialekt merkt man in seinen Interviews nicht besonders viel, aber sonst ist der „Seb", wie du ihn nennst, unglaublich stark unterwegs. A propos stark: was kann so ein Formel 3000?

Der hat ziemlich genau 500 PS und knapp über 600 Kilo. Der geht richtig gut. Lustig ist das nimmer. Eher sehr anstrengend. Wir haben auch einen Formel Renault. Da kommt man bald soweit, dass man glaubt, den Wagen ein wenig im Griff zu haben, aber der Formel 3000 flößt dir schon sehr viel Respekt ein. Da ist immer Gewalt da. Immer.

Das heißt aber, du bist in dieser Zeit von den Motorrädern ganz weggekommen?

Ganz weggekommen bin ich nicht. Ich habe ja Tests für eine Zeitung gemacht und bin für Avon die Reifen ans Limit gefahren. Einmal hat mich eine RTL-Fernsehredakteurin kontaktiert, weil sie Motorradstürze filmen wollte. Im Gespräch wurde mir rasch klar, dass sie von der Materie nicht viel Ahnung hatte, weil sie meinte, dass man sich im Falle eines Sturzes abrollen müsste. Ich sagte ihr dann, dass das Abrollen bei einem Hunderter keine gute Idee sei, weil es einen durch die Rotation zerlegt wie ein Legohaus, sondern dass es viel gescheiter wäre, sich großflächig auszubreiten und zu versuchen, Übersicht zu bewahren. Das wollte sie filmen.

Ich nehme an, du hast zugesagt.

Habe ich, aber nur weil ich dachte, dass ich sie nie wiedersehen würde. Allerdings kam wenige Wochen später tatsächlich ein Anruf. Jetzt wollte sie kommen und Stürze filmen. Da ist mir dann schon die Muffen gegangen. Aber ein Rückzieher kam nicht in Frage. Daraufhin kam ein Schreiben mit einer Liste von verschiedenen Stürzen. Ich stellte klar, dass ich ihnen einen einzigen Sturz hinlegen würde, aber sicher nicht mehr. Sie kamen trotzdem. Zuerst machten wir einige Einstellungen, in denen das Motorradl schlingerte und aus der Balance kam, dann bauten sie sich in einer von mir ausgewählten Kurve am A1-Ring - es war die Niki Lauda Kurve - auf. Ich sagte ihnen klipp und klar, dass es nur einen Versuch gibt und keine Wiederholung. Im Scheitel war ein dunkler Fleck am Asphalt, dort wollte ich die Maschine über die Haftgrenze der Reifen umlegen. Ich erklärte ihnen den Ablauf und zeigte ihnen die Richtung, in der das Motorradl und ich wegrutschen würden. Sie richteten ihre Kameras ein, und ich machte die Generalprobe. Ich kam von weit außen, fuhr also mit guten 120 km/h knapp an ihren Füßen vorbei und legte fest um. Dann drehte ich um und wollte klären, ob es so passen würde. Sie waren alle kreidebleich. Als ich so knapp an ihnen vorbeigerauscht bin, glaubten sie, die Welt geht unter. Die waren fertig. Und die Dame war sich nicht mehr sicher, ob sie den Sturz noch filmen wollte. Sie versicherte mir dann, dass sie überhaupt nicht böse wäre, wenn sie ohne Filmmaterial wieder nach Hause fahren würden, und dass es wirklich nur mehr an mir liegt. Ich hätte also ganz locker aussteigen können, aber ich Volltrottel sagte: „Nein, nein, das machen wir jetzt schon."

Unglaublich Gustl, wirklich unglaublich!

Ich habe nur einen Fehler gemacht: Ich bin die volle Runde gefahren. So hatte ich irrsinnig viel Zeit, darüber nachzudenken, was ich da eigentlich tat. Ich schimpfte mich selber den größten Idioten, der je auf diesem Planeten war. Das ganze Leben hatte ich so viel Glück gehabt, und jetzt legte ich mich freiwillig nieder. Dabei war es alles andere als sicher, dass ich nicht irgendwo mit dem Leder oder den Stiefeln am Motorradl hängen bleiben würde. Ich wusste nicht, ob ich mich lösen konnte. Das konnte man vorher ja nicht ausprobieren. Es spielte Granada in meinem Kopf. Und ich schwöre dir, in der Gösser-Kurve war ich mir noch hundertprozentig sicher, dass ich die Maschine nicht wegschmeißen würde. So deppert konnte ich doch unmöglich sein. Als ich dann in die Lauda-Kurve fuhr, sah ich den dunklen Fleck und haute das Motorradl hin.

Wie denn?

Ich hatte schon eine ordentliche Schräglage und drückte einfach den Lenker weiter nach unten. Dann musste ich nichts mehr machen, außer großflächig rutschen. Der Sturz war punktgenau. Für die Kameras perfekt. Ist ein guter Beitrag im Fernsehen geworden. Ich hatte die Möglichkeit, über die Unterschiede zwischen dem Fahren auf der Rennstrecke und der Straße zu sprechen und einige Fahrtechniktipps unterzubringen.

Bist du eigentlich selber viel auf der Straße gefahren?

Seit sie 1973 das Tempolimit von 100 km/h auf den Bundesstraßen eingeführt haben, nicht mehr. Bei einem Hunderter abdrehen und sagen, das war's jetzt, war mir immer unmöglich. Auch nach meiner Karriere.

Aber ganz losgelassen hat dich das Motorradl nie?

Nein. So um das Jahr 2000 habe ich begonnen, hin und wieder Oldtimer-Rennen zu fahren. Für meinen ersten derartigen Einsatz am Salzburgring gab mir der Willi Werner, der Aermacchi-Replicas gebaut hat, seine Matchless G50 mit Seeley-Rahmen. Die hat perfekt zu meinem 125er Fahrstil gepasst. Also sehr rund, lange in Schräglage, weich mit sehr viel Schwung. Und der Klang aus dem englischen Einzylinder war großartig. Die Fahrerei machte mir vom ersten Meter richtig Spaß. Es war zwar ein Gleichmäßigkeitsrennen, aber das war mir vollkommen egal. Ich ließ die Matchless einfach laufen. Nach dem ersten Turn kam dann ein älterer Herr zu mir, er war 82, und sagte: „Herr Auinger, ich schäme mich meiner Tränen nicht, die ich vergossen habe, als ich Ihnen jetzt beim Fahren zugeschaut habe." Das war wirklich rührend, und der Willi war auch maßlos begeistert. Jetzt wollte er unbedingt, dass ich mit einer seiner Aermacchi-Replicas fahre. Also fuhren wir nach Rijeka. Beginnen wollte ich aber wieder mit der Matchless. Das war herrlich. Gemietet war die Rennstrecke vom Motoclub Dolomiti. Sie waren gut ausgerüstet. Keine historischen Geräte, sondern moderne Tausender und 600er. Mit dem Laptop am Tank in der Box, Reifenwärmer sowieso. Das war ein Fest für mich und die Matchless. Nach wenigen Runden wusste ich, dass mich keiner mehr erwischt, sofern es mir gelingt, als Erster nach der Start/Zielgeraden in die Links einzubiegen. Da sind natürlich viele stutzig geworden. Auf der Geraden sind sie an mir mit der R1 vorbeigeflogen, dass ich glaubte, mich wachelt es runter, aber wenn ich sie in der Bremszone holte und vor ihnen einbog, hatten sie keine Chance mehr.

Unglaublich, Gustl! Na da werden einige fest in die Knie gegangen sein.

Das haben sie nicht gepackt. Sie kamen dann der Reihe nach und begutachteten die alte Maschine mit dem Einzylinder. Das hat natürlich dem Willi gut gefallen. Und er wollte, dass ich in Belgien bei einem Classic-GP mit einer seiner Aermacchis antrete. War unendlich schön. Vom Flair genauso wie 1974. Das Fahrerlager in der Wiese, Strom nur mit elendslangen Verlängerungskabeln, und echte Größen am Start. Phil Read zum Beispiel. Es ging hier nicht um Gleichmäßigkeit, sondern um alles, Leben oder Tod, Weltmeister oder Verlierer. Im Training ließ ich die Aermacchi laufen, was das Zeug hergab, aber der Phil Read hatte das Messer bereits aufgeklappt. Mein Problem war, dass ich in der schnellen Passage bergab in der Kurve einfach nicht Vollgas fahren konnte, weil die Maschine so gewackelt hat, dass ich sie kaum mehr halten konnte. Ich versuchte dann durch eine Änderung in der Sitzposition, Ruhe ins Fahrwerk zu bringen, damit ich das Vollgas einigermaßen halten konnte. In der nächsten Rechts ging sie hinten leicht weg. Ich dachte mir nicht viel dabei, aber als sie in der nächsten wieder relativ früh hinten wegschmierte, wurde ich etwas unrund. Als mich einer am Ausgang überholte und wild herumfuchtelte, wusste ich, dass etwas an der Maschine nicht mehr Ordnung war. Also blieb ich stehen und schaute mir das an. Die Verkleidung unten war voller Öl. Eine abvibrierte Leitung. Mein Glück war, dass die Verkleidung nach hinten einen Steg hatte, so schwappte es nur wenig Öl auf den Hinterreifen. Mir kam aber dann schon der Gedanke, was gewesen wäre, wenn in der schnellen Vollgaspassage bergab das Öl auf den Reifen geschwemmt worden wäre. Das zog mir den Nipf. Dort wünscht man sich keinen Sturz. Ich dachte an meinen Schutzengel, der im Laufe meiner Karriere eh schon irrsinnig viel leisten hat müssen, und schraubte zurück. Das war mir zu gefährlich. Für den Willi war das natürlich eine Katastrophe, das technische Gebrechen ist ihm sehr nahe gegangen. Aber bei einer originalgetreuen alten Maschine kann sowas einfach passieren. Nur, ich wollte mein Schicksal nicht herausfordern.

Das war das letzte Oldtimer-Rennen?

Nein, nein. Ich fuhr dann noch in Schwanenstadt mit einer BSA Goldstar. Das war ein unendlich schönes Erlebnis. Die Leute dort hatten mich nicht vergessen, sie liebten mich noch immer. In Schwanenstadt bin ich immer extrem gerne angetreten. Das hat einfach zu meiner Art Motorradl zu fahren perfekt gepasst. Und die BSA ist mir super gelegen. Der Ernst, also mein Bruder, der ja mehr oder weniger dafür verantwortlich war, dass aus mir ein

Motorradlrennfahrer geworden ist, und ich haben dann einen Plan ausgeheckt. Er war ja zu dieser Zeit schon sehr schwer krebskrank. Aber er hatte noch seine Triumph Trident aus den frühen Siebzigern mit Seeley-Fahrwerk. Sein Wunsch war, dass ich in Schwanenstadt einmal mit seiner Maschine an den Start gehe. Er wollte das sehen und hören. Und das machten wir dann auch genauso. Es war ein unendlicher Genuss. Ich bin von Runde zu Runde schneller geworden, die Zuschauer waren begeistert, und der Ernstl, der von der Krebstherapie eh schon kaum mehr Haare gehabt hat, warf wie der Colin Chapman von Lotus das Kapperl auf die Strecke, als ich das Ziel passierte. Und er wollte mehr. Er wollte mit mir auf die Isle of Man, zur Pre-TT. Die wird mit alten Maschinen auf einer kürzeren Runde gefahren. Ungefähr 20 Kilometer. Mir wollte er eine Norton Manx fürs Rennen organisieren, und er würde mit der Trident die Lap of Honors fahren. Allerdings wurde dann in diesem Jahr die TT wegen der Maul- und Klauenseuche abgesagt.

Nein, das gibt's ja nicht! Und ein Jahr später war es schon zu spät?

Diese fürchterliche Krankheit hat den Ernstl extrem mitgenommen. Er hat im darauf folgenden Jahr zwar noch gelebt, aber er war sehr, sehr schwach und wollte nicht mehr. Doch ich ließ nicht locker, so nach dem Motto: Jetzt erst recht! Schließlich konnte ich ihn davon überzeugen, dass wir das auf keinen Fall auslassen dürfen, und wir brachen auf. Der Ernstl hatte über die Jahre sämtliche Bücher über die Insel gelesen, er wusste genau, wo etwas sehenswert war, wir schauten uns alles an. Natürlich fuhren wir mit dem Auto auch die Strecke der Pre-TT ab, und mir wurde richtig bewusst, worauf ich mich da einlassen musste. Gehsteigkanten, Steinmauern, und Strohballen nur dort, wo eine Richtungsänderung war. Und ich wusste, dass ich am Motorradl Gas geben würde. Nur Spazierenfahren war undenkbar. Da ich das erste Mal am Start war, bekam ich nicht nur den „Newcomer-Status", sondern auch ein „Newcomer-Jacket", ein leuchtoranges Jackerl. Damit jeder, der auf mich aufläuft, sofort weiß, dass da ein Frischling unterwegs ist, der den Kurs noch nicht kennt. Ich wurde zuerst vom Rennleiter im PKW ein paar Mal über die Strecke geführt. Er zeigte mir die heiklen, kritischen Stellen. Dann wurde meine Norton angeliefert. Eine wunderschöne Maschine, eine perfekt aufgebaute Replica. Der Verleiher war mir gegenüber sehr erhaben und sagte: „Ich weiß, dass du zwei Mal den England Grand Prix gewonnen hast, aber das hier sind die Insel und eine Norton 500. Alles was du bisher gemacht hast, ist im Vergleich dazu ein Kindergeburtstag.“ Na gut, dann kam das erste Training, und ich bin in der Pre-TT gleich einmal auf Pole gefahren.

Auf Anhieb schnellste Zeit?

In der 500er Klasse war keiner schneller als ich. Dann war schlagartig alles anders. Auf einmal wurde ich akzeptiert und geachtet. Der Norton-Besitzer meldete mich mit der Manx auch gleich für die Unlimited-Klasse an, also über 500 Kubik und jede Zylinderanzahl zugelassen. Ich fuhr wieder Pole. Ich war also in beiden Klassen Trainingsschnellster.

Mit dem orangenen Jackerl.

Das war natürlich ein riesen Knaller. Im Rennen war dann eine Zweizylinder-Honda sehr lästig, der ist immer drangeblieben und hat fest angedrückt. Ich konnte ihn solange in Schach halten, bis gegen Ende des Rennens bei hohen Drehzahlen der Motor furchtbare Aussetzer hatte. Ich versuchte, die Maschine mit etwas niedereren Drehzahlen über die Runden zu retten und wurde letztendlich Zweiter. Es war verdammt knapp. Auf der Zielgeraden hätte ich die volle Drehzahl gebraucht, dann wäre es sich noch ausgegangen. Aber es war halt nicht. Doch die schnellste Runde gehörte mir. Und alle waren sehr glücklich. Der Ernstl sowieso, und die Inselindianer auch. Leider hatten wir zuwenig Zeit, bis zum Start der Unlimited-Klasse den Fehler im Motor zu finden. Ich startete in der Hoffnung, dass das Problem sich vielleicht in Luft aufgelöst hätte, aber dem war nicht so. Also stellte ich die Norton gleich in der ersten Runde wieder ab. Nach Öffnen des Motors war alles klar: eine der beiden Ventilfedern beim Auslassventil war gebrochen. Dann ist der Ernstl tatsächlich seine Lap of Honors gefahren. Leider ist ihm die Kette gerissen, er konnte also nicht ins Ziel fahren, aber das spielte keine große Rolle. Denn das unglaublich Tolle an den Tagen auf der Insel war, dass es dem Ernstl wieder richtig gut ging. Er ist dort von Stunde zu Stunde mehr aufgeblüht. So dass wir beide das Gefühl hatten, dass er jetzt endlich wieder gesund wäre. Wir beide waren überzeugt davon. Er atmete wie ein Junger, er bewegte sich wie ein Junger, er strahlte wie ein Junger, er war nicht mehr krank. Er ist schlagartig genesen. Es war eine wunderbare Woche.

Hielt das Wunder der Isle of Man an?

Leider nicht. So einfach gewinnst gegen diesen verdammten Krebs nicht. Als wir zu Hause waren, verschlechterte sich sein Zustand wieder, und drei, vier Monate später ist der Ernstl dann gestorben. Im November 2003. Er war 52. Ich bin wirklich froh, dass wir die Trident in Schwanenstadt und die TT auf der Isle of Man noch gemeinsam erlebt haben.

Red Bull Rookies Cup

2006 bis heute: Gustl betreut 13- bis 16-jährige Rookies - Bisher letzter Sturz kostet vier Tage Erinnerung.

2006 verdichtete sich dann etwas, das wie maßgeschneidert für dich war. Der Red Bull Rookies Cup. Ich nehme an, das hat dir vom Fleck weg voll getaugt.

Schon beim ersten Telefonat diesbezüglich mit dem Thomas Überall bin ich sehr hellhörig geworden. Red Bull wollte mit KTM und dem Bartol einen Nachwuchs-Cup ins Leben rufen. Im Rahmen der Motorrad-Weltmeisterschaft. Gesucht wurden junge Talente, die man nicht in den Ergebnislisten von nationalen und internationalen Rennen findet. Also unentdeckte, junge Talente. Das hat mir von der Idee her unendlich getaugt. Der Plan war, dass ich mich um die Technik der Motorradln kümmern sollte. Ich suchte also eine entsprechend große Halle in Fohnsdorf. Allerdings blieb dann die Technik doch in Mattighofen, und meine Aufgabe war das Fahrer-Coaching. Im ersten Moment war ich etwas enttäuscht, weil mich die Technik ja so interessierte, aber am Ende war es gut so, weil ich eine sehr schöne Aufgabe bekommen habe. Ich musste ja nicht nur bei den Sichtungen die Talente herausfiltern, sondern ich hatte die Möglichkeit, den 13- bis 16-jährigen Buben alles weiterzugeben, das ich selbst zum Teil mühsamst aus Irrtümern und Fehlschlägen gelernt hatte.

Die Cup-Maschine war eine KTM 125 mit Zweitakter. Wieviel Leistung war drinnen?

Das Motorradl, das der Harald konstruiert hat, war ein Knaller. Richtig schön und mit 48 bis 49 PS auch leistungsmäßig sehr gut. Am Anfang hat es nur einen Nachteil gegeben: aus Budgetgründen wurden eine ziemlich simple Gabel und ein ebensolches Federbein verbaut. Ausgehend von der Überzeugung, dass ein 13jähriger das sowieso nicht ausreizen könnte. Und bei den ersten Tests mit den 25 Motorradln hat es auch gereicht. Allerdings hat es uns dann alle überrascht, wie schnell die Buben schnell geworden sind. Die haben auf einmal angedrückt, als gäbe es kein Morgen mehr. Beim ersten Rennen in Jerez wurde es dann offensichtlich, dass wir die Fahrwerkskomponenten tauschen mussten. Die waren echt am Limit, und es wurde gefährlich. Das oberste Credo vom Chef, also vom Herrn Mateschitz, war ja: „Passieren darf den Buben nichts!" Also wurde White Power beauftragt, eine Gabel und ein Federbein für den Rookies Cup zu machen. Und da wir nicht gleich die Buben draufsetzen wollten, mussten wir vorher damit fahren. KTM hatte einen spanischen Testfahrer, und mich als erfahrenen Haudegen haben sie auch dazu gebeten. Die ersten Tests in Spanien haben recht gut funktioniert, dann sind wir auf den Pannoniaring. Es war am zweiten Mai. Ich fuhr mein Programm, wollte aber nicht übertreiben. Am dritten Mai ist ja mein Geburtstag, den wollte ich gesund erleben. Außerdem passte der Spanier von der Statur besser auf das Motorradl als ich. Leider steckte er aber am Flughafen fest, und so fuhr ich den ganzen Vormittag alleine. Zweimal ist mir der Motor festgegangen.

Verdammt! Hast du die Kupplung rechtzeitig erwischt?

Einmal ist der Motor festgegangen beim Anbremsen einer 90° Kurve. Das hat mich nur geärgert, weil ich mir gedacht habe, dass ich das vielleicht früher erkennen hätte können. Beim zweiten Mal, beim Einlenken in die schnelle Rechts nach Start/Ziel, erwischte ich die Kupplung gerade noch rechtzeitig. Das fuhr mir etwas in die Knochen. Irgendwie wollte ich nicht mehr. Ich wollte nicht den Geburtstag im Krankenhaus verbringen. Außerdem ist eh der Spanier zu Mittag gekommen. Der testete weiter. Aber am Abend kam dann ein Techniker zu mir und bat mich noch einmal zu fahren, weil der Spanier am Fahrwerk so viel umstellen hat lassen. Ich weiß dann noch, dass ich bei der Boxenausfahrt gestanden bin und die Ampel auf Rot war. Irgendwann wird sie grün geworden sein, aber das weiß ich nicht mehr. Vom roten Licht der Ampel weg fehlen mir vier Tage.

Auch heute noch?

Auch heute noch. Ich erinnere mich überhaupt nicht. Man hat mir dann erzählt, dass es mich im hinteren Teil der Strecke in der Doppellinks, die man in einem Radius fahren kann, fürchterlich auf den Pinsel gehaut hat. Mit kurzem Bewusstseinsverlust. Zum Glück waren der Andy Meklau und seine Frau Melanie, die perfekt ungarisch spricht, vor Ort. Sie ist dann mit ins Krankenhaus gefahren. Dort haben sie mich aber bald wieder ausgelassen. Sie drückten mir einen Brief in die Hand und sagten, dass ich in Österreich sofort in ein Spital müsste.

Aber das weißt du schon, oder?

Nein, das existiert nicht in meiner Erinnerung. Das fehlt. Das kenne ich nur aus Erzählungen. Angeblich war ich wie eine Blechtafel. Wenn man mich gehalten hat, bin ich gut gestanden, aber wenn man mich ausgelassen hat, war ich knapp am Umfallen. Jedenfalls hat mich die KTM-Mannschaft nach Graz geführt, dort hat mich die Judith, meine Lebensgefährtin, abgeholt und mich nach Hause gebracht. Sie wollte mich ins Krankenhaus fahren, aber das habe ich nicht zugelassen, das wollte ich nicht. Ich wollte daheim liegen. Nach vier Tagen war ich dann soweit, dass sie mit mir normal reden konnte, und ich sah ein, dass ich ins Spital musste. Ich hatte ja den Brief und außerdem die rechte Hand im Gips.

Und an die vier Tage zu Hause kannst du dich auch nicht mehr erinnern?

Nein, die fehlen. Komplett. Mir war einfach, wie wenn ich extrem lange geschlafen hätte. Im Spital in Judenburg nahmen sie mir nach dem Röntgen den Gips ab - es war nur ein Mittelhandknochen gebrochen - und klebten zwei Finger zusammen. Dann durfte ich wieder nach Hause. Leider hat aber die Hand nicht aufgehört, weh zu tun. Es ist einfach nicht besser geworden. Und als nach

Monaten die Frau von einem Freund von mir, die im Grazer Krankhaus arbeitet, die Hand gesehen hat, gefiel ihr das gar nicht, und sie machte einen Termin für mich aus. Der Chirurg fiel dann aus allen Wolken und sagte: „Um Himmels Willen, da ist ja das Handgelenk gebrochen." Das haben die anderen einfach übersehen. Und nachdem es nicht eingerichtet worden war, ist es falsch zusammengewachsen.

Widerlich! Haben sie es dir noch einmal brechen müssen?

Nicht brechen, sondern auseinandersägen und dann mit Metallplatten fixieren. Das war kurz vor Weihnachten 2007. Ich bin dem Chirurgen sehr dankbar. Die Hand ist zwar nicht mehr genauso geworden, wie sie einmal war, aber sie würde sich bestimmt wieder zum Motorradlfahren eignen. Allerdings habe ich mich sehr lange nicht mehr aufs Motorradl getraut, weil ich in der Beweglichkeit zu eingeschränkt gewesen bin. Ich war mir einfach nicht sicher, ob ich das Motorradl, wenn es mich abschütteln wollte, mit dem Pfoterl noch beherrschen würde oder eben nicht. Meinen Rookies im nächsten Jahr musste ich halt sagen, dass mich die Cupmaschine abgeworfen hat und dass ich derzeit nicht fahren kann. Das war aber nicht dramatisch, denn fahren können die sowieso alle unglaublich gut. Wichtig ist die mentale Betreuung. Es kommt darauf an, den Buben im richtigen Moment das Richtige zu sagen und ihr Vertrauen zu haben. Ich habe das ja in meiner Karriere schmerzlich erlebt, wie es ist, niemanden an der Seite zu haben, der dir in schwierigen Phasen weiterhilft, der dir Tipps gibt, der dir Sachen von der schnellen Welt erklärt, die du einfach noch nicht weißt. Die Ängste und Sorgen der Rookies sind dieselben, die ich am Anfang meiner Rennfahrerei hatte. Abgesehen davon habe ich mich immer schon gut in andere Menschen hineindenken können. Fahrerisch sind die Rookies auf einem unglaublich hohen Niveau, aber die Tiefen und Höhen eines Rennfahrers müssen sie genauso mitmachen. Das kann ich ihnen nicht ersparen. Aber ich kann ihnen zum Beispiel helfen, ein Tief schneller zu überwinden. Dafür brauche ich ihr Vertrauen, das ich niemals brechen darf. Natürlich kann sich nicht jeder der 25 Buben dann in der Weltmeisterschaft behaupten, aber dass letztes Jahr in der Moto3 unter den ersten fünfzehn Fahrern sechs Ex-Rookies waren, zeigt schon, wie gut und wichtig unsere Arbeit ist.

Ich nehme an, der Konkurrenzdruck im Cup ist mörderisch.

Alle wollen gewinnen. Und alle wollen in die Weltmeisterschaft. Das ist schon klar. Aber sie lernen, dass das unbedingte Wollen ihnen leicht im Weg stehen kann. Ich sage dann oft: „Nicht wollen, sondern tun." Und wenn ich merke, dass sie ohne Rücksicht auf Verluste fahren, sage ich ihnen: „Alles, was ihr da draußen jemandem antut, tut ihr einem Freund von mir an." Das verstehen sie dann. Und ich habe sie alle wirklich unheimlich gern. Für mich ist es fantastisch, dass ich diese Aufgabe beim Red Bull Rookies Cup habe, und ich traue mich zu sagen, für die Buben auch. Und wenn ich dann später eine Karte bekomme mit einem netten Satzerl drauf wie: „Ich werde die Zeit mit dir nie vergessen", dann weiß ich, dass ich etwas Gescheites gemacht habe. Nicht jeder kann Weltmeister werden. Ich selber habe es auch nicht geschafft. Aber das Rennfahren - und fast alles, das ich dabei erlebt habe - hat mir unendlich getaugt.

*****

Gustl Auingers 125er Karriere im Zeitraffer

1978: 4. Platz GP von Belgien
5. Platz GP von Schweden
15. Platz gesamt in der WM 125

1979: 8. Platz GP von Italien
4. Platz GP von Jugoslawien
4. Platz GP von Schweden
10. Platz GP von Finnland
8. Platz GP von Großbritannien
9. Platz GP von Frankreich
12. Platz gesamt in der WM 125
Österreichischer Meister 125 ccm

1980: 7. Platz GP von Spanien
6. Platz GP von Jugoslawien
15. Platz gesamt in der WM 125
Österreichischer Meister 125 ccm

1981: 8. Platz GP von Frankreich
10. Platz GP von Jugoslawien
7. Platz GP der Niederlande
9. Platz GP von San Marino
7. Platz GP von Großbritannien
14. Platz gesamt in der WM 125
Österreichischer Meister 125 ccm

1982: 4. Platz GP von Argentinien
2. Platz GP von Österreich
6. Platz GP von Belgien
8. Platz GP von Großbritannien
3. Platz GP von Schweden
2. Platz GP von Finnland
6. Platz GP der Tschechoslowakei
6. Platz gesamt in der WM 125
Österreichischer Meister 125 ccm

1983: 5. Platz GP von Österreich
5. Platz GP von Großbritannien
3. Platz GP von Schweden
4. Platz GP von San Marino
10. Platz gesamt WM 125
Österreichischer Meister 125 ccm

1984: 5. Platz GP von Deutschland
3. Platz GP von Frankreich
6. Platz GP der Niederlande
2. Platz GP von Schweden
4. Platz GP von San Marino
5. Platz gesamt WM 125
Österreichischer Meister 125 ccm

1985: **1. Platz GP von Deutschland**
2. Platz GP von Österreich
8. Platz GP der Niederlande
4. Platz GP von Belgien
7. Platz GP von Frankreich

1. Platz GP von Großbritannien
1. Platz GP von Schweden
5. Platz GP von San Marino
3. Platz gesamt WM 125

1986: **3. Platz GP von Italien**
3. Platz GP von Belgien
2. Platz GP von Frankreich
1. Platz GP von Großbritannien
1. Platz GP von San Marino
4. Platz gesamt WM 125

1987: 7. Platz GP von Spanien
2. Platz GP von Deutschland
3. Platz GP von Italien
4. Platz GP von Österreich
4. Platz GP der Niederlande
2. Platz GP von San Marino
5. Platz gesamt WM 125

Fotos

von Peter Preissler (Danke!) und Archiv Auinger.

1986. Gustl (3) führt vor Titelverteidiger Fausto Gresini (verdeckt) und Luca Cadalora (22).

Salzburgring 1986. Sohn Bernhard ist sichtlich zufrieden.

Schwanenstadt 1986. Beim Umsetzen nach der Kurve ist das Knie noch neben dem Ellbogen. Die fünf Zentimeter Spielraum auf der Sitzbank und den Rasten reichten, um auf der Geraden die Knie hinter die Ellbogen zu bringen.Bemerkenswert: Sponsoraufkleber „Hofinger". Ein klassisches Gegengeschäft.Der Zahntechniker machte dem Gustl zwei Zähne und der Mama Auinger die Dritten.

1986. Auinger (3) vor Gresini (1).

Spaziergang im Fahrerlager in Rijeka 1985: Gustl, Bernhard, Margret.

Harald Bartol klärt mit Gustl die beiden wesentlichen Fragen: Vergaser-Einstellung und Übersetzung.

Monza 1985. Sieg für Gresini vor Nieto und Auinger.

1986. Gustl Auinger vor Ezio Gianola (4), Fausto Gresini (1) und Luca Cadalora.

Hockenheim 1986. Gustl wird Dritter hinter Gresini und Cadalora. Doch selbst am niedersten Podest war der 1,83er Gustl der Größte.

Bartol-Morbidelli 1986: 45 PS, 75 kg, 230 km/h, 16.500 U/min.

1987. Das letzte Jahr der Zweizylinder bei den 125ern. Gustl jagt Domenico Brigaglia, der von Jörg Möller, dem Konstrukteur der Morbidelli, der Minarelli und der Garelli, betreut wurde. Es war immer auch ein Match zwischen Bartol und Möller.

Assen *1987.*

1987. Ezio Gianola (5) versucht am Gustl (4) dranzubleiben. Auf gewissen Strecken war die Einzylinder-Honda konkurrenzfähig.

Schwanenstadt. Gustl lässt die Triumph Trident Seeley von seinem Bruder Ernst schreien.

Assen 1984. Angel Nieto (1) vor Gustl Auinger (9), Pier Paolo Bianchi (3) und Hans Müller (5).

1983. „Ingelen"-Sponsorpickerl. Gustl: „Dafür gab es zwei Fernseher. Einen für die Mama, einen für mich."

Le Castellet 1981. Die „Haifisch"-Verkleidung sollte aerodynamische Vorteile bringen, schränkte aber das Sichtfeld ein und setzte sich nicht durch. Das zackige Design auf der Verkleidung entwarf Günther Steinwender vom Hause Scharlachberg (Jim Beam und Monnet).

Salzburgring 1985. Mehr als 100.000 Zuschauer am Renntag waren bei vielen Motorrad-Grand-Prix' ganz normal. Gustl (1): „Bei der Einfahrt in die Fahrerlager-Passage hast du die Massen gehört."

Gerhard Berger, selber narrisch auf Motorradln, verfolgte die großartige Karriere von Gustl Auinger immer mit.

Harald Bartol und Gustl auf der Suche nach einer schnelleren Rundenzeit.

Schwanenstadt 1981: Rotax 250, 60 PS, 95 kg, 13.500 U/min.

Erste Maico 1974. Man beachte das Helmdesign mit Isolierband. Die Gegner nannten Gustl den „dürren Geist".

Da es für die Eltern Auguste und Ernst Auinger fix war, dass nach dem Sohn Ernst das zweite Kind ein Mädchen werden würde, stand der Name fest: Auguste. Als dann aber zur großen Überraschung aller ein weiterer Bub zur Welt kam, tauften sie ihn „August". Ein Wiener Freund der Familie sagte bei der ersten Begegnung mit Gustl, dem Säugling: „Heast, der hat ja an Ministerschädl!"

Teil der südafrikanischen Odyssee: Vor der Garage des nach Johannesburg ausgewanderten Schwanenstädters Hans Wixinger bekommt Gustl feinmechanische Hilfe.

Bei einem internationalen Rennen in Brünn am Podium: Gustl Auinger, Hans Müller, Ezio Gianola.

Schiebestart. Anderstorp, Schweden.

Bruno Casanova, Eugenio Lazzarini, Gustl Auinger.

Gustl (9) wird gejagt. Der 13fache Weltmeister Angel Nieto (1) war abergläubisch und signierte immer mit „12+1 Weltmeister“.

Geschenkkorb vom Garelli-Werksteam für Gustl in Monza. Balsamico, Olivenöl, Salami? Nein, 25 Flaschen Wein. Gustl: „Die wollten mich herrichten."

Unten: Großer Empfang am Marktplatz in Lambach.

Hinter dem Elternhaus. Papa Auinger baute dem 10jährigen Gustl einen NSU-Fox-Motor in ein KTM-Fahrgestell.

Siegerkranz in Schwanenstadt mit Foto-Journalist Peter Preissler.

Ein Traum ist wahr geworden. Der Privatfahrer Gustl Auinger gewinnt 1985 den Grand-Prix in Hockenheim. Gustl: „Ich dachte immer, Gewinnen muss so sein wie ein Kampf um Leben und Tod, aber es ist einfach passiert. Ich war vorne, und keiner konnte mich einholen.“

Alois Pröll und Gustl Auinger (18 Jahre) bei einer Ausfahrt, als es noch kein Speedlimit auf Bundesstraßen gab.

Unten: Gustl als Öamtc-Fahrtechnik-chef im Drift mit der 1000er GTS von Yamaha.

Der größere Bruder Ernst hatte immer die Aufgabe auf den kleineren aufzupassen. Ernst brachte Gustl zum Rennfahren.

V.l.n.r.: 2. Platz Classic-TT auf der Isle of Man und die fünf Grand-Prix-Siege: Hockenheim, Misano, Silverstone, Silverstone, Schweden.

Dobratsch-Bergrennen 1974. Gustls verwegen fesche Kopfbedeckung war ein sogenanntes „Leckmiamoasch"-Kapperl.

Plaudern mit Gerhard Berger. Im Hintergrund Weltcup-Pokale von Atomic.

1983 spielte das Original Ligister Trio mit Hias ein großes Konzert für den Gustl, der den sechsstelligen Erlös zum Rennfahren einsetzen konnte.

Günther Steinwender hat alles in seiner Macht Stehende getan, um den Gustl zu sponsern. Von Jim Beam zu Monnet.

Gustl auf der 250er Werks-Bartol (10) vor Sigi Minich (11) in Schwanenstadt. Unten: Die letzten Augenblicke vor der gewaltigen Brezen in die Böschung. Eine Bremsscheibe war einfach zuwenig.

Herr Rohrmoser gibt Gustls schärfsten Konkurrenten (Lazzarini und Casanova) am Salzburgring zwei Paar von den roten Rennmaschinen: Atomic ARC.

Unten: Der Fanclub feiert Gustl nach seinem Sieg in Misano.

Oben: Papa Ernst Auinger mit einer Velocette 350. Er war ein Genie der Mechanik. Seine englischen Maschinen verloren keinen Tropfen Öl.

Links: Gustl mit der ersten Morbidelli beim internationalen Rennen in Horice.

Gustl und Bernhard Auinger im Formel König. Das beste Team. Meistertitel, die meisten Medienberichte und als Ein-Fahrer-Team mehr Punkte als die Teams, die zwei oder drei Fahrer und Rennautos einsetzten.

Der junge Kart-Fahrer Sebastian Vettel trainierte 2001 mit Gustl und Bernhard im Formel König am A1 Ring. Waren zwei entspannte und schnelle Tage.

Rijeka. Dr. Costa verbindet den Gustl, nachdem er Asphalt gesehen hat, wo keiner gewesen ist. Margret als Gehhilfe. Die Mode im Fahrerlager hat sich etwas verändert.

Unten: Pietroniro, Auinger, Kneubühler in Schwanenstadt.

Ernst, der ältere Bruder, hat den Gustl nicht nur zum Rennfahren gebracht, sondern ihn auch immer tatkräftig unterstützt. Aus heutiger Sicht bemerkenswert: Das minimalistische Werkzeugtragerl mit Kerzenstecker (u.a.) für die Startaufstellung.

Sohn und Vater freuen sich auf die Fahrt mit der Fähre zum Grand-Prix von Schweden.

Unten v.l.n.r.: Ernst sen., Auguste, Manuel, Wolfgang, Marianne, Ernst und Gustl.

Die zweite Maico. Bildschön, aber leider dauernd verreckt.

Vor dem Grand-Prix-Sieg in Schweden war Gustl so nervös wie noch nie. Der von Freunden zu Rate gezogene Willy Dungl beruhigte: „Ein Rennpferd muss vor dem Start strampeln.“

1987: Oberkörper und linkes Bein im Gips. Fünf Wochen später stand Gustl wieder am Start.

Unten: Gustls Freund „Argos". Nach der Karriere war er elf Jahre lang täglich an seiner Seite.

Gustl über Valentino Rossi, den er lange kennt: „Ein Ausnahmekönner mit einer beeindruckenden menschlichen Seite."

Unten: 2013. Judith, Gustl und Kiraj, der kaukasische Herdenschutzhund, der gleich viel wiegt wie das Herrl, aber viel mehr Hunger hat.

Bereits in der Edition Reitwagen erschienen:

Fritz Triendl, „Zonko auf Monden - eine fantastische Reise", 192 Seiten, Hardcover, Edition Reitwagen, 14,90.- Euro. Bestellungen unter: zonko63@gmx.at oder www.motorradbuch.at.

„Fritz Triendl schrieb eines der größten Motorradabenteuer der Literaturgeschichte, das ich in weniger als 0,002 Lichtjahren genüsslich verschlang. Falls jemals ein Zonkoismus aus der Erde - oder dem Mond - wachsen sollte, ich würde mich ihm verpflichtet fühlen. Denn im Wagnis erblüht das Leben, im Abenteuer die Erkenntnis."
Dieter Wellmann, www.risk'n'ride.de

„Herr Zonko schildert auf 192 Seiten, wie es so ist, wenn man mit einer Harley und dem Wellensittich zum Mond muss. Was indirekt mit einem Staubsaugerverkäufer zu tun hat. ... Mehr sollte an dieser Stelle nicht verraten werden, der Lesespaß könnte sonst leiden. Den gibt's garantiert. Die Handlung ist ungewöhnlich genug."
Klaus Herder, Motorrad

„Zonkos Handschrift ist unerreichbar einzigartig, die Geschichte fabelhaft. ‚Die Gedanken trudelten losgelöst vom Alltag dahin', philosophiert Zonko in seiner fantasievollen, aber mit viel zwischen den Zeilen geschriebener Wahrheit garnierten Geschichte. Da wäre ich gerne mit einem weiteren Schnitzelklopfer hinten drauf gesessen."
Fränzi Göggel, Moto Sport Schweiz

„Peterchens Mondfahrt war einmal. Heute ist es Zonko, der mit seiner Maschine zum Mond donnert und dort Wunderbares erlebt. Unterhaltend, phantasievoll, philosophisch."
Wolfgang Böck, Schauspieler

„Philosoph, Pfeifenraucher, Testfahrer, Chefredakteur, Musiker, Indigokind und jetzt Literat. ‚What's next', fragt man sich bei Reitwagen-Ikone Zonko alias Fritz Triendl. Er und sein genialer Wellensittich Luna Loop sind die ersten Lebewesen, die mit einer Maschine auf den Mond fahren. Dort finden sie unterm Sand eine geheimnisvolle Welt und treffen die Brüder Montgolfier."
Luke Einefetza, www.motorrad-reporter.at